工程经济与管理丛书

基础设施
投建营一体化理论与实务

主　编　周蕾　黄玲　兰德卿　尹彦友
主编单位　贻林管理顾问集团
　　　　　浙江上嘉建设有限公司
　　　　　珠海华信达工程顾问有限公司

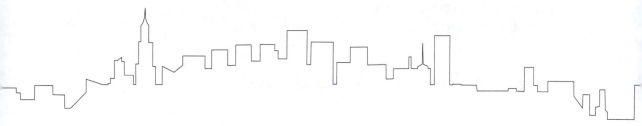

化学工业出版社

·北京·

内容简介

本书分为战略篇、实操篇、法律及风控篇三部分,介绍了以投资为主导的投建营模式这一新概念。投建营一体化是以项目全生命周期管理为核心,在做好有效风险管控的同时为业主提供高质量服务,做到利益最大化。本书详细阐述了前期策划、投资决策、项目融资、设计建设、运营管理、滚动开发及项目退出等具体操作中的实施要点与风险管控体系,打通了从投资、融资、建设管理到运营维护的整条产业链,实现了对项目全过程、全产业链、全要素的掌控。

本书的读者定位是央企、国企等大型总承包单位,以及相关联的咨询机构及个人,意在引导中国工程企业从粗放式的对外工程承包向注重高质量发展的海外项目经营模式转型。

图书在版编目(CIP)数据

基础设施投建营一体化理论与实务 / 周蕾等主编. —北京:化学工业出版社,2021.8
(工程经济与管理丛书)
ISBN 978-7-122-39197-1

Ⅰ. ①基⋯ Ⅱ. ①周⋯ Ⅲ. ①基础设施建设-研究 Ⅳ. ①F294

中国版本图书馆CIP数据核字(2021)第092366号

责任编辑:吕佳丽 邢启壮　　　　　装帧设计:王晓宇
责任校对:宋 玮

出版发行:化学工业出版社(北京市东城区青年湖南街13号 邮政编码100011)
印　装:三河市延风印装有限公司
787mm×1092 mm　1/16　印张16¼　字数388千字　2021年7月北京第1版第1次印刷

购书咨询:010-64518888　　　　　售后服务:010-64518899
网　　址:http://www.cip.com.cn
凡购买本书,如有缺损质量问题,本社销售中心负责调换。

定　价:98.00元　　　　　　　　　　　　　　　　　　　　　　版权所有 违者必究

本书编写人员

主　　编： 周　蕾　黄　玲　兰德卿　尹彦友

副 主 编： 顾　靖　马九红　黄俊忠　孔　晶　王瑞镛　朱成爱

主　　审： 尹贻林　俞　雷　陆国俊　刘云波　邹春明

参编人员： 肖婉怡　穆昭荣　李佳恬　刘　贺　樊莹莹　高明娜

　　　　　　毛慧敏　程　帆　刘　丹　呙春艳　张东湖　吴静涛

主编单位： 贻林管理顾问集团

　　　　　　浙江上嘉建设有限公司

　　　　　　珠海华信达工程顾问有限公司

前　言

《基础设施投建营一体化理论与实务》一书面世了，这是我国第一本涵盖了投建营模式战略规划、实施应用及法律风险评估的综合性著作。这本著作的理论意义，在于首次系统论述了基础设施投建营的相关理论，符合中国不断推进对外开放政策和实践创新的前进方向，对未来中国企业开展海外基础设施建设的投建营新模式提供了理论支撑和实操指引；其实践意义，在于为国内新基建投建营一体化的开展建立了便于操作的标杆与可供参考的实践路径。

2013年"一带一路"的提出是中国国际化合作的全新起点，我国对外承包工程企业牢牢抓住了这个机遇，走出了国际业务转型升级的探索之路。从最初简单的劳务分包到施工总包，再到设计、采购、施工一体的工程总承包（EPC），从涉及项目前期融资的总承包（F+EPC），到延伸至项目前后两端投资和运维的总承包（EPC+I+OM）、政府和社会资本合作（PPP）等模式，对外承包商企业走过了一条由点到线的前进之路。随着国际承包工程项目单体合同金额不断扩大，再加上国际金融风暴的影响，筹集资金成为了业主最为困扰的问题，于是"投资、建设和运维"联动的全生命周期项目运作模式逐渐成为国际建筑工程市场发展的新方向。

投建营模式是项目建设的新范式，目前有以下三种主流的投建营模式。

第一，"PPP+EPC"模式，主要应用于基础设施和公共服务领域。随着两标并一标的招标采购程序政策的实施，"PPP+EPC"模式已成为满足大型基础设施项目建设需求的主流建设管理模式。

第二，"投建营+EPC"模式，EPC总承包商通过投融资方式介入项目，实施设计、施工、采购等实施总承包的工程项目，是脱胎于PPP模式的创新优化。

第三，"投建营一体化模式"，该模式扩展和延长了传统工程承包项目的业务链条，打通从投资、融资、建设管理到运营整条产业链，从而实现对项目全生命周期、全产业链的掌控。

投建营一体化项目成功的关键是需要有项目全生命周期管理的思维，具备投资开发、项目融资、采购建设、运营管理的四位一体通盘整合能力。因此，对企业提出高要求的同时为企业发展海外业务带来了核心价值，总的来说有以下四点。

（1）促进企业参与海外投资业务，提高我国的国际地位。投建营模式就是我国建筑企业开展对外承包工程的最好选择，它的首要核心价值是促进企业参与海外投资业务，让企业更好地履行国家使命和责任，提升我国对外开放水平和国际地位。

（2）以投资为筹码，向东道国政府或境外业主争取更好的合作条件。我国对外承包企业在亚投行的支持下，以投资为筹码承包境外工程，既可以缓解东道主自筹资金的压力，又能将中国在建造方面的先进技术带到国外，将"中国制造"发扬光大。

（3）推动我国企业长期持有境外资产，获得长期、稳定的境外收益。采用投建营模式，对外承包企业可将业务链向前移至投资和规划设计，向后延伸至运营及维护，贯穿全生命周期建设，从而为企业带来更多的经济效益。

（4）以投资拉动工程，形成相对于同行业竞争者的竞争优势。中国建筑企业想在国际市场中站稳脚跟，必须依靠一定程度的"转型"。以投资拉动工程，通过带资承包加强自身竞争力，从众多国际承包商相互竞争的环境中脱颖而出。

当今世界正面临"百年未有之大变局"，"变"体现在新旧发展动能转变、新技术出现和全球治理体系重构。纵观全球形势，挑战前所未有，机遇也前所未有。"一带一路"倡议的持续推进实现了从中国制造（Made in China）到中国建造（Built by China），再到中国投资（Invested by China）的转变。当前，"一带一路"国家基建投资有三大热点方向：交通、可再生能源与5G通信基础设施建设。国际工程承包企业想要抢占基建投资的先机，必须具备强大的投融资和运营能力。未来，投融资以及运营能力将成为考量国际工程承包企业业务水平的重要标准之一。虽然当今世界正经历百年未有之大变局，但时与势在我们一边，这是我们的定力和底气所在，也是我们的决心和信心所在。我们相信植根于更加持续开放的中国，在"一带一路"倡议的推动和促进下，势必将成为世界经济发展的领头羊。

尹贻林

博导、教授、国家级教学名师

天津理工大学公共项目与工程造价研究所（IPPCE）所长

中国重大工程技术走出去投资技术与管控智库主席

2021年3月

目 录

战略篇

第一章　对外承包业务高质量推进的机遇与挑战　003
第一节　"一带一路"倡议下设施联通的进展　003
第二节　设施联通存在的困难与挑战　004
第三节　对外承包业务的瓶颈　004
第四节　中资企业的"软肋"　005
第五节　新商业模式"投建营一体化"　005

第二章　投建营的概念与模式　007
第一节　投建营模式的概念与理论　007
第二节　投建营模式的核心价值　010
第三节　国际承包商的成功案例　011
第四节　主要的基建投资机构　013
第五节　基于投资人的视角与逻辑　015

第三章　中资企业国际化经营的战略规划　018
第一节　境外投资政策　018
第二节　境外投资业务的发展路径　020
第三节　中资企业的境外战略安排　020
第四节　国际投资公司的组建与管理　023
第五节　海外投资业务的资本金筹备　027
第六节　案例分析：中国交通建设股份有限公司的国际化经营战略规划　028

第四章　投建营业务外部合作伙伴　031
第一节　战略合作伙伴的确定　031
第二节　联营体的组建　036
第三节　顾问咨询机构的选择　040

第四节　外国政府的合作	044
第五节　上下游产业链的整合	046

第五章　投建营人力资源队伍建设　048

第一节　投建营人才需求特点	048
第二节　投建营业务人才结构及素质	049
第三节　如何建设"投建营"人力资源队伍	050

第六章　海外市场研判　053

第一节　海外基建市场投资缺口	053
第二节　区域与国别市场分析	060
第三节　各国的投资政策比较	072
第四节　国际 PPP 市场发展	074
第五节　国际市场选择	075

第七章　海外产业布局　079

第一节　海外产业布局	079
第二节　传统产业布局	079
第三节　海外工业园区的开发	083
第四节　朝阳产业的选择	085

实操篇

第八章　海外基建项目的投资策划　089

第一节　投资策略分析	089
第二节　投资团队组建	092
第三节　投资模式设定	094
第四节　小股权投资模式	095
第五节　国际并购的交易结构设计	097
第六节　投资项目类别	098
第七节　案例分析	099

第九章　投资项目前期开发　102

第一节　投资项目前期开发的工作内容	102
第二节　项目信息的收集	103
第三节　宏观市场分析	104
第四节　中观区位分析	106
第五节　微观项目评估与筛选	108
第六节　项目前期策划与建议书	110

第七节　投资成本收益测算　　　　　　　　　　111
第八节　项目的尽职调查　　　　　　　　　　　114
第九节　可行性研究报告与项目立项　　　　　　114
第十节　投资决策与备案　　　　　　　　　　　115

第十章　融资渠道选择与结构设计　　　　　　120

第一节　中企传统融资模式分析　　　　　　　　120
第二节　债务性融资与权益融资　　　　　　　　122
第三节　特许经营模式　　　　　　　　　　　　126
第四节　资本市场的引入　　　　　　　　　　　127
第五节　基建基金的设立　　　　　　　　　　　130
第六节　资产证券化与二级市场　　　　　　　　133
第七节　资金筹备与出境　　　　　　　　　　　134

第十一章　海外项目投资控制与现金流管理　　137

第一节　建设项目的成本控制　　　　　　　　　137
第二节　海外项目资金的管理　　　　　　　　　141
第三节　资金使用与项目进度控制　　　　　　　147
第四节　项目的现金流与外汇管理　　　　　　　148

第十二章　海外项目的税务筹划　　　　　　　150

第一节　海外税务筹划的重要性　　　　　　　　150
第二节　我国企业海外项目税务管理　　　　　　150
第三节　海外投资的税务筹划原则　　　　　　　152
第四节　国际会计准则　　　　　　　　　　　　153
第五节　所在国税务制度　　　　　　　　　　　154
第六节　主要税种和涉税内容　　　　　　　　　156
第七节　纳税主体选择　　　　　　　　　　　　157

第十三章　项目建设阶段价值最大化　　　　　159

第一节　价值工程与投资收益　　　　　　　　　159
第二节　设计方案比选　　　　　　　　　　　　160
第三节　设计优化　　　　　　　　　　　　　　163
第四节　施工阶段价值最大化　　　　　　　　　165

第十四章　投建营项目的运营管理　　　　　　167

第一节　产业园区运营管理　　　　　　　　　　167
第二节　海外铁路项目的运营管理　　　　　　　169
第三节　中国标准的输出　　　　　　　　　　　171

第四节	企业的国际社会责任	173
第五节	海外项目安全与突发事件管理	174
第六节	海外项目后评价	178

第十五章　投资项目的联动开发及其实践　183

第一节	股权投资项目的后续开发	183
第二节	海外产业园区开发	184
第三节	"港区城"建设模式的区域联动开发	188
第四节	铁路经济带联动开发	191
第五节	其他联动开发模式	194

第十六章　项目再融资与项目退出　197

| 第一节 | 项目的再融资 | 197 |
| 第二节 | 海外项目退出 | 200 |

法律及风控篇

第十七章　海外投资项目的法律纠纷处理　205

第一节	海外项目合规合法性经营	205
第二节	海外投资项目法律纠纷类型	207
第三节	海外投资项目法律纠纷防范	208
第四节	海外投资项目的争端解决机制	211

第十八章　投建营项目的风险管理　215

第一节	投建营项目的风险特征	215
第二节	投建营项目的风险识别	216
第三节	投建营项目的风险控制策略	219
第四节	阶段性风险管理与控制	225
第五节	财务税收风险管理	233
第六节	合规性与法律风险	236
第七节	海外保险机构	240

第十九章　投建营一体化的成功要素　242

第一节	确保投建营项目成功的要素	242
第二节	实现项目成功的信息化平台与数据库	243
第三节	总结	243

参考文献　245

战略篇

第一章

对外承包业务高质量推进的机遇与挑战

第一节 "一带一路"倡议下设施联通的进展

随着"一带一路"倡议的深入推进,"走出去"已经成为中国经济转型升级和对外合作共赢的重要模式,并取得了丰硕的成果。截至 2019 年 12 月,中国已与 137 个国家 / 地区和 30 个国际组织签署了 197 份"一带一路"合作文件。带路倡议,基建先行。设施联通作为我国"一带一路"建设的优先领域,促进基础设施的投资与建设具有重大意义。由国家发展改革委、外交部和商务部于 2015 年联合发布的《推动共建丝绸之路经济带和 21 世纪海上丝绸之路的愿景与行动》文件中提出:"一带一路"战略中的设施联通建设,旨在加强沿线各国构建相对完善交通道路硬件设备,优先构建缺失的路段,把道路的畅通水平提高到一个新的阶段,经过跨境联通,逐步建立起连接东亚、南洋、南亚、中亚、西南亚、中欧和东欧的国际运输网络,打通从太平洋沿岸到大西洋(波罗的海)沿岸的陆上大通道、太平洋至印度洋的海上大通道,畅通"一带一路"。通过推广基础设施建设引导的城市开发模式,与带路国家形成产能合作关系,形成以亚洲市场主导,延伸至非洲、澳洲和欧美等地区,这就是"一带一路"所折射的中国发展成功经验推广的价值与意义。美国战略家康纳在《超级版图》一书中提出传统全球化中的关税减免,最多能推动世界经济增长 5%,而基建互联互通可以推动全球经济增长 10%～15%。

为了促进亚洲区域的建设互联互通化和经济一体化的进程,中国与多国共同成立了亚洲基础设施投资银行。截至 2020 年 3 月,亚投行的成员国数量已经达到 102 个,参与投资的基础设施建设项目数共计 68 个,批准项目投资额约为 134.5 亿美元。然而这些投资与全球基建的投资需求相比，依然远远不足。根据世界银行的统计数据，发展中国家目前每年基建投入约1万亿美元。到2030年，全球预计将需要57万亿美元的基础设施投资。中国资本成为众多海外国家外商直接投资的主要来源，这些对期待经济恢复的国家有着重要意义。例如，2019年8月27日，希腊正式成为首个同中国签署政府间共建"一带一路"的欧洲发达国家。中远集团投资比雷埃夫斯港口8亿欧元的投资，打造地中海最大的集装箱转运港和海陆联运的桥头堡。许多"一带一路"沿线国家都推出了与带路倡议相匹配的经济发展规划方案。例如，俄罗斯的欧亚经济联盟战略，哈萨克斯坦的"光明大道"新经济计划，巴基斯坦的中巴经济走廊，以及东盟的互联互通总体规划2025等，这些发展计划都需要中国的鼎力支持。

第二节 设施联通存在的困难与挑战

设施联通虽然取得了阶段性的进步，但是仍然存在一定的困难和威胁。

第一，市场需求差异。与中国不同，"一带一路"沿线国家由于人口分布不均衡，经济承受力有限，对现代化的交通模式的市场需求度不高，例如高铁，许多国家连传统的公路和铁路都未普及，对高铁的热情不高。

第二，由于不同国家的政治和文化差异，民众和政府对跨国的设施联通不认同，担心有地缘政治的威胁，有些甚至误解项目的动机和意义。

第三，大型基建项目需要大量的资金支持，许多国家的债务较高，对新增项目的债务比较担忧。例如2018年，马来西亚的老元首马哈蒂尔再次执政后由于担心国家债务过重，提出搁置超过200亿美元的中国承建的东海岸铁路等项目。

第四，由于各个国家的标准不统一，大部分国家或地区采用的英国或美国的标准、中国的建设标准尚不能普及，因此很多中国工程项目的方案也被排斥或否定。

第三节 对外承包业务的瓶颈

近年来，我国的对外承包工程业务也进入了新的高峰期，"一带一路"沿线国家及亚洲市场业务实现快速增长。据商务部统计，2019年，我国对外承包工程业务完成营业额11927.5亿元人民币，同比增长6.6%，新签合同额17953.3亿元人民币，同比增长12.2%。现工程业务遍布世界190多个国家和地区。85%业务集中在亚洲和非洲，在拉美、中东欧等地稳步推进，在西欧、澳大利亚、美国等发达国家市场取得重大突破。优势业务领域发展迅速。尤其是交通、电力和建筑领域成为业务增长的优势领域。

"一带一路"倡议为很多施工企业创造了少有的发展机遇，虽然海外工程的签约量不断攀升，但是我国企业的短板也暴露出来了。

首先，业务模式相对单一。当前对外承包工程企业的主要业务模式以EPC总承包或施工分包为主，"EPC+F"的模式也存在很多局限。如今，我国出口信贷项目开始进入还款高峰期，而很多发展中国家信贷项目自身的资金流并不具备足够的还贷能力，因此，我国出口信贷业务面临巨大债务违约风险，相关银行在今后出口信贷项目审批上会更为谨慎。今后再以政府投资、企业承包上基建项目的发展模式难以持续。

其次，随着国内劳动力价格不断提高，中资企业劳动力成本比较优势逐渐丧失。

第三，更为严重的是中资企业内部同质低价竞争问题日益严重，兄弟相残的事情也时有发生。

第四，我国企业对外投资业务受到多方面限制，一方面资金出境受限，决策与审批流程繁琐，另一方面缺乏运作投资项目的操作经验和能力。

从外部来看，由于国际经济复苏乏力、新兴经济体国家经济减速，金融市场剧烈波动，部分国家财政困难，有些政府的负债已经达到"天花板"，国际工程市场风险不断上升，如合同履约风险、法规变动风险等，这些都给承包工程业务带来巨大影响。同时，由于国际工程承包业务的市场非常激烈，我国企业还受到其他国家承包商企业的竞争和排挤，国际承包市场空间趋于紧缩，获取国际项目的难度增大，部分市场容量接近饱和或已超出极限。

第四节 中资企业的"软肋"

从企业的角度分析，我国对外承包企业经过多年发展其业务能力和企业规模有很大提高，但是企业创新及管理能力不足、风险防控体系不健全、资源整合能力较差。对外承包企业的"硬实力"明显强于"软实力"，企业无论是在项目的前期策划、标准制定、体系建设，还是品牌输出和资产管理等方面都处于明显的劣势。另外，还包括企业管理的国际化程度与水平和资源的全球化配置能力，离国际知名承包商企业还有一定距离。软实力也许就是中资企业"一带一路"建设的软肋。主要原因有以下四点：

① 急于求成，缺乏市场的深入探索精神，对所在国经济的发展趋势盲从无知。

② 商业项目以工程建设和劳务输出为主，与所在国非政府组织和行业协会等民间力量打交道的能力不足。

③ 不擅于利用中国的资本优势，经营意识不强，无法做到利润最大化。

④ 同行互相排斥，缺乏抱团的精神，缺乏产业链集成效益。

第五节 新商业模式"投建营一体化"

投建营一体化是近期出现的一种新型项目操作模式，企业需要以全生命周期的思维从项目的初始到项目的结束进行全面的统筹、协调与管理，包括项目的投资、融资、设计、采购、建造、运营和退出等一系列步骤。该模式可以是全程参与的PPP模式，也可以是部分链接的小股权投资撬动EPC，或者是"EPC+运营管理"等，其核心是发挥企业的资本和供应链优势，连接上下游的资源，通过严格的风险管控，使项目收益最大化。目前中国企业的海外项目中BOT、PPP项目仅占10%左右，现在开始逐步重视以投资带动总承包，高端的商业模式正在快速发展。大型项目全产业链通力"走出去"成为基建行业的发展趋势。投建营模式的重要意义在于通过企业的资金优势占领市场，整合资源，获得项目的话语权，推动项目采用中国标准和技术产品，加快培育国际合作竞争优势，持续在全球价值链的中高端布局,使得企业在海外市场可以可持续地高质量发展。

本书旨在帮助对外承包企业获得战略决策和通盘操作的能力,使企业从单纯的施工单位变成具有海外综合开发和运营能力的国际化公司。未来,投融资以及运营能力将成为考量国际工程承包企业业务水平的重要标准之一。日益深化的全球生产网络已经成为世界经济格局演变背后的重要助推力,尽快选取优质的投资项目,形成产业投建营一体化的行业标杆,优化企业的国际投资战略,把一体化经营作为企业的主攻方向将成为"一带一路"倡议下推动设施联通的高质量发展的重要抓手。

第二章

投建营的概念与模式

第一节 投建营模式的概念与理论

一、投建营模式的概念

2013年"一带一路"的提出是中国国际化合作的全新起点，我国对外承包工程企业牢牢抓住了这个机遇，走出了国际业务转型升级的探索之路。从最初简单的劳务分包到施工总包，到设计、采购、施工一体的工程总承包（EPC），到涉及项目前期融资的总承包（F+EPC），再到延伸至项目前后两端投资和运维的总承包（EPC+I+OM），政府和社会资本合作（PPP）等模式，对外承包商企业走过了一条由点到线的前进之路。随着国际承包工程项目单体合同金额不断扩大，再加上国际金融风暴的影响，筹集资金成为了业主们最为困扰的问题，于是"投资、建设和运维"联动的全生命周期项目运作模式逐渐成为国际建筑工程市场发展新方向。

所谓"投建营模式"，顾名思义，即由同一主体从投资收益角度出发，在投资、融资、建设和运营项目全生命周期内承担全部或跨阶段组合的项目经营模式。投建营模式以投资为主导，可包括投建模式、融建模式、投营模式、建营模式、投融建营一体化等多种模式如图2-1所示。投建营模式的重点在于集成服务，不再是以单纯的工程施工为核心。

投建营模式与传统的工程承包模式不同，它扩展和延长了传统工程承包项目的业务链条，将项目运作的范围向前扩展到项目的开发（投融资）环节，向后扩展到项目的运营维护环节；它与传统的绿地投资模式也不同，它将项目的运作范围在绿地投资业务的基础上扩展到了工程建设或工程运营等关键环节，实现了以投资拉动工程建设业务，以运营获得高额利润回报的目的。

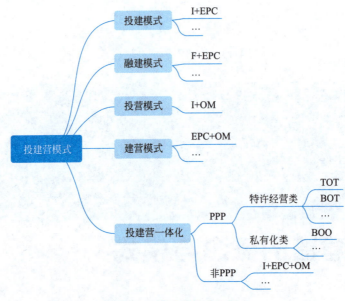

图 2-1　投建营模式分类

二、投建营模式的理论

投建营模式实际属于国际直接投资（FDI）的范畴，目前，世界上流行的国际直接投资理论主要有：

（一）产品生命周期理论

"产品生命周期理论"是由美国的经济学教授弗农（R. G. Vernon）提出，他通过研究战后美国开展的对外直接投资与产品出口贸易战略之间的关系，指出国际投资受产品生命周期的影响，进而提出了"产品生命周期理论"。该理论系统地考察了多个企业所开展的对外投资活动。弗农认为企业在决定是否要开展对外投资活动时，不仅要考虑到双方的生产要素是否能够形成互补，还要考虑到开展跨国投资时可能会面临的开发战略的选择及外部环境的影响。弗农产品周期包含三个阶段：

① 新产品阶段。企业最早生产出市场所需的某种新产品，在满足国内市场需求的前提下还可以通过贸易输出的方式占领国外市场，且企业几乎处于垄断地位，这个阶段产品的收入弹性高于需求价格弹性，企业不需要冒着风险开展对外投资。

② 成熟产品阶段。随着产品的需求增加，在国内生产的边际成本加上运至国外的运输成本已经开始逐渐高于直接在国外生产的边际成本，于是企业为了减少生产成本获得更多利润，将产品的生产地由国内转至国外也就成为了必然选择。

③ 标准化产品阶段。这时产品已大量生产，在市场上形成了一定的标准化，其余企业也相继掌握生产该产品的技术，原生产企业不再具有垄断优势。为了能够以较低的生产成本扩大生产规模，挤占市场份额，企业应选择在劳动力成本低，原材料价格低的区域投资建厂，同时开始投向新产品的研发生产中。该理论认为，跨国公司从事对外直接投资是企业随

着竞争环境的变化而做出的决策。该理论有效的解释了二次大战以来发达国家国际直接投资快速发展的动因。

（二）对外投资周期理论

20世纪80年代初，英国著名的国际投资专家邓宁（J. H. Dunning）在提出"国际投资折衷理论"之后，采取实证分析的方法，考察了二十世纪六七十年代67个国家的对外投资与本国经济发展状况之间的关系，发现这两者之间存在着动态的辩证关系，随后邓宁提出了"对外投资周期理论"，弥补了国际生产折衷理论研究的不足。该理论认为，一国对外直接投资的决策取决于两个要素：一是该国家经济发展的水平，以人均GNP收入水平来体现；二是该国家所具备的内部优势。一国对外直接投资与其经济发展水平的演变过程见表2-1所示。

表2-1 一国对外直接投资与其经济发展水平的演变过程

投资阶段	人均GNP收入水平	对外直接投资发展特点
第一阶段	≤400美元	有少量外资流入，没有对外直接投资
第二阶段	400～2000美元之间	外资流入增加，少量对外直接投资
第三阶段	2000～4750美元之间	对外直接投资大幅度上升，增速有可能超过外资流入增速，但对外净投资仍然为负值，标志着此国已走上国际生产专业化道路
第四阶段	≥4750美元	此国已是发达国家，具有强大优势，净对外直接投资额成为正值，并呈现逐渐扩大趋势

邓宁指出，一个国家在发展到一定的程度之后，开展对外直接投资是其必然选择，而且其投资程度随着经济发展水平的变化而变化。邓宁利用投资国和东道国之间的投资流入量、流出量和人均GNP等宏观经济变量，将企业、产业和国家结合起来系统地阐述了对外直接投资的动因。按照该理论，国家的对外直接投资能力越强，说明其国内的经济发展水平越高。比如美国不仅是吸收国外直接投资最多的国家，同时也是对外直接投资最多的国家。

（三）边际产业扩张理论

20世纪70年代末，日本大学教授小岛清（Kiyoshi Kojima）提出"边际产业扩张理论"。"边际产业扩张理论"的核心内容是：两个国家比较成本之间的差异会导致比较利润率的差异，而比较成本的差异又是受两国的经营资源和劳动要素之间存在的差异导致，对外直接投资会产生较高的比较利润率；为东道主提供资金、技术和管理经验，弥补其不足之处，这样的投资，不仅可以促进投资国经济资源的合理利用，而且可以增进两国之间的友好往来和社会福利，为两国创造利益。该理论从较为宏观的角度间接说明了对外直接投资的原因和对外直接投资与对外贸易之间的互补关系。

以投建营模式开发海外项目，所涉及的理论众多。以上对产品生命周期理论、对外投资周期理论、边际产业扩张理论进行了简单的介绍。产品生命周期理论认为在经济全球化发展浪潮下，企业开展对外投资是企业的必然选择。对外投资周期理论指出发展中国家和地区的对外投资发展的特点一定程度上反映了对外投资的发展趋势和规律，一国对外直接投资是其经济发展的必然结果。边际产业扩张理论把对外贸易和对外直接投资结合起来，开创性地分析了两者之间的互补关系。我国企业在决策是否开展对外投资业务时，首先要在理论层面进行综合分析，将理论与实践相结合才能更好地在海外市场立足，取得长久发展。

第二节 投建营模式的核心价值

对我国的承包商来说,海外业务走向投建营模式之路具有四大核心价值。

一、促进企业参与海外投资业务,提高我国的国际地位

改革开放前20年,我国主要实施的是"引进来"战略。到二十世纪末中央提出了"走出去"的发展战略,其核心是推动我国企业开展海外投资,充分利用好国内和国外两个市场资源,提升企业实力进而提高我国的国际地位和国际影响力。"十八大"后,习近平总书记提出"一带一路"倡议,通过中国力量带动周边发展中国家的经济实力,其主要途径就是通过中国援助,助力东道主国家的基础设施建设。而投建营模式就是我国建筑企业开展对外承包工程的最好选择。不仅要对外输出中国的技术和标准,还要通过参与投资获得更多的收益及后期继续合作的机会。因此,它的首要核心价值是促进企业参与海外投资业务,让企业更好地履行国家使命和责任,提升我国对外开放水平和国际地位。

二、以投资为筹码,向东道国政府或境外业主争取更好的合作条件

"一带一路"沿线国家大多为发展中国家,国家整体经济实力不强,国内基础设施建设落后,而东道主开展国内基础设施建设项目又往往缺乏资金。在这种情况下,我国对外承包企业在亚投行的支持下,以投资为筹码承包境外工程,既可以缓解东道主自筹资金的压力,又能将中国在建造方面取得的先进技术带到国外,将"中国制造"发扬光大。

三、推动我国企业长期持有境外资产,获得长期、稳定的境外收益

过去,我国对外承包企业在开展国际工程承包业务时,往往只负责施工,干完活就退出,只能获取微薄的施工利润。而采用投建营模式,对外承包企业可将业务链向前移至投资和规划设计,向后延伸至运营及维护,贯穿项目微笑曲线的上下游如图2-2所示,取得两端丰厚的利润,从而为企业带来更多的经济效益。

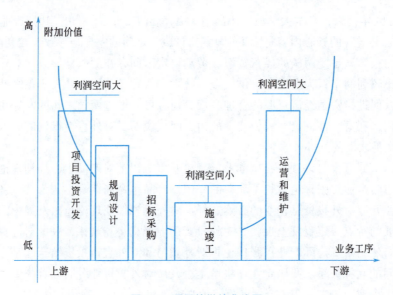

图2-2 项目的微笑曲线图

四、以投资拉动工程,形成相对于同行业竞争者的竞争优势

中国建筑企业想在国际市场中站稳脚跟,仅依靠单一的施工为主的模式是远远不够的,必须依靠一定程度的"转型"。以投资拉动工程,这种竞争优势类似于植物学上的"顶端优势",通过带资承包加强自身竞争力,从众多国际承包商相互竞争的环境中脱颖而出,这在中国建筑集团有限公司、中国交通建设股份有限公司等央企承包集团的国际业务发展中体现的格外明显。

第三节 国际承包商的成功案例

ENR榜单堪比工程界的"《财富》世界500强排行榜",在全球范围内具有很高的知名度,每年的榜单名次也被认为具有很高的权威性和可信度。榜单中全球著名的国际承包商均在不同程度上开展投建营模式,涉及项目的投资、建设及运营多个阶段,而不仅限于工程施工单个环节。由此可见,投建营模式是国际承包业务发展的必然选择。2015~2019年国际承包商TOP10排名如表2-2所示。

表2-2 2015~2019年国际承包商TOP10排名

公司名称	2019年	2018年	2017年	2016年	2015年
西班牙ACS集团	1	1	1	1	1
德国霍克蒂夫公司	2	2	2	2	2
中国交通建设集团有限公司	3	3	3	3	5
法国万喜公司	4	4	4	4	4
奥地利斯特伯格公司	5	5	9	8	9
法国布依格公司	6	7	6	9	7
中国电力建设集团有限公司	7	10	10	11	11
瑞典斯堪斯卡公司	8	9	8	10	8
中国建筑集团有限公司	9	8	11	14	17
西班牙法罗里奥集团公司	10	11	13	16	15
英国德希尼布美信达公司	11	6	7	7	6
美国柏克德集团公司	13	12	5	5	3
巴西奥迪布里切特公司	63	43	29	6	13
意大利萨伊伯姆公司	—	—	12	12	10

国际承包商前10强代表了全球实力最强的顶尖企业。选取在近些年表现相对平稳的国际企业,对其经营策略进行简要分析。

一、西班牙 ACS 集团，大型国际承包商中成功运用并购手段的典范

西班牙 ACS 建筑公司被定位为全球领先的建筑公司之一，在全球 30 多个国家 / 地区拥有项目，到 2019 年，它拥有超过 65000 名员工。该公司的所有活动均以坚定的客户导向，服务精神和对未来的保证为基础，在相互了解的基础上发展牢固的长期信任关系。其所开展的基础设施领域旨在执行各种土建工程项目（与发展基础设施相关的活动，例如高速公路、铁路、海事和机场工程），建筑物（住宅建筑物、社会设施和设施），基础设施服务（铁路、运输、通信和技术、能源、资源、水利和国防部门）以及与采矿业相关的活动（由 CIMIC 开展，主要在亚太地区），以及运输特许权的开发和运营。西班牙 ACS 集团涵盖了特许经营业务的整个价值链，从项目构想到它的融资、建设、调试和运营，为业主提供全方位的服务。2015～2019 年国际承包商排名中，西班牙 ACS 集团始终蝉联第一。

二、先占领低端市场，再伺机进军高端市场的霍克蒂夫公司

欧美大型的承包商在扩展海外业务时，往往有以下两种路径：第一种路径是先抢占低端市场，再择机挺进高端市场；第二种路径是直接进入高端市场，站稳脚跟后再去争夺低端市场。而霍克蒂夫公司是走第一种路径成功的典型代表。从霍克蒂夫公司的发展历程中不难发现，公司刚刚起步的时候，所承包的业务主要集中在一些比较落后的欠发达地区，如中东、南美等地区。随着公司做大做强，公司业务范围开始扩大至中国、澳大利亚等市场。之后，业务范围进一步扩大，在美国和欧洲等地都可以看到其公司的足迹。就这样一步一步，霍克蒂夫公司走出了自己的成功之路。霍克蒂夫的服务范围包括开发（包含规划、设计、投融资等），建筑（包含施工建筑、基础设施项目等），服务（包含设备管理、资产管理等），及特许经营。

三、万喜紧抓市场需求，集中力量打造交通运输特许经营业务

万喜集团的基础设施建设业务早年受到法国当地市场环境的影响持续下降。但万喜集团通过市场调查及分析相关专业机构的预测，认为基础设施建设业务中的交通运输业务虽然也受到了负面影响，但是从长远来看，作为基建领域的重要组成部分，交通运输业务必会在较短的时间内以较快的速度复苏，万喜就是抓住了这一关键点，将其提升为自己的核心业务。近年来，万喜集团在交通运输业务方面收获颇丰，其中包括机场建设、高速公路等。此外，万喜集团认为特许经营业务具有收入稳定、风险较低等特点，发展前景较好，而交通运输行业的特许经营业务又因在柬埔寨、葡萄牙等地的发展势头较猛，因此，万喜集团将交通运输行业的特许经营也发展成为自己的主营业务之一。

四、多元化经营和灵活的成本结构，布依格的制胜利器

在十九世纪五十年代，布依格决定转型升级，扩宽自己的发展领域，从单一的建筑企业转型为多元化经营的集团。其业务也在原来的建筑类业务基础上增设了电信媒体业务和能源交通业务，随后逐渐发展为国际多元化经营的典范。此外，布依格集团通过分包、雇佣临时

工等方式，降低企业的人力成本，使其成本结构更加灵活。金融危机以来，布依格原本的支柱型产业电信业务受到严重打击，不仅业务量大大下滑，更是日渐成为集团发展的负担。布依格集团高层迅速做出决策，对电信业务人员进行削减同时重组团队内部，从而减少人力成本。

五、斯堪斯卡坚持"重点市场"和"核心业务"扩张原则，在金融危机中较快实现复苏

斯堪斯卡早期在非洲、中东和亚太市场中寻找立足之地，但随着时间的推移，其意识到当地经营环境较恶劣，不稳定的环境下难以维持稳定的发展。遂将公司的发展目标更改为美国和北欧这两个重点市场，并凭借其自身的地理优势和本土化经营策略，逐步在新的市场中站稳脚跟。在20世纪80年代，斯堪斯卡高层意识公司发展的范围太广，难以形成核心竞争力。于是其逐渐淘汰了一些非核心业务工作，重点发展包括建筑、住宅开发、商务开发和运营、基础设施这四类核心业务，并将其做到细而精。这是斯堪斯卡在危机中较快复苏的关键原因。

六、斯特伯格公司，国际承包商中的小巨人

奥地利的斯特伯格公司抓住了欧盟经济一体化的历史发展机遇，迅速占领中东欧地区的建筑市场，之后一步步发展成为世界著名的国际承包商。斯特伯格的经营策略之一就是扩展业务领域，为业主提供"一站式"全方位的服务。斯特伯格公司在PPP模式开始推广之时便意识到这种模式未来的发展前景，所以其在早期就参与了一些PPP项目，并取得一些成功。之后为更多地开展PPP项目，提高自身的竞争力，其相继以全资或参股的形式收购了两家物业管理公司。如此，斯特伯格便具备了从项目策划、建设到运营的全过程的服务能力。为更加顺利地发展自身业务，斯特伯格在其特种工程和特许经营业务板块中成立了两个部门。其中一个是房屋建筑项目开发部，负责学校、医院等具有政府公共建筑性质的项目；另一个是基础设施建设项目开发部，从事交通、能源和环境保护等领域中的项目开发。

第四节 主要的基建投资机构

对基础设施进行投资可有效地为投资者提供稳定且可预期的长期收益和现金流，此外基础设施建设相对独立，与其他资产的关联度低，对市场经济环境的敏感性弱等优点，使得投资者们纷纷加入到对基础设施投资的队伍中。根据InfraDeal和Sovereign Wealth Institute数据库统计，在全球范围开展过基础设施投资的机构共有1619家，其中，机构投资者有817家，其中进行过直接投资的只有117家，剩余的700家都是间接投资的，多数是采用投资基金方式投资。由此可见，基建的投资主体已经呈现多元化发展态势。以下列举了部分重要机构投资者投资基础设施项目的情况，见表2-3。

表2-3 部分重要机构投资者投资基础设施项目的情况

机构	类型	项目	共投机构	子行业	国家	时间	出资规模	股比
新加坡淡马锡（Temasek）	主权财富基金	Gateway Distriparks Ltd	无	交通	印度	2004/11	467万美元	10.00%
麦格理基建集团	麦格理基建基金	GMR公司的能源业务—GMR能源	无	组合	印度	2010/4	2亿美元	81%
		华南高速路项目		交通	中国	2007/11	5.37亿美元	23.17%
		Budapest Airport	Avi ALLiance/CDPQ/KfM IPEWBank GmbH	交通	匈牙利	2007/5	1.12亿美元	50.00%
新加坡投资公司（GIC）	主权财务基金	GVK Energy（GVK电力与基础设施公司的子公司）	合作机构	电力	印度	2010/12	7700万美元	68.53%
		Greenko Mauritius	无	可再生能源	印度	2015/8	2.54亿美元	17.38%
		Greenko Mauritius	无	可再生能源	印度	2013/9	1.61亿美元	—
		Greenko Energy Holdings（与ADIA合投）	ADIA	可再生能源	印度	2016/6	8000万美元	—
Wren House Infrastructure（科威特投资局）	主权财务基金	设立电力投资平台	CDPQ/SGRF/ICICI Venture/Tata Power	电力	印度	2016/9	8.5亿美元	—
阿曼国家储备基金（SGRF）	主权财务基金	购买GMR基础设施公司可转债	无	组合	印度	2015/12	3亿美元	—
		Resurgent Power Ventures Platform	CDPQ/Wren House Infrastructure/ICICI Venture/Tata Power	电力	印度	2016/9	8.5亿美元（项目总额）	24.99%
卡塔尔投资局（QIA）	主权财务基金	圣彼得堡机场	—	交通	俄罗斯	2016/8	—	85.00%
		卡塔尔—印尼联合投资基金	—	组合	印尼	2008	8.5亿美元	30%
马来西亚国库控股公司（Khazanah Nasional）	主权财富基金	GMR公司的能源业务—GMR能源	无	组合	印度	2016/5	3亿美元	—
和记黄埔		英国移动运营商O2	—	电力	英国	2015/3	152亿美元	—
加拿大养老金投资委员会（CPPIB）	养老基金	投资PPP公司Larsen&Toubro Infrastructure Development Projects	无	交通	印度	2014/8	3.32亿美元	24.99%
加拿大魁北克储蓄投资集团（CDPQ）	养老基金	Resurgent Power Ventures Platform	SGRF/CDPQ/Tata/ICIC Venture	电力	印度	2016/9	8.5亿美元	—
		Budapest Airport	AviAlliance/GIC/KfM IPEW—GmbH	交通	匈牙利	2007/7	1.12亿美元	23.17%

以下有选择地对国际基建投资机构进行简要介绍。

一、新加坡淡马锡

新加坡淡马锡是一家成立于 1974 年的全球投资公司，在亚洲和拉丁美洲地区拥有 11 家驻外机构。淡马锡具有长远的投资眼光，能够准确识别出具有良好效益的投资项目，其投资所涉及的领域广泛，主要包括交通与工业、金融服务、房地产、基础设施等等。其次，淡马锡对于企业的投资主要关注以下四类：新兴的龙头企业、转型中的经济体、强化中的具有相对优势的企业以及增长中的中产阶级。此外，淡马锡与其他投资企业不同，其还会在自己的资产负债表上投资，以避免受到"基金寿命"的限制，这是淡马锡投资的另一独特之处。世界著名的信贷评级公司也给予了淡马锡公司高度的肯定，其中穆迪投资者服务公司（Moody's）和标普全球评级公司（S＆P）对淡马锡公司的整体信用等级评价分别为 Aaa/AAA，可见其在投资决策和经营上取得了巨大的成功。

二、麦格理集团

麦格理集团（Macquarie Group）是一家成立于 1985 年的全球性金融集团，经过 11 年的经营，其最终在澳大利亚证券交易所成功上市。目前麦格理集团在全球各地 28 个国家拥有了驻外机构，共聘用了大约 13400 名员工。麦格理集团在短短经营了几年后便持续创造连年盈利的优良业绩，这主要得益于麦格理除了继续经营自己传统的业务之外，还大量收购全球范围内的基础设施，大到水坝铁路，小到公路工程，几乎都是属于垄断性的项目。近一两年来，麦格理又有一系列动作，将收购范围扩展到了其他领域，包括挪威的炸药生产商、中国台湾的宽频通讯等。麦格理银行的收购行为可能会给外界带来很多疑惑，如此多类型的业务揽入自己旗下，如何对它们进行统一管理呢。其实麦格理集团管理它们的方法很简单：把它们收购回来后，再打包放到所属专业的上市基金中，通过市场交易为投资者提供长期的收益。从麦格理集团当前取得的成就来看，这种独特的经营模式是相当有效的，麦格理集团现已在全球各地管理着总价值约为一千多亿美元的资产。

三、新加坡投资公司 GIC

GIC 成立于 1981 年，是 Goh Keng Swee 博士的创意。GIC 管理政府的大部分金融资产，并进行长期投资，以维护和增强管理下的基金的国际购买力。GIC 对基础设施的投资分为直接投资和基金投资，主要投资于大型非上市基础设施资产，包括发达市场中成熟、中低风险的资产，以及新兴市场中具有较高增长潜力的投资。GIC 的投资优势为长期投资能力，灵活的资本和完善的治理结构。新加坡人受益于 GIC、MAS 和淡马锡的回报，因为它们通过净投资回报贡献（NIRC）补充年度预算。这笔捐款使政府可以长期进行进一步投资。这些措施包括支持新加坡向充满活力和创新的经济转型，培育充满爱心和凝聚力的社会，并确保财政上可持续和安全的未来。

第五节　基于投资人的视角与逻辑

与传统的工程承包项目相比，海外承包工程有其自带的政治、经济、环境的复杂性，而采用投建营模式运作的海外承包项目，从风险分配、合同模式、开发周期等方面都产生了巨大改变，这对承包商的综合能力提出了更高的要求。因此，在进行海外投建营模式项目开发前，需谨慎决策，综合考虑内外部条件是否符合开发要求。以下是基于投资人的视角，评判开发海外投建营项目需提前考量的核心因素。

一、集团层面的统筹协调

我国"走出去"大型企业，特别是中央企业、地方国企和大型民企，大多实行集团制，集团公司拥有多家下属的平台企业，而境外投建营项目的运作需要集团系统内的多个专业平台企业参与，如投资平台、工程平台和运营平台等，集团公司需要协调下属平台企业"抱团"走出去，形成合力，共同运作投建营项目，并处理好各平台企业之间的关系，特别是利益的划分。此外，在投建营项目上，对投资平台（部门）和工程平台（部门）的项目绩效考核也是个敏感且棘手的问题，集团层面需要策划合理的绩效考核制度。

二、投资平台公司的打造

境外投建营交易结构复杂，运作难度很大，特别是其投资环节，风险程度高，非一般企业可以承担。为此，我国企业在运作境外投建营项目时，不应将海外投资的权利分散下放到下属各个企业，应集中集团系统内的投资专业力量，打造专业的海外投资团队和海外投资平台，以投资平台归口开展和管理项目的投资和融资工作，特别是在海外控股投资项目上，避免海外投资风险失控。

集中打造海外投资专业平台，以投资平台归口开展和管理海外项目的投融资工作、管控海外项目的投资风险，已成为我国"走出去"大型企业，特别是央企承包集团近年来探索成功的有效做法。例如，中国电力建设集团（股份）有限公司于2012年7月在北京设立了中国电力建设集团海外投资有限公司（简称"电建海投"），注册资本54亿元；中国葛洲坝集团股份有限公司于2016年4月在北京设立了中国葛洲坝集团海外投资有限公司（简称"葛洲坝海投"），注册资本50亿元；中国铁建股份有限公司于2019年4月刚在香港设立了中国铁建国际投资集团有限公司（简称"铁建国际投资"），注册资本50亿港币。电建海投、葛洲坝海投和铁建国际投资统一归口管理和实施该三家央企承包集团的海外投资工作。

三、项目运作观念和思路的转变

投建营模式是我国大型承包企业实现业务转型、在国际承包工程市场中脱颖而出所采用的重要商业模式。我国对外承包工程行业发轫于对外援助，历经了施工总承包或平行承发包（DBB）阶段和EPC总承包、EPC+F（融资协助）阶段，现又跨入了投资拉动工程、投建营一体化阶段。从每个旧的阶段向新的阶段过渡，我国承包企业就面临一次业务转型，而每次业务转型，我国企业都会历经转型的"痛楚"。

我国承包企业要成功实现业务转型，首先需要解放观念，转变决策和项目运作思路，其次才是知识结构补缺。企业观念和思路不转变，将给企业带来重大决策风险和项目运作风险。以传统的项目运作和风险管控的观念和思路运作投建营项目，企业将面临严重的风险，因为这种转型已使企业从传统的工程承包领域跨入了投资领域，而投资领域的风险种类和风险幅度是工程承包领域的风险所无法比拟的。在传统的工程承包领域，我国承包企业所面临的风险主要为不利地质条件风险、人工、材料、设备物价上涨风险、质量安全风险、延误工期风险、税务风险等，但在投建营模式下，企业还将面临项目投资风险、东道国政府违约风险、征收征用风险、环境生态风险、融资还款和担保风险、外汇管制风险、使用者需求风险、产品/服务销售和投资回收等运营风险等，这些风险的影响幅度更大，且投建营项目的运作期限很长，风险发生的概率更高。

四、风险分配的考量

对于我国企业来说，采用投建营运作项目的最大价值在于两点：一是全产业链的业绩在集团系统内的积累。二是项目所有利润在集团系统内的自留。但投建营模式也是把"双刃剑"，业绩和利润的自留，也意味着风险的自留和自担，无法向集团系统外分散和转嫁项目运作风险，而无法分散和转嫁项目运作风险正是投资者的大忌，这在项目建设阶段尤为明显。例如，在常规工程建设承发包模式下，如果承包商在工程实施过程中发生严重误期或质量性能问题，业主可以根据承包合同通常可以追究承包商的违约责任，特别是收取误期违约金和性能违约金，以及追究其他赔偿责任，但在投建营模式下，项目公司是集团系统内的投资平台投资的，项目工程是集团系统工程平台承包建设的，在此情况下，业主向承包商收取违约金、追究赔偿责任，对于集团整体利益来说已变得毫无意义，不过是相应经济利益在系统内空转，无法就项目的损失获得任何外部补偿，还徒加争议解决甚至仲裁诉讼之累。

因此，我国企业在以投建营模式运作境外项目时，应判断自身的全产业链的整合能力，以防在项目运作过程的某个重要环节发生重大风险，在这种风险只能系统内自留而无法向外部分散时，企业将面临重大的甚至颠覆性的风险。

五、承包商融资能力

投建营模式的核心在于投融资，如投融资能力不足、项目的自主资金问题不能解决，投建营就是纸上文章。如境外能源电力、矿产资源和基础设施项目的投资建设通常需要高额的投资和融资。而如此高额的资本金，一般承包企业是难以承受的，也只有大型投资集团和央企承包集团有能力提供。此外，如果我国承包企业仅靠自有资金不足以提供如此巨额的项目自有资本金，企业也可通过其他途径寻找自由资本金，如寻找合资方，由合资方根据其参股比例，提供相应的自有资本金，以及发行企业债券，以发债获得的资金作为项目自有资本金等。

六、实行"投建营"模式的行业选择

近年来，国际工程市场兴起的投建营模式看似前卫和高端，但并非所有行业的项目都适合采用投建营模式。在境外电力和交通等特许经营项目上，投建营模式更具有适用性，因为这种特许经营项目一旦投产，将具有长期、稳定和较为充裕的产品或服务销售收入，如电费收入、高速公路通行费等，甚至有覆盖建设和运营成本的保底收入，项目运营对承包商的挑战也不大；而项目产品和服务的价格起伏波动很大、"随行就市"的非特许经营行业，如矿产资源项目等，其运营风险非常大，相应所需的运营能力要求也很高，而承包企业传统上仅擅长于工程建设业务，对运营业务并不擅长，难以胜任如此高难度的项目运营工作。

因此，我国企业在为境外项目选择运作模式时需注意，产品和服务价格波动大、运营能力要求高的行业的项目，并不一定适合采用投建营的项目运作模式。

第三章

中资企业国际化经营的战略规划

第一节 境外投资政策

2000年,中国首次提出了"走出去"的概念,并在2002年将其正式写入"十六大"报告,使其成为一项重要国策。2013年在习近平主席出访中亚和东南亚期间,先后提出共建"丝绸之路经济带"和"21世纪海上丝绸之路"(简称"一带一路")的战略构想,强调相关各国要打造互利共赢的利益共同体和共同发展繁荣的命运共同体,积极推进沿线国家发展战略的相互对接。2015年3月28日,经国务院授权,国家发改委、外交部和商务部联合发布了《推动共建丝绸之路经济带和21世纪海上丝绸之路的愿景与行动》,对外正式公布中国的"一带一路"倡议的内容。同年,国务院发布《关于推进国际产能和装备制造合作的指导意见》(以下简称《产能合作指导意见》),在提高企业"走出去"能力、加强政府引导和推动、加大政策力度、强化服务保障和风险防控等方面,提出了具体措施。

据不完全统计,自2002年开始,国家颁布的有关海外投资的政策法规已达20余项,详见表3-1,可见政府对推动中国企业走出去,开展对外投资,促进国际化合作发展给予高度的重视。

表3-1 相关政策法规、行业规范梳理

时间	发文机构	文件名称
2002年11月1日	商务部	《境外投资联合年检暂行办法》
2004年10月1日	商务部	《关于境外投资开办企业核准事项的规定》(商务部令2004年第16号)

续表

时间	发文机构	文件名称
2006年11月1日	住房和城乡建设部	《境外投资外汇管理办法》
2009年3月17日	商务部	《境外投资管理办法》(商务部令2009年第5号)
2015年10月10日	国家税务局	《关于企业境外所得适用简易征收和饶让抵免的核准事项取消后有关后续管理问题的公告》
2017年1月7日	国资委	《中央企业境外投资监督管理办法》(国资委令第35号)
2017年4月27日	外管局	外管局关于进一步推进外汇管理改革完善真实合规性审核的通知(汇发〔2017〕3号)政策回答(第二期)
2017年6月12日	财政部	《国有企业境外投资财务管理办法》的通知(财资〔2017〕24号)
2017年8月18日	发改委	《关于进一步引导和规范境外投资方向指导意见的通知》(国办发〔2017〕74号)
2017年10月25日	商务部	《关于做好"对外投资"监管方式海关申报的通知》(商办合函〔2017〕422号)
2017年10月26日	商务部	《对外投资合作"双随机一公开"监管工作细则》(试行)
2017年11月3日	发改委	企业境外投资管理办法(征求意见稿)
2017年11月29日	国家税务局	《关于企业境外承包工程税收抵免凭证有关问题的公告》
2017年12月7日	外管局	关于完善银行内保外贷外汇管理的通知
2017年12月18日	发改委	《民营企业境外投资经营行为规范》(发改外资〔2017〕2050号)
2017年12月26日	发改委	《企业境外投资管理办法》(第11号)
2017年12月28日	财政部、国家税务局	《关于完善企业境外所得税收抵免政策问题的通知》
2018年1月25日	商务部、人行、国资委、银监会、证监会、保监会、外汇局	《对外投资备案(核准)报告暂行办法》(商合发〔2018〕24号)
2018年4月12日	发改委、财政部、商务部、人民银行、保监会、证监会	《关于引导对外投融资基金健康发展的意见》(发改外资〔2018〕553号)
2018年6月28日	发改委	《外商投资准入特别管理措施(负面清单)(2018年版)》
2019年5月16日	商务部	《对外投资备案(核准)报告实施规程》的通知(商办合函〔2019〕176号)
2019年10月25日	外管局	《关于进一步促进跨境贸易投资便利化的通知》(汇发〔2019〕28号)

通过对相关文件的解读不难发现,国家监管部门积极推动中国企业"走出去",提高国际影响力,但是在国家鼓励对外投资的同时,对海外投资的企业提出了更高的要求。在关注外部风险的同时,开始关注对国内的影响(内部风险);在关注投资规模的同时,更关注投资效益和质量。

第二节　境外投资业务的发展路径

传统工程承包企业的业务仅限于工程施工承包，为了应对新的市场挑战和适应海外市场开发的新变化，在国家境外投资政策的支持下，中国的承包商不断向施工承包的上下游延伸，做全产业链布局。同时，工程承包模式也在不断地结合金融创新和管理创新进行升级。以投资带动的总承包，以 BOT/PPP，"产融合作"等模式成为当下国际承包市场的趋势。国际工程承包的开发次序转变可见图 3-1。

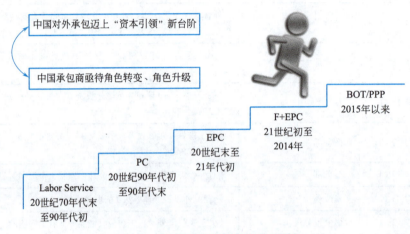

图 3-1　国际工程承包的开发次序转变

近年来，我国对外承包工程行业竞争越来越激烈，低价竞争严重，行业收益率下滑，合作条件越来越严格，项目获取难度越来越大，风险也越来越大。面对日益激烈的竞争环境，我国银行授信高、融资能力强、融资成本低的大型工程承包企业，开始转变项目运作模式，利用投融资方面的竞争优势和强大的投融资能力，走上了投建营模式之路。

第三节　中资企业的境外战略安排

从全球承包市场所面临的广泛需求和未来的发展趋势来看，投建营模式的推广乃是大势所趋。我国对外承包企业需要逐步调整发展战略，从单纯地承包工程到"投建营一体化"运作模式的转型升级，逐步在海外市场中占领一席之地。下表简要介绍中资企业（均位于 ENR 榜单前列）的战略定位，如表 3-2 所示。

表 3-2　中资企业的战略定位

序号	企业	战略定位
1	中国交通建设股份有限公司	"五商中交"的海外发展战略规划 率先建成具有国际竞争力的世界一流企业
2	中国电力建设集团有限公司	公司坚持全球化运营、质量效益型运营和可持续发展目标，塑造具有全球影响力和卓越价值的品牌
3	中国建筑股份有限公司	成为最具国际竞争力的投资建设集团

续表

序号	企业	战略定位
4	中国铁建股份有限公司	"海外优先"战略 建筑为本、相关多元、协同一体、转型升级，发展成为技术创新国际领先、竞争能力国际领先、经济实力国际领先，最具价值创造力的综合建筑产业集团
5	中国中铁股份有限公司	致力于在建筑业全产业链和相关多元化产业

一、中国交通建设股份有限公司

中国交通建设股份有限公司是中国最大的港口设计及建设企业，其业务领域广泛，主要包括交通基础设施建设，如铁路、公路、桥梁、隧道、港口等；疏浚工程主要以环保疏浚和基建疏浚为主；装配制造业主要涉及港口大型机械、筑路大型机械及大型的钢结构；公司还承担进出口贸易、对外承包工程等业务。其业务遍及全国各地及港澳特区和世界70多个国家和地区。现如今中国交通建设股份有限公司已拥有34家子公司，15家参股公司，在国际承包商排名中已连续四年蝉联第三。

企业愿景：率先建成具有国际竞争力的世界一流企业。

发展目标：中国交通建设股份有限公司制定了成为全球著名工程承包商，实现工程承包业务在全球领先的发展目标。为实现这一目标，中国交通建设股份有限公司特制定出"五商中交"的海外发展战略规划。"五商中交"重点培养员工的五项核心能力，即融资、专业整合、集成化管理、产业链整合、战略联盟的能力。"五商中交"重点要实现公司的两个转变，即从以往单纯的承包工程转变为集资本、技术、服务、管理、标准输出为一体的综合性工程承包，从以往单一的工程承包商身份转变为可以提供一体化综合解决方案的提供商，从而实现工程承包业务全球领先的发展目标。

全球布局：目前，中国交通建设股份有限公司已在全球103个国家和地区设立了共193个驻外机构，在135个国家和地区已开展实质业务。

二、中国电力建设集团（股份）有限公司

战略方针：中国电力建设集团（股份）有限公司始终将"建设清洁能源，营造绿色环境，服务智慧城市"为使命，致力于成为"能源电力、水资源与环境、基础设施领域具有国际竞争力的质量效益型世界一流综合性建筑企业"。为此，公司制定了坚持全球化运营、质量效益型运营和可持续发展的目标，着力塑造在全球范围内具有影响力和卓越价值的品牌，以奉献精品建筑、清洁能源、绿色环境为己任，为全球的客户提供具有可信赖、创造性的工程建设整体解决方案，推动实现全球各地的互联互通以及人类的可持续发展。

经营领域：境内外水利电力工程和基础设施项目的工程总承包与规划、勘测设计、施工安装、科技研发、建设管理、咨询监理、设备制造和投资运营、生产销售、进出口；房地产开发与经营；实业投资、经营管理；物流；国际资本运作与境外项目投融资；对外派遣劳务人员和对外承包工程。受委托负责国家水电、风电、太阳能等清洁能源和新能源的产业规划、政策研究、标准制定、项目审查等。

三、中国建筑股份有限公司

中国建筑股份有限公司是中国最早从事对外承包工程的公司。20世纪50年代，中国建筑股份有限公司即代表中国进行了对外经济技术援助项目的建设，并于20世纪70年代末率先进入国际工程承包市场，先后在全球各地100多个地区设立驻外机构，并完成了5000多项的工程建设项目，涉及多个工程专业领域，其中包括房屋建筑、电讯、水利、石化、交通、制造、能源、工业、排污/垃圾处理、危险物处理等，形成了住宅、酒店观光、政府工程、医疗设施、机场、路桥、水务、文体设施等八大系列工程，其中包括一些著名的标志性建筑，如香港新机场航站楼、俄罗斯联邦大厦、伊拉克水坝、新加坡南洋理工大学、埃及国际会议中心等。

企业愿景：成为最具国际竞争力的投资建设集团。

经营领域：中国建筑是中国最大的建筑房地产综合企业集团、发展中国家和地区最大的跨国建筑公司以及全球最大的住宅工程建造商，在房屋建筑工程、国际工程承包、房地产开发与投资、基础设施建设与投资及设计勘察五大领域居行业领先地位。

四、中国铁建股份有限公司

中国铁建股份有限公司业务包括：工程承包、房地产开发、勘察设计咨询、工业制造、物流与物资贸易等，具有科研、规划、投融资、勘察、设计、监理、施工、维护、运营等完善的行业产业链，能够为项目业主提供一站式、全方位的服务。中铁建在多个设计和建设领域确立了行业领导地位，如铁路、公路、桥梁、隧道和城市轨道交通等。中铁建的经营模式有其自身的独特性，采用了区域经营、协同经营、品牌经营等多种经营模式相互配合、市场经营与资本运营相互补充的多元经营模式。

发展战略：建筑为本、相关多元、协同一体、转型升级，发展成为技术创新国际领先、竞争能力国际领先、经济实力国际领先，最具价值创造力的综合建筑产业集团。

2018年，公司完成《中国铁建股份有限公司2016—2020年企业发展战略与规划中期评估报告》。报告提出"海外优先"战略，落实"四个优先"，即"思想优先、资源优先、政策优先、保障优先"，筹建中国铁建国际投资集团有限公司，进一步理顺公司海外业务管理的体制机制，为建设"品质铁建"打好发展基础。

五、中国中铁股份有限公司

企业使命：致力于在建筑业全产业链和相关多元化产业，奉献精品工程、精良产品和精益服务，持续改善交通环境、生活环境和物理环境，增进民众福祉、创造幸福生活、开拓美好未来。

企业愿景：国内领先，世界一流。不断增强企业核心优势，发挥龙头企业示范带动作用，做中国建筑行业的领跑者；走全球发展道路，提升企业国际影响力，建设引领全球基础设施发展的综合型企业集团。

海外业务：中国中铁积极响应国家号召，以"一带一路"为发展路径大力开拓海外市场。其在海外的承包工程包括但不限于高速铁路、公路、城市轨道、桥梁、房屋建筑、房地产开发以及矿产资源开发等领域。在全球各州均有自己的项目和驻外机构，涉及到共84个国家和地区。其中最具有代表性的项目包括：乌兹别克斯坦卡姆奇克隧道项目、印尼雅万高铁项目、吉隆坡新捷运（MRT）轻轨项目、俄罗斯莫喀高铁设计项目、孟加拉帕德玛大桥项目、中老铁路项目、埃塞俄比亚亚吉铁路、埃塞亚的斯亚贝巴轻轨项目等。

从上述企业的战略安排可以看出，我国大型施工企业均已向海外市场进军，且业务范围均涉及项目建设各阶段，逐步向投建营模式靠拢，成功实现国际化战略转型。但是对于中资企业特别是国有企业，开展国际化经营战略需要从企业自身的战略定位，发展目标，产业特征，目标市场，风险评价和风险管理等角度全面分析选择，切勿盲目制定企业的国际化经营战略。

第四节　国际投资公司的组建与管理

一、国际投资公司的组建

以投资为主导进行海外项目开发面临着巨大的风险和挑战，交易结构复杂，运作难度很大，所面临的风险也更高，非一般企业能胜任。若国际投资公司设置在东道国，则还须遵守东道国的法律，提前了解、熟悉东道国司法体系，并查阅东道国与我国是否签署过相关条约。因此，开展属地化经营组建国际投资公司需进行慎重考虑，从以下几方面进行扎实准备。

（一）组建目的与要求

明确国际投资公司组建的目的和要求。以打造高效率的投融资平台为目的，实现项目更好地融资及实施，并在目标区域寻找和培育更好的投资项目，有效利用资产实现公司的持续运转和健康发展。

（二）组建方式

国际投资公司的组建应根据集团本身及直属企业实际情况有计划有安排地逐步推进。
（1）先行现金注册，以实现投资公司迅速组建；
（2）对有效资产进行评估及分步划转，形成公司有效资产；
（3）根据投资公司发展需要，开展股权投融资；
（4）项目资本金分步投入。

（三）公司的发展定位

围绕投资重点，着力打造公司业务平台，通过制定战略目标，逐步实现集投资、融资、建设、营运及管理现代化、投资多元化、发展集约化的经营主体。

（四）职能界定

投资公司对集团负责，在集团党委的统一领导下，按照法律、法规规定并在集团授权范围内履行制定发展战略、经营管理、对员工进行绩效考核及任免等职责。

（五）组织架构

1. 法人治理结构

根据《中华人民共和国公司法》等有关规定，建立和完善法人治理结构。

2. 内设机构

投资公司内部人员设置应综合考虑企业的运作成本及任务安排，遵循定人定岗定责的原则配备专职人员。图3-2为国际投资公司组织架构图。

图3-2　国际投资公司组织架构图

（1）投资发展部。

主要职责：结合国家宏观经济政策及相关行业发展信息，编制并适时调整公司的发展规划和投资安排；在公司所在地或者所关注的区域，寻找可投资的项目，对其进行分析筛选，之后对目标项目进行进一步的信息收集，开展投资机会研究、前期调研论证等工作，为公司进行目标项目的确定做准备；协助项目管理部对已经完成的投资项目进行登记备案，并提出后续已完项目的处置方案；负责和公司的财务审计部配合，对公司的资金管理、运作及结构性的调整等提出建议及改进措施；承担上级交代的其他事宜。

（2）财务审计部。

主要职责：负责制定公司内部的会计管理和财务管理的规章制度；负责公司的财务预算、会计核算、清算和资产评估、验收和税收筹划等工作；结合公司的战略目标，对公司的债务结构、项目进展及目标实现程度进行随时评估，建立维护和增加国有资产价值的指标体系，并随时对公司的运作情况，对可能发生的财务风险进行预判和预防；研究新的融资方式和融资渠道，合理制定融资抵押和担保计划，降低融资成本，并保证公司能正常健康地持续运转；负责公司的财务审计工作，参与业务绩效评估；承担上级交代的其他事宜。

（3）项目管理部。

主要职责：负责组织实施和管理公司所投资的项目，包括组建项目团队，对团队内人员的选择、任用及工作安排做好计划；在项目前期参与各个拟开发项目的可行性研究和投资测算，项目开始后，项目管理团队应对项目从前期、实施到运营整体流程进行全过程管控，包括但不限于招投标阶段的招标节点、标段划分，合同选择的管理，施工阶段对项目的质量、成本、进度及信息的全面管理，竣工阶段组织双方进行验收及移交等，运营阶段负责项目的招商引资、租赁销售、制定年度运营计划和目标并实施考核等工作；负责对项目的预算、结算和决算进行审查，处理实施过程中的价款支付及所发生的工程变更、调价、签证等事宜；负责完成上级交代的其他事宜。

（4）合规与风险管理部。

主要职责：负责根据公司所处的环境及项目的实际情况建立对应的风险管控体系，包括风险管控计划、风险管理程序及规章；负责对公司所面临的经济风险、市场风险、政治风险、投融资风险、财务风险等，出具相应的风险管理报告；负责组织公司各部门对项目开展的全生命周期风险进行预判和预防，提出有效的风险防范及应对措施；负责处理公司需要应对的法律方面的工作事宜，审查公司所签订的各类合同和协议，审查合作对象的资质、资信、财务状况、业绩等信息是否真实；负责公司上级所交代的其他事宜。

（5）综合事务部。

主要职责：负责公司的日常管理、对外联系、会议组织、人事管理、绩效考核、薪酬福利等工作。

（六）规范建立相关工作机制

1. 建立科学有效的投融资运行机制

进一步探索能够使企业资金流动、源源不断的实现方式，通过调整企业资产结构，盘活存量，增加增量，带动企业现金流的流入流出，形成持续稳定的利润模型，从而降低企业的债务水平，巩固融资基础。其次，企业应积极与银行合作，通过增加信用等级，获得银行在银团贷款、信贷授信等方面的支持，并充分利用国家有关金融政策的支持，拓宽项目融资路径，为企业项目投资和建设提供更多的资金保障。此外，企业在开展投融资时，要注意应以项目建设为前提，做到为项目筹集资金，而不是让资金闲置，等项目到来再启动。真正形成"融资—投资—再融资—再投资"并及时退出的滚轮式投融资运作模式。

2. 建立严格有效的财务管理机制

通过建立严格有效的财务管理机制，加强公司内部的资产管理和财务管理，确保公司现金流入和流出之间的正常运作，投入与产出之间的平衡及资产负债与公司法人之间的平衡，形成有效的内部财务控制系统。

3. 建立灵活有效的选人用人机制

公司选拔人才的方式应适应现代企业制度的要求，建立以市场为基础的选拔用工机制，实行全员劳动合同制。严格遵循公开公正的原则，内部选拔主要是通过竞争上岗，外部选拔主要是公开招募或委托人才中介机构，在市面上广泛撒网，通过公司考核为第一步，之后还要通过竞争选择出最合适此岗位的人选。此外，完善任用制度，任期制度和业务目标责任制，并树立"物竞天择、适者生存"的氛围，激发岗位上每一位成员的责任心和上进心。

4. 建立合理有效的激励约束机制

遵循市场价值规律，建立基于绩效体系的岗位工资分配体系，根据员工的表现好坏及对公司的贡献程度，给予员工适当的奖惩措施，形成一定的激励和约束作用。实行多元化的奖惩机制，引导员工为公司效益及自身利益而努力，争取创下一流业绩。

5.建立安全有效的风险防范机制

建立健全的投融资风险和效益评估体系。所有投资和融资项目在开始之前都必须经过严格的内部和外部可行性研究论证，判断企业自身是否能够较好地抵御投融资风险，是否项目结束后可以有稳定的收益来源实现资金的回笼。其次，企业应建立健全决策机制和内部运行机制，任何一项企业所做的决定都应严格按规定程序执行，尤其涉及公司重大资产（股份）变动、投融资活动等事项，必须向集团报告，待集团审批合格后方可实施。此外，公司还应建立定期的报告制度。以月为单位，将本月内企业所做的项目进展情况、公司运营情况及其他重大决策向公司内部进行总体汇报，使各部门都能及时有效地制定风险防范措施。

二、国际投资公司的管理

国际投资公司的管理首先要有一个精心筹划的战略布局，合适的战略布局才能使后续项目运作顺利进行。国际投资公司管理的重点是建立公司治理制度、财务管理制度和内部监控制度。以下针对这三方面制度的建立进行介绍。

（一）公司治理制度

为了应对新经济和全球化的影响，国际公司应重组其内部组织结构以减小冲击，其内部结构的改变主要包括以下两个方面：第一是将企业管理结构扁平化设置，减少纵向的管理层，提高子公司的独立性，总部对其影响也由原来的决策降为支持，给予子公司更多的自主决定权，使其管理和决策更加高效。第二是将组织结构内外联动，使企业内部更加市场化，企业外部更加科层化。这种改变主要是来源于全球竞争环境的影响，企业逐步意识到只有将企业规模做大，才能在较大范围内提高自身的竞争力。而这种规模的扩张并非以往的资产规模扩大，而是将控制规模扩大，将外部资源引入到企业的控制体系中，以增强企业抵抗风险的能力。

目前，我国多数跨国企业境外投资的资历尚短，还没有形成成熟的经营管理理念，在团队组建上还普遍采用直线职能制的组织结构。这种模式的特点是子公司拥有较大的自主权，母公司不会过多地干预。由于二者之间没有很强的管理方面的限制，母公司对子公司无法采取强有力的监督与管理。解决这类问题的关键是在境外机构中建立有效的法人治理结构。法人治理结构是公司制的核心，但我国许多公司在法人治理结构安排上还存在很多问题，如随意性和人为因素的干扰等。境外机构应尽力寻找多元投资主体，形成公司内部股权多元化的格局；尽量按有限责任公司注册，成立董事会和监事会，依法对公司进行监督和指导。还应建立对员工特别是管理人员的激励制度，比如节假日补偿及工资福利等。

（二）财务管理制度

国际投资公司的管理要注重财务管理制度的设立，否则可能导致项目实施时遇到投资决策失误、投资回报率低、纳税负担过重等问题发生，导致项目难以顺利进行，严重时甚至导致公司出现经营困难，甚至连累母公司的经营。因此，国际投资公司在公司组建时必须放大自己的格局，与国际惯例接轨，制定既符合当前公司发展情况，又满足东道国法律要求的财务管理制度。

国际投资公司的财务管理应基于公司的整体战略，运用各种财务管理方法和资源，控制融资成本，减轻整体税收负担，避免汇率风险，灵活分配资金，以获得最大的利润收益。母公司应发挥集资、决策、价格转让、合理避税和风险控制的作用，对子公司的财务管理形成一定的指导。

子公司应在母公司的有效领导下开展具体的生产经营活动并取得一定的经济效益，按照企业的内部规定，向总公司上交一定的利润，并如期向总公司递交财务报表，向其汇报经营情况及财务收益情况。

国际投资公司财务制度及其管理的原则：在符合当地法律规定和母公司授权范围内的前提下，建立关于资金财务的管理制度。子公司在境外开展投资建设活动时，有责任保证母公司的财产安全，并应努力使母公司资产升值。母公司派往子公司的专职财务人员，既要向子公司负责，维持子公司的财务正常、顺利运营，还要向母公司制定的财务管理制度负责。

（三）内部监控制度

为保障企业内部管理高效有序，除了要健全完善的公司法人治理制度外，还要实行必要的内部监控制度。为保障母公司的产权所有制，在境外开展投资的子公司原则上是不允许以个人名义在境外进行机构注册、购置资产等活动的注册登记。但如果遇到特殊情况，确实需要以个人名义进行登记注册才能使项目顺利进展，这时需要办理具有当地法律效力的产权转让协议，说明产权此时虽然属于个人名义，但实际上真正归属于公司总部。其次，子公司的资产负责人发生变动时，需要在离任前办理好资产移交，向母公司提交法律效力的资产移交手续，经母公司审核通过后才可正式离职。此外，子公司的财务人员不仅要对子公司的财务负责，还要随时向母公司汇报子公司的财务情况。因此，财务人员要详细记录好企业资产所发生的变动情况，定期向母公司汇报并听从母公司给的处理意见，还要将企业所产生的各项支出和收入原始单据归档，做好档案管理。通过建立严格的规章制度及完善的业务审查程序，以规范公司内部业务实际执行情况。

第五节　海外投资业务的资本金筹备

根据国家法律法规，建设项目可以通过各种方式筹集资金，例如争取国家预算、自筹资金和股票发行。

① 国家财政预算内投资：财政预算是政府调控市场经济的重要手段。当市场经济发展失去平衡时，政府可能会通过调整结构性政策或选择一定的总预算支出来引导市场发展，弥补市场不足。投资主体可以向国家政府申请部分财政预算作为资本金。

② 自筹投资：公司可以通过吸收现金投资、有形资产和无形资产等形式筹集资金。

③ 发行股票：股票是股份公司发行的一种证券，通过发行所有权的凭证来获得股息和股利，目的是为各个股东募集资金。股票可出售、可转让，也可以作为抵押。它们是资本市场中主要的长期信贷工具。

资本金的筹集从筹资模式可以大致分为独资和合资两种模式，两种筹资模式各有优缺点，具体如表3-3所示。

表 3-3 独资和合资模式的优缺点分析

	优点	缺点
独资	投资人拥有完整的自主决策权； 独资能有效避免与合伙人产生分歧； 可更好地传承母公司的经营发展战略； 企业商业机密不容易泄露； 不必与合伙人分摊企业所获得的经营利润	大量的资源投入所带来的风险较高； 陌生的经营环境容易导致项目进展困难，投资周期加长； 对当地政策、社会文化了解不深入，在项目实施过程中受到当地政府的打压
合资	与本土企业合资更易适应项目实施环境； 合资所投入的资源少，面临的风险也较低； 容易掌握更多关于项目的信息，增加投资决策的正确性	容易与合资者产生分歧，导致决策、管理困难； 多方决策使项目开展效率低； 子公司难以继承母公司的经营战略； 知识产权无保障，容易导致商业机密泄露

企业筹集资本金的方式有很多，而且可以根据项目实际情况进行组合。但是无论采取哪种方式，都必须遵循一个前提，即在符合法律、法规允许的范围内进行筹集。

第六节 案例分析：中国交通建设股份有限公司的国际化经营战略规划

中国交通建设股份有限公司（简称"中交建"）是世界上最大的港口设计公司、最大的桥梁和公路建筑公司、最大的疏浚公司，是中国领先的交通基础设施企业。公司六十年的发展历程中承揽了大量的业务量，已在全世界各地形成良好的口碑。公司旨在为客户提供涵盖项目全过程各个阶段的最优的解决方案，提供最好的服务保证项目成功。其业务范围覆盖中国各省市、中国香港和澳门特别行政区，以及全球 139 个国家和地区。公司为实现"率先建成具有国际竞争力的世界一流企业"的重要目标，特制定了中交建国际化经营战略规划，以下分别从国际化经营情况、国际化经营战略规划两方面介绍。

一、国际化经营情况

中国交通建设股份有限公司在不同的发展阶段制定了不同的发展战略，以适应世界经济的发展态势。总体来说，中交建国际化经营情况可以分为表 3-4 所列的三个阶段。

表 3-4 中交建国际化经营情况

阶段划分	经营理念	商业模式	属地化建设	产融结合
第一个阶段： 1979～1997 年	机会经营为主	援外、劳务分包、工程分包	驻外机构零散，属地化程度低	产业资本与金融资本结合度低
第二个阶段： 1998～2005 年	机会经营+战略经营	施工总承包、劳务+装备+技术输出	驻外机构布局调整，属地化程度中等	产业资本与金融资本结合度一般
2005 年至今	战略经营为主	DB、EPC/BT、BOOT、PPP、标准输出、投资并购	驻外机构布局完善，区域化龙头公司建立，属地化程度高，全球整合资源	产业资本与金融资本结合度逐步提高

中交建六十年的发展历史及丰富的海外经营经验铸就了其国际化经营六大优势：

① 完整的产业链优势：中交建的主营业务几乎可以涵盖交通基础设施建设全领域，铁路、道路、桥梁、码头等建设项目均有涉及；

② 特大型项目运作优势：中交建悠久的发展历史中，前后承接了多项境外特大型项目建设任务，不仅形成了一套适用的管理运作经验，还积累了大量的高端技术人才；

③ 较强的海外风险管控能力：中交建形成了海外HSE&Q体系、应急救援体系、海外业务法律风险保障体系、海外投资业务决策控制程序等多种风险管控体系；

④ 较强的国际品牌优势：协调使用CCCC品牌和CHEC、CRBC、ZPMC品牌，逐渐形成四大品牌在市场上的良好声誉；

⑤ 较强的技术创新优势：具有基础设施研发集群优势，包含数十个国家和省级重点实验室和国家工程研究中心；

⑥ 独特的国际化软实力优势：营销网络、属地化经营、国际化人才队伍、国际商务能力、海外业务管理经验、独特的海外文化建设。

根据中交建2018年度报告，2018年共签订境外项目193个，新签合同额1590.13亿元，约占公司新签合同额的18%。其中，基础设施建设业务1510.32亿元。在新签合同中，以PPP模式运作的项目合同价值为1523.25亿元（其中：按股权比例确认的参股项目合同价值为379.51亿元）。

二、国际化经营战略规划

中交建为能尽快实现建设成国际一流建筑企业，其结合自身特色和发展目标，特制定了"五商中交"的海外发展战略规划。中交建的"五商中交"战略安排的经营定位和实施要点如表3-5所示。

表3-5　中交建"五商中交"战略安排

五商中交	经营定位	实施要点
世界一流的工程承包商	由简单工程承包向推动资本、产业、产能、装备、技术、管理、标准、服务走出去转变，不断实现从工程承包商一体化综合解决方案提供商的转变	经营模式转变（推进建营一体化）； 业务领域巩固拓展
海外城市及园区投资发展商	以产业培训和创造更大商业机会的战略视野，以交通基建和综合开发为主线，不断构造完善海外城市与园区综合开发运营的发展路径和成功模式	建立城市综合开发特色优势； 培育园区全流程能力； 复制国内成熟模式； 打造项目群样板； 打造示范承接地； 综合开发，能力创新； 多维对接，功能对接
海外特许经营服务商	打造多区域覆盖，多元业务和多样模式运作的中国海外领先房地产开发运营商，成为有国际影响力的海外特许房地产商	总体线路； 业务组合； 产品策略； 投资策略； 向海外移植国内模式
海外特色房地产投资开发商	培育一批能带来长期稳定收益和符合预期资本回报水平的项目，形成一定规模的优质海外经营性资产	基础设施为主，多领域布局； 创新对外投资经营模式； 打造利益共同体； 境外投资全口径管理

续表

五商中交	经营定位	实施要点
现代工业制造一体化服务商	聚焦国际市场，全方位开展国际化经营，实现传统产业与新兴产业相结合，为中交建产业链中的其他产业提供发展契机	整体发展； 巩固港口机械在全球市场的绝对领先地位； 积极布局海洋业务领域的国际产能合作； 创新发展； 推进境外基地建设

中交建全面建成海外"五商中交"，主要是通过工程承包＋投资经营＋工业制造＋房地产＋城市与园区，多角度全面实现国际化快速发展。公司内部通过优化资源配置，给予公司员工良好的福利待遇和晋升前景，使员工感到归属感，为企业全球化发展发展贡献力量。此外，中交建充分利用政策红利和公共服务体系，积极响应国家号召，投身参与到"一带一路"建设。

第四章

投建营业务外部合作伙伴

第一节 战略合作伙伴的确定

一、战略合作伙伴的重要性

（一）满足当地法律的强制规定，获得准入证

虽然外资进入基建领域一定程度上能缓解当地资金压力，但并非所有国家对外资进入基建领域都持开放态度。以印度尼西亚为例，其对外资企业在基建领域投资设置了相应的门槛，以防止国内企业的市场份额被稀释。除非投资外资项目由基础设施部门招标且建筑价值在 1000 亿印尼盾（1000 印尼盾 = 0.45 元人民币）以上，或者投标其他部门采购和服务价值超过 200 亿印尼盾的项目，否则外资企业不被允许进入。除此之外，印度尼西亚对外资企业投资建筑行业的股权比例设置了上限，最高不得超过 67%。由此可见，外资企业只能通过与印度尼西亚本土公司组成联合体的方式承接当地项目。同样设置准入门槛的还有马来西亚，当地规定政府 1000 万马币（1 马币 = 1.56 元人民币）以上的总承包商招标项目，投标人应具有 A 级建筑资质，且依据相关法律法规，A 级建筑资质不能授予外国独资公司。因此，外国承包商要想注册成立建筑工程公司并投标此类项目，除了需要得到马来西亚建筑发展局的批准，还应与当地公司结成伙伴关系获得 A 级建筑资质。因此，从满足当地法律的强制规定方面看，与当地公司结成合作伙伴关系至关重要。

（二）强强联合，提高中标概率

强强联合主要有三种类型：一是中国企业本身具有资金和技术上的优势，但因海外项目

招标人设置投标条件，即投标主体必须有当地公司；二是评分标准中设置属地化优惠政策，给予中外合璧、开展属地化合作的投标人一定比例的优惠，以鼓励其对东道国经济与就业的促进作用；三是受限于国别资质的不同，中国承包商苦于没有业绩和资质，致使不满足招标要求。以上三种情形都需要与当地承包商联合，以发挥当地承包商整合资源的优势，满足投标准入条件、提高中标概率或中标后发挥各自优势实现效益最大化。

（三）发挥各自优势，实现合作共赢

本土公司对当地事物比较熟悉，且社会关系广泛，在疏通各级组织之间的关系方面具有明显优势。中国承包商在资金方面有优势，同时愿意给当地企业融资，提供资金方面的帮助。当中国企业开辟新市场时，一切都是未知的，更大的经济效益也伴随着更大风险。因此，积极寻找当地伙伴合作，一方面能够发挥当地合作伙伴的优势，使风险最小化；另一方面能够实现风险共担。对当地合作伙伴来说，可以获得中国承包商资金和技术上的支持，更快、更好地完成项目，对合作双方来说都是一件共赢的事情。

（四）集成化的供应链管理环境，共享信息、共担风险、共同获利

纵观国内外各类法律规定与合同示范文本的规定，有关联合体承包商对发包方应承担的法律责任，一般都为连带责任。因此，与优秀的供应商建立战略合作伙伴关系有助于企业降低投资风险，是企业有效整合资源、降低开发成本、提高采购效率、增强采购专业性、集中化控制风险、建立集团化发展规模优势的关键管理措施之一。与此同时，优秀的供应商是一种稀缺资源，它们往往拥有过硬的项目操作经验和相对成熟的项目管控体系。总而言之，对于企业来讲，建立集成化的供应链管理环境更有利于企业集中精力培育核心竞争力。

二、战略合作伙伴的类型

海外项目的投资，按照持股比例，可分为全资和合资两类，但在海外大型能源电力、基础设施和矿产资源等项目的投资实践中，投资发起人通常采用合资的模式，以协调利用资源、分散投资风险。在合资的模式下，就涉及选择合资战略伙伴的问题。战略合作伙伴包括属地合作伙伴、国际合作伙伴、专业合作伙伴、战略投资人四类。下面重点介绍前三种。

（一）属地合作伙伴

投资发起方最好寻找一个在东道国有实力、有影响和公共关系资源丰厚的属地合作伙伴，共同投资运作目标项目，以利用属地合作伙伴的影响力和公共关系资源，处理与项目运作有关的外围关系，特别是东道国许可的获取、土地征收（租赁）和移民安置等，以降低和防控项目运作风险。

2015年10月16日，中国企业联合体（中国铁路总公司等）和印尼国企联合体（印度尼西亚瓦维卡公司等）成立合资公司共同投资建设雅万高铁，签订合资公司协议，约定股份比例四六分。雅万高铁是首个将中国高速铁路的新技术、新标准、勘察设计及施工的经验、运营维护技术等带出国门的项目。

印度尼西亚是东南亚最大的发展中国家之一，主要依靠石油出口、矿产开发和旅游业带动国内经济发展，基础设施发展比较落后，一定程度上阻碍了印度尼西亚发展的步伐。政府一心想要建设基础设施和公务服务设施，但苦于财政预算资金短缺难以推动项目开展。雅

万高铁的建设是一个庞大的工程，资金需求量大，在项目一开始印尼政府就明确表明不提供财政预算和主权担保，基于此，为了最大程度地节约成本，降低项目风险，中国企业联合体（中国铁路总公司等）与印尼国企联合体（印度尼西瓦维卡公司等）组建合资公司，共同负责项目投资、建设、运营管理。从雅万高铁的性质来看，它是连接印尼和东南亚的第一条高速公路；从经验方面来看，它是中国和印尼双方的第一次尝试，双方都缺乏实战经验。中方对印尼当地的劳工制度不熟悉，也不了解当地的施工环境和建设规范，导致施工过程中会有很多意想不到的困难；印尼方对高铁建设缺乏实践经验。

综合考虑后，中国企业和印尼企业成立合资公司是最好的选择，不仅能发挥中国企业的技术特长，同时能利用印尼企业在当地的资源和人际关系为项目的开展审批节约时间，帮助中国企业更快更好适应当地的施工环境。

（二）国际合作伙伴

如果遇到政治风险较大的海外投资项目，投资发起方最好寻找有实力和影响力的第三国（特别是欧美大国）的企业作为合资伙伴，通过该第三国企业甚至政府的国际影响力，来降低和化解投资东道国的政治风险，特别是东道国政府的征收征用、政府违约和外汇禁兑等政治风险。

比如 Inga Ⅲ 水电投资工程，该项目预计耗时较长，耗资约 180 亿美元，由三峡集团（中国长江三峡集团有限公司）、中水（中国水利水电建设集团公司）和西班牙 ACS 作为唯一最终联合体竞标；津巴布韦 BatokaGorge 水电投资工程预计投资 40 亿美元，最终确定中标人为中国电建（中国电力建设集团有限公司）、美国 GE 公司联合体。

ENR 年度榜单中名列前茅的欧美工程承包巨头，都已经成为熟悉资本运营的跨国公司。德国的豪赫蒂夫，以全生命周期为理念，业务范围从投资基金和风险管理延伸至运营管理和资产管理，并在机场和公用建筑的特许经营及 PPP 模式下的收费公路业务上形成自己独特的竞争优势。西班牙 ACS 公司，通过资本运营迅速发展壮大，不断拓展市场，从而在国际榜单占据一席之地，以实效赢得国际话语权，于此类机构合作，有利于中资企业化解政治与市场风险。

（三）专业合作伙伴

如果投资发起方运作的项目不属于其主业范围内的项目，则发起方的投资风险较大，在此情况下，发起方可寻找经营主业包括项目所在行业的企业作为合资伙伴，甚至可以寻找有经验、有实力的承包商、运维商作为小比例参股合资伙伴，以加强项目运作的专业力量，实现利益绑定，风险共担，以降低项目运作的风险。

举例来说，对于运维模式选择，实践中通常有业主自行运营维护和外部运维商运营维护两种模式。考虑到我国承包企业大多不具备专业的运营维护能力，如果我国承包企业运作投建营一体化项目，建议我国承包企业就项目的运营维护选用有经验的运维商作为自己的运营维护合作商，或者由项目公司直接聘用外部专业运维商对项目进行运营维护。中国港湾与来自法国的企业结成战略合作伙伴关系，在非洲喀麦隆港口运营的集装箱码头，就是中国港湾选择专业联营体伙伴运营的形式。2014 年 1 月 28 日，中国港湾与喀麦隆政府在签署了克里比深水港二期 EPC 总承包国际港口项目合同的同时，还签署了关于中国港湾参与项目部分的投资及港口运营的战略合作框架协议。但由于中国港湾对于港口运营经验及能力的缺失，导致中国港湾不得不选择专业的战略伙伴合作运营喀麦隆克里比深水港集装箱码头。最终，中国港湾与法国博洛雷公司、达飞海运集团结成战略合作伙伴关系。主要是基于三个原因：第一，喀麦隆政府意向中国港湾携手博洛雷公司；第二，博洛雷公司、达飞海运集团在非洲有丰富的经营管理经验，尤其重要的是中国港湾可以借鉴学习其和喀麦隆当地人经常打交道的管理经验；第三，这两家企业都已经是港口运营价值链中的顶级公司。法国达飞海运集团作为集装箱全球承运公司世界排名第三，博洛雷公司设有 250 家办事处，遍布非洲 46 个国家，拥有 280 座仓库，是非洲最庞大的综合性物流网络公司，也是全球最大的物流公司。通过选取港口运营领域专业的合作伙伴，以保证项目在运营期内定期检修、采取有效的维护措施，确保项目持续可经营，从而确保项目收益稳定，实现价值最大化。

三、如何选择战略合作伙伴

一个投建营项目能否取得成功，其中伙伴的选择是重要的因素之一。公司的兴衰成败与事物的不断变化具有相同的定律。对未来合作伙伴的了解不能仅靠经验和感觉，也不应一味听别人的介绍而不去切身调查。不要有先入为主的观念，把西方公司和资金实力雄厚、技术力量强等同。西方公司"注销公司、改变经营范围、并购为子公司、股权转让"的现象比中国更为普遍，这正是在市场经济下，对有限责任公司运作的制裁和对债权人保护的有效机制。因此，全面考虑未来合作伙伴的综合实力、企业资信和管理能力具有举足轻重的作用。

中资企业在选择战略合作伙伴前应首先对其资信和能力展开尽职调查，评估合作伙伴的优势强项对自身不足的弥补程度。一般来说，中国承包商资金实力雄厚，重技术轻运营，如果中国承包商与国际或当地以运营著名的企业合作，就能组成一个优势最大化的组合，真正实现效益最大化。

合作伙伴双方的发展目标一致、步调一致，方能团结一心为实现目标任务而努力奋斗。如果双方的目标和理念不合，就会产生不必要的误解与矛盾，势必留下失败的隐患。另外，第三世界国家当地一些中小微企业现金流不足、资金周转不畅、人员素质低，如果选择与这样的企业合作，需要承担更多的风险，无疑给自己背上了沉重的枷锁。即便协议中规定了双方的权利义务，真正实施起来也有很大难度。因此，选择合作伙伴前，一定要搞清楚对方的财务状况、运营情况及公司发展目标和理念。

投建营项目组建联营体首先要选择战略合作伙伴，优质的合作对象是联营体顺利完成项目的前提。对优质的战略合作伙伴的选择应坚持以下原则和方法。

（一）伙伴选择的原则

"3C"原则，这里的"3C"指的是 Compatibility、Capability、Commitment，即兼容性、能力、承诺。

1. 兼容性

企业之间本着"互惠合作"的理念，在发展方式、经营策略、合作模式、组织架构等方面达成一致，共同签署联营体合作协议。

联营体伙伴之间在企业经营管理理念、组织文化、公司人力资源规划、财务政策等方面都或多或少存在差异，如果未在结成联营体合作伙伴前进行详尽的调查，达成一致意见或制定合理的处理措施，可能会在项目实施中产生分歧或矛盾，导致项目陷入僵局，损害第三方及己方利益。比如，有些欧洲合作伙伴在节假期是不工作的，日本合作伙伴在年龄结构上会有自己的要求。如果双方未在缔结合作伙伴前了解清楚对方的文化内涵、语言沟通及习俗等方面足够了解并达成共识，后期会有很多争议。即便合作双方在语言沟通上没有障碍，但由于各自长期所处的文化环境、组织环境不同，双方的沟通也不会那么畅通，各方必须提前考虑到沟通速度缓慢和理解方面出现更多的差错。

2. 能力

随着企业间的竞争不断加剧，经验和技术的更新速度越来越快。企业要想适应日益激烈的竞争环境，除了不断提升发展自身的力量和资源外，还应该积极寻找优质外部力量的支持，结成互补型战略合作伙伴，弥补本企业的薄弱环节，集中优势力量发挥各自的核心竞争力，从而建立起长期的互惠合作关系。具体做法如下。

① 应选择有信誉且资金雄厚的合作伙伴。由于投建营项目在前期都需要投资、垫资运营，所以合作伙伴的财务实力是否雄厚至关重要。因此，在选择合作伙伴时，要选择资金雄厚的合作对象。

② 关注合作伙伴的资信等级。资信等级低的合作伙伴很可能在中标后毁约，即便进入项目实施阶段也可能中途退出，一旦退出不仅会导致项目信息及合作伙伴的内部资料泄露，还会给合作伙伴造成经济损失。

③ 选择与当地政府关系密切的合作伙伴。许多国家往往要求合作伙伴必须有当地承包商的参与，无形中限制了合作对象的选择。但从另外一个角度看，当地承包商的参与能在项目关系处理、当地资源等方面给予支持，能够为外国承包商提供很多便利。比如，能够在一定程度上避免遣返资金回流本土的发生，联营体进口劳务、材料和设备时，能够让政府放松对其的限制。从而大大节约联营体工作时间，减少汇率浮动和通货膨胀带来的经济损失进而影响工程进度的发生。

④ 警惕"抛锚"伙伴。《国际企业管理》一书中对"抛锚"伙伴的解释为："因为不能或不愿提供应分担的资金份额从而阻碍战略联盟成功发展的伙伴。"应对潜在的合作伙伴开展尽职调查，详细了解其财务状况、重点投资领域及数额，因为在其他领域投入过多资金及人力势必会削弱对联营体的资金投入。因此，对待某方面具有强吸引力但资金基础薄弱的潜在合作伙伴应持谨慎态度。例如，伙伴之间联营的利润（或联营体的其他产出）分配可能取决于伙伴对合作事业运营的不断的财务贡献。

3. 承诺

合作伙伴各成员之间严格履行合同中规定的义务和责任，以弥补各成员之间在经营目标和内部资源分配上的差距。以履行承诺为基础，建立起牢固的战略联盟关系。此外，因为联营体的基础是各方都应有特定优势，能优势互补，但如果只是被动地依赖联营体成员的优势来弥补自身的不足，或者联营体成员单纯为了利用你的优势弥补自身不足而选择与你联盟，而没有优势相长、共同进步、良性互动的概念，此时应谨慎做出选择。

（二）分析合作伙伴隐性劣势

在选择联合体合作伙伴时，应分析联营体合作伙伴隐含的优势、劣势。由于明显的优势和明显的劣势，主要是指合作伙伴的技术与实力、资质等级和建设能力、业务规模和声誉，它们是可见的、有形的，易于研究和理解。然而，如果只知道合作伙伴显眼的优势和劣势，而不深入了解其可能存在的机会点和风险，没有采取适当的预防措施就选择和确定目标往往是错误的，会导致不必要的损失。什么是隐含的劣势呢？隐含的劣势是指承包商非公开的、不断变化的、企业运营上的窘境和难点，包括过度承包工程未竣工或工程问题多，资金周转困难，设备和施工能力有限或调度能力有限、债务纠纷的拖延和模糊，尚未进行信息披露的不良记录，当这些缺点最终发生时都会影响联营体的策略并对联营体内其他合作伙伴造成非常不利的影响。

常用的调查和防范方式可以有以下几种：

① 通过互访，加深了解，在合作方之间建立以诚信为基础的合作关系，一般来说，合作方代表之间应率先建立良好的人际关系；

② 口头征询和书面询问对方可能存在的问题及其对合作的可能影响；

③ 在标前合作协议中设置防范条款，约定当己方发生对联营体共同投标的投建营项目产生不利影响的事件时，应及时向其余合作方披露相关信息；

④ 根据合作伙伴的困难程度，及时调整合作战略，减少损失；或者采取相应的对策（如增加或调整合作伙伴，或增加己方或其他合作伙伴的出资比例等），继续努力获得中标机会。

简而言之，在投建营项目的确定与各合作伙伴的选择时，一般要研究以下几个方面：经济状况（融资能力）、能力（设备、人员）、信用能力、辨别能力、管理能力，是否为当地承包商，是否有类似项目经验，以及文化的融合互补，信贷情况和许多其他因素。

第二节　联营体的组建

一、联营体的类型

在国际工程市场，联营体的类型主要有三种：合同型联营体、合伙型联营体、法人型联营体。

（一）合同型联营体

合同型联营体区别于法人型联营体、合伙联营体的一点是，合同型联营体不创立任何形式的独立经济实体，它仅以合同约定为支撑，本着平等、合理的原则在合同中约定各方的权利义务关系、约定费用、成本及资源的分摊比例，甚至是约定收入和利润的分配比例。但由于合伙联营和合同联营的处事规则完全不同，如果提到分享利润可能在一些国家已经满足成立"合伙联营"的条件，因此要注意在合同解释时分享利润的表述不被曲解。

合同联营体有两种方式。

1. 紧密联营体

以联营体本身为中心，联营体各方按照合同约定的投资比例向联营体注入流动资金，联营体利用各方的资源直接对工程进行施工建造或完成分包工程。各方应按比例分担损失和责任，并对第三方负连带责任。

2. 松散联营体

不以联营体本身为利润中心，而是由牵头公司收取一定比例的费用负责业主或咨询相关工作的管理，其他联营体成员分别承担部分工程的投资建设运营，对其负责工程承担全部责任。

合同型联营体具有以下优势。

（1）易于创立。合同型联营体具有无特定格式、简单、经济等特点，其区别于成立联营公司的优势在于手续简单、成本低及耗费时间短。

（2）操作简单。合同型联营体与联营公司的本质区别在于法人资格的有无，对于具备法人资格的联营公司来说，因受公司法约束相对繁琐，对于重大事项的决议必须按照法定规程执行，比如董事会议、一般会议、董事职责等。对合同型联营体来说，因为没有特定法律法规的束缚，因此操作起来更加灵活方便。

（3）民事责任分担明确。合同型联营体按照合同约定各自独立经营，各自承担民事责任。相对于合伙型联营体以各自所拥有的财产对外承担无限责任来说，合同型联营体风险更小。即便可以在合伙型联营体的合同中约定无限责任的分担比例，但这种约定对第三人不具有约束力。

（4）终止程序简便。合同型联营体是基于某个特定项目而签订的合同，因此相对于合伙型联营体和联营体公司来讲终止程序更加简便。但是如果合同中没有约定联营体期间共有财产的处置方式，会使情况变得很复杂，如联营体在联营期间取得的商标权、知识产权等。

（5）税务透明化。合同型联营体不组建组织机构，不是所得税法意义上的纳税人，不是增值税纳税人，也不是营业税的纳税人，因此联营体税务模式较为单一、透明。联营体成员一般各自承担各自的企业所得税，免受其他各方影响也不影响他人。

（6）机密性高。合同型联营体无需到工商局办理登记注册手续，由于不被登记在案因此保密性较高，一般只有联营体成员及工程相关方了解真实情况，比如业主。

合同型联营体的劣势也是不言而喻的，它的使用范围有限且很难与合伙型联营体区分开，工作任务明确、服务时间短、工作模式单一的商务活动因其不需要成立独立的组织机构，比较适合采用合同型联营体。

（二）合伙型联营体

合伙型联营体的概念是指：不少于两个（包括两个）的自然人或法人以盈利为目的共同从事某项商业活动、共享资源。合伙型联营体与合同型联营体的区别在于以下几方面。

（1）合伙型联营体凸显了商业活动的持续性和长期性，而合同联营体的组建一般是为了某个简单、单一、独立的工程环节，合同联营体的存续时间一般较短。

（2）合伙型联营体的重点在于成员之间共享资源、共同承接某个项目，并按照合同中约定的方式分配利润，它的最终目的是利润。而对于合同联营体来说，如果提到利润分配，很可能被认定为是合伙联营体，因此，在拟定合同联营体的合同条款时，涉及资金、支付等都应该高度关注，尽量以支付的名义对联营体各方所做出的贡献及承担的成本作出补偿，避免利润分成等字眼的出现使其与合伙联营体混淆。

合伙联营体的优点有以下几点：

（1）合伙型联营体是一种联营组织，但不具备法人资格，它的民事主体仍然是参加联营的各成员，因此所得税由联营组织的各成员按照比例分配盈亏后单独缴纳，不仅能够规避双重纳税的风险，而且税务政策更加单一、透明。而联营体公司首先要根据公司盈利交纳企业所得税，其次分配利润之后联营体公司成员还需交纳个人所得税，从以上可以看出，联营体公司模式下的收益交了两次税。

（2）合伙型联营体的组织机构与合同联营体一样，都较为简单，操作起来也更加简单快捷。

（3）合伙型联营体成员在实施某一决定时，都有权提出异议。

合伙联营体的缺点：

（1）合伙联营体的组织成员对第三人的允诺即为合伙联营体的允诺。

（2）如果约定联营体为有限合伙联营体，则联营体成员仅需以自己在联营体中出资比例为上限承担有限责任；否则，联营体成员应对合伙联营体承担无限责任。

（3）合伙联营体的应用范围局限，一般仅应用于财产开发等特定工程。在这类工程中，各成员因共同的兴趣结成联营体，能够承担起联营体无限连带责任。

（三）法人型联营体

法人型联营体又叫"联营体公司"，是指出资的各成员经法人登记后组成新的法人企业，其具有法人资格，对外独立承担民事责任。

法人型联营体的实质是合资公司，它的合作方式是各当事人认缴一定的注册资本额，同时按照认缴的资本比例分配风险、利润和损失。设置联营体管理机构负责项目的日常管理工作，联营体成员在其中是股东的身份。

法人型联营体的优点有以下几点。

1. 有限责任

法人型联营体以联营体合作框架协议中各方认缴的股本比例承担有限责任，不因股东的不完全支付免除欠付部分责任。

2. 独立法人

法人型联营体作为独立法人，独立承担民事责任，能够作为被告或原告，以联营体公司名义对外签定的合同具有法律上的效力，联营体的资产权属明确，完全属于联营体公司。

3. 易于转让

联营体公司的股份转让相对于合伙联营体更加简单。

4. 外部融资简便

联营体公司一般会比合伙联营体容易得到外部的融资支持，这是因为多数情况下，银行和其他贷款机构在选择合作伙伴时会优先考虑公司。

5. 持久性

合同联营体存续时间一般较短，合伙联营体当发生合伙协议约定的解除事宜后，协议自动解除，或者法院在收到相关申请后，强制解除合伙协议。法人型联营体的存续时间较长，股东的退出或进入等变化不会影响联营体的存在和发展。

法人型联营体具有以下缺点。

1. 手续繁杂

法人型联营体因受公司法等法律和规程的约束，它的成立需按章办事，手续相对繁杂。

2. 灵活性差

当发生以下事项时，不论缓急，均需按照公司法定程序或惯例执行，灵活处理能力差。如修改股东协议或公司章程、归还公司清算后的剩余股东股本、改变公司经营性质等公司决策层面的事宜。

3. 终止联营困难

任何事情都有其正反两面，虽然法人型联营体的存续不因股东变化而变化、有持久性的优点，但当需要终止联营时它就变成了缺点。主要表现为公司清算程序复杂、耗时较长、清算费用高。股东还可能会面临双重交税的情况：在处理联营体公司资产时缴纳的资产税和联营体公司股东获得的清算后时缴纳的利润所得税。

4. 保密性差

法人公司一旦成立需按《公司法》的规定执行，法定代表人变更时要办理变更等级，设立分公司时应当向公司登记机关申请等级领取营业执照，要按相关信息披露制度规定披露公司信息，包括定期报告和临时报告。定期报告包括年度报告、半年度报告及季度报告。临时报告包括但不限于下列事项：公司章程、注册资本、股东大会相关通知和决议等。上市公司还必须接受阳光监督。

5. 税务缺乏透明

由于法人型联营体以其本身为纳税主体的特性导致股东不了解纳税情况，因此法人型联营体对外国股东缺乏吸引力。

合作各方想以独立的经济主体与第三方订立合同关系时，比较适合组建法人型联营体。

二、联营体的组织与管理

中资企业在东道国市场通过组建联营体的方式参与投标在获得便利的同时也容易引发各种问题，中资企业必须对联营体带来的各种问题做到心中有数。这些问题主要有：① 联营体涉及最少两个组织成员，成员以各自利益为重，利害关系复杂，联营体内部管理层次多，决策质量和决策效率低下，有时甚至会因为一个决议陷入僵局，持续下去会造成联营体违背与第三方所签订合同的约定。② 联营体成员的权利义务关系约定不明确导致成员之间相互推诿。比如，中资企业与当地承包商/运营商组成联营体共同投标政府某项目，中标后中资企业、当地承包商/运营商、政府组建项目公司，出资义务全部由中资企业承担，被要求按照股权比例分享利润，违背了权利义务对等原则。③ 如果与带有政府性质或隶属于政府机构的企业结成联营体，联营体成员可能需要共同应对解决东道国政治动荡问题。

鉴于此，中资企业一方面要努力发挥联营体的优势，另一方面也要积极采取有效的应对措施以维护自身权益。方法如下。

（一）合作方尽职调查

尽职调查是评估中资企业是否与待调查联营体合作伙伴开展或延续业务关系的重要步骤，通过调查评估其可信赖程度、实力及对自身不足的弥补和促进作用强弱。中国承包商多重施工、轻运营，如果中国承包商能与擅长运营的企业组建联营体，就能够取长补短、互相促进、强强联合。除此之外，联营体成员一般被要求对第三方承担连带责任，因此，选择一个资信好的联营体伙伴有助于共担风险。所以，对合作伙伴从资信、能力及经济实力等方面开展尽职调查，有助于提前识别风险、顺利完成项目。

（二）在联合体协议中约定争议的解决方式，避免出现决策"僵局"

在联营体协议中设置如下约定：当就某项决议无法达成一致意见陷入"僵局"时，先提交给项目执行委员会裁定；当项目执行委员会也达不成一致意见时，聘请独立第三方机构出具决议意见；实在不行再采取调解或仲裁的方式。这是因为聘请第三方机构出具决策意见比调解或仲裁花费费用低、耗时短，同时，第三方机构兼具中立性、专业性、权威性，更能说服联营体。

（三）重视联营体协议的制定，合理分配联营体各方的权利义务

拟组成联营体的成员一般会先签署一个简单的联营体协议以满足投标条件，防止投标被拒绝，在开标前将联营体协议与投标文件递交招标人，中标后联营体各方在原联营体协议的基础上继续细化用来指导项目实施阶段。由此可见，项目投标阶段和项目执行阶段都离不开联营体协议。为规避约定不明产生的争议风险，联营体各方应对协议条款充分协商、探讨，明晰联营体成员的责任和义务，制定相应的条款明确一方随意退出或违约导致联营体内其他成员损失的补偿办法。当中资企业出资比例较大时，应确保中资企业牵头人的身份，以及对重要事件的决定权；当中资企业出资比例较小时，更要争取其在重要事件上的发言权，甚至是一票否决权。

（四）开展相关工程保险的投保，降低联营体投资风险

联营体成员之间存在复杂的利害关系，且政治背景不同，为了避免不必要的纠纷，存在利害关系的各方应在联营体协议中明确约定风险分担机制。但不同于传统国际总承包工程，如今的PPP、BOT等海外投资项目不仅涉及金额多、持续时间长，还受联营体外部风险的影响，比如征收、贸易准入、汇兑限制等政治风险、司法风险、经济风险等。此类外部风险无法通过合同转移给联营体成员，只能采用保险方式，通过投保把风险全部或部分转移给保险公司。

第三节　顾问咨询机构的选择

一、投资顾问的选择

海外基建项目市场环境一般比较复杂，在项目的初期大部分信息不清晰、可投资性不明确的情况下，需要聘请专业的投资顾问对项目进行全方位的市场调查。首先，投资顾问需要了解项目的东道国宏观经济和社会环境、政府的财政和负债，同时探查行业相关的政策导向和行业规划。另外，投资顾问也需要对项目合作方进行尽职调查。第三，投资顾问需要对项目进行成本收益分析，对实际成本进行核算，对现金流进行预测，分析项目的收益和风险。这些专业业务都不是承包商所具有的，都必须请专业机构进行操盘。

二、融资顾问的选择

一个专业的融资团队是企业顺利开展海外项目融资工作的前提，专业的融资团队应满足以下两个基本要求：一是数量上的要求，仅仅一两个人无法构成融资团队的组织架构，面对越来越多、不同国别的融资需求难以妥善处理；二是能力上的要求，融资团队要对企业业务了如指掌，同时还应熟悉不同国别的各类金融政策和资源，能快速响应企业的指令，能妥善处理与其他机构的关系，具有协调力。融资顾问的选择是海外投建营项目的关键，因为一个专业的融资顾问能够帮助解决企业快速发展扩张过程中的资金短缺问题，从而保障企业不

因资金不足错失发展机会。同时能够利用财务杠杆效应，提高投资者收益。融资类项目牵扯的参与方较多，尤其考验企业的融资能力、组织协调能力及资金实力。对于刚接触此类项目的承包企业来讲，能力和经验还比较缺乏，需要借助专业融资顾问的力量协助企业做好前期工作。越来越多的金融机构与企业合作制定专属的融资顾问业务，如中国信保资信评估中心（以下简称"中国信保"）与中咨公司联合推出了"2+1"顾问服务，与中国工商银行专项融资部联合推出了海外项目融资"总协调人服务"，均可以为企业提供海外项目的融资顾问服务。在国际工程投建营一体化的大趋势下，中国信保秉承合作共赢的理念，与时俱进，不断调整制定专属融资方案，助力越来越多的中国企业加入海外投建营项目阵营；融资方案创新，为银企在国际工程领域深入合作提供源动力。仅2018年，中国信保共为84个国家和地区的646个海外投资项目承保，海外投资保险承保范围包括交通、电力等基础设施项目、矿产、境外经贸合作区、工业园区及制造业的绿地投资项目、收购项目，承保金额达581.3亿美元，同比增长18.9%。中国信保在PPP类项目融资方面、海外投资方面及内保外贷方面都为企业提供了较好的服务，具体表现为：

在PPP类项目融资方面，企业因政治风险导致损失，获赔比例达95%，商业风险的获赔比例也由原来的50%提高到65%～70%，除此之外，为降低电力行业购电协议/特许权协议下政府的违约风险，中国信保还额外设置了"政府违约险"，赔付比例高达95%。

在海外投资方面，中国信保设置战争、征收及违约、汇兑限制、暴乱等政治风险保险，为中国企业和金融机构参与海外投资项目保驾护航。中国企业可通过投保保险确保其股权/债券项下的投资及收益。

在内保外贷方面，为解决中资企业在境外融资成本高的问题，在额度内，由境内银行为在境外注册的参股投资企业提供担保，境内的银行开出保函或备用信用证提供融资担保，实现授信增级。

三、法律咨询机构的选择

项目融资合同的签订需要经过起草、修改、谈判和执行等一系列流程，程序复杂且耗时长。中国工程企业的许多商务或技术人员，对于一般的EPC合同或FIDIC条款非常熟悉，可能部分技术条款的掌握比专业律师还要精通。因此，一直以来，中国工程企业在出现索赔情况前有时会选择不聘请专业律师介入，因为他们自己以为能够搞定EPC合同中的许多条款和问题。但是，项目融资合同的谈判是个长期工作，可能要持续1～2年，在谈判过程中对于合同语言的修改和逻辑性如果仅凭业主和相关方很难真正达成一致意见，谈判阶段的遗留问题如果带到合同履行阶段，很可能会增加合同实施风险，因此，在融资合同起草阶段就聘请专业律师是至关重要的。在项目融资模式下，EPC承包合同仅是交易结构涉及文件的一小部分，交易结构涉及的文件还包括SPV股东协议、特许经营合同、章程、担保协议、相关贷款协议、与第三方供应商签订的协议、投保合同，以及第三方运维协议（如有），而且每个协议之间的咬合、交叉关系是非常紧密的，任何一个协议中某个条款的修改均可能影响到其他协议的对应条款，而且可能会导致交易风险。中国企业在国际舞台上要提高影响力，专业化的外部顾问服务将起到重要作用。企业在选择法律咨询机构时应特别注意以下两个问题，以更好发挥法律咨询机构的作用。

当前，海外的大型基础设施和能源矿产领域缺口较大，中国企业的投资多集中于这些领域,中国企业通过与东道国政府各相关部门、金融投保机构、东道国国有企业及相关供应商等利益相关方签署一揽子协议来分配项目的责、权、利及风险。项目利益相关方众多,众多的协议形成了一个庞大复杂的网络系统。

站在法律的立场来看,一连串的协议、合同文件组成了投建营项目,尤其对于特许经营类项目更是如此,正是因为这些法律文件的约束及指引,项目才能在东道国平稳运营数十年。在项目一开始就有法律咨询机构的参与能帮助起草协议文件、协助协议签署及统筹管理,大大缩短商务谈判工作的时间,有助于对合同条款的合法性、有效性的把关。当合同谈判发生理解不一致时,能够给出专业的处理意见并妥善解决争议,有利于项目的顺利开展。

项目全生命周期的工作,包括前期阶段的尽职调查、项目初评立项、决策审批,合同签订阶段的协议谈判、融资保险,项目实施阶段的建设运营,以及项目最终的移交退出,都离不开法律咨询。

例如,在项目投资前期,需要就东道国的政治法律环境、项目招标程序、联营体投标的合法合规性、联营体合作伙伴的信誉、财务状况和能力展开详细的尽职调查;在投资决策和审批阶段,聘请的法律咨询机构应该对报批资料、相关许可、批复和执照的合法合规性进行审查,确认报批流程,协助报批工作;在融资投保阶段,应帮助团队组建股权架构,对融资方案及保险方案进行多方案比选及调整,从而选择最优的方案,负责审查融资及保险协议;在项目建设运营及移交退出阶段,协助项目公司做好相关协议的签订、履行及统筹工作。

因此,相对于传统国际工程承包业务,投建营一体化业务因其本身对服务链条的延长导致法律咨询工作的服务范围更广、涉及到的业务领域更新、服务期限更长。法律咨询机构需要面对比传统业务更多的利益相关方,问题也相对来说更加棘手。正是因为投建营一体化业务中法律咨询工作的特性决定了选择及管理法律咨询机构的难度。

四、会计师事务所的选择

只有财务及会计方面的国际化专业机构,才能更为高效且准确地处理大额资金,并且合理控制基建成本,实现项目投资资本向战略规划部署的全面过渡。"一带一路"在未来的发展中也必然更加需要懂得资本运作、财务管理、货币流通及会计规则的全新国际化机构,只有这一类专业机构实际参与"一带一路"建设,才能有效满足"一带一路"沿线各国贸易发展的需要。财务会计机构更能够帮助当地企业整合投资资本,控制财务运营,通过正确引导中国企业从而保证"一带一路"沿线国家投资的持续性增长,实现中国企业业务扩张的同时也为"一带一路"的发展做出重要贡献。

一般来讲,海外大型基建投资项目所选择的会计师事务所应具有完成以下五个方面税务管理事项的能力。

(一)详细了解和测算对项目相关方的税务影响

海外基建投资项目涉及的相关方往往比较多,这些不同的利益相关方的利益诉求不同,获取的收入类型不同,涉及的项目所在国当地的税种、税收规定也不尽相同。他们所涉及的项目,如当地税务影响、中国税务影响、相关第三国的税务影响都会直接或间接影响项目的整体税负，从而影响作为投资方的中国企业的项目回报。因此选择的会计师事务所，应该能在一开始的项目评估和经济评价中充分了解项目各参与方在该项目中涉及的税务影响，并对项目的整体税负尽可能地准确估算。同时，还需要关注项目当地对于项目公司在向承包商、运维商、其他服务商等参与方支付款项时是否有税款扣缴义务，从而避免违反当地相关税收法规的相关规定。

（二）了解并申请适用的税收优惠

海外基建投资项目往往投资金额大，资金回收期长，但涉及行业通常是当地政府鼓励发展的项目或领域，因而一般当地政府会采取降低税负等优惠政策给予相应扶持。被选中的会计师事务所应能充分了解项目当地的税收优惠政策，在可能的情况下，可基于项目自身特点向当地政府申请某些税收优惠政策，以尽量提高项目的税后回报。比如说，可考虑申请进口环节设备原材料等的关税、增值税等优惠待遇，从而降低进口设备的关税对项目公司造成的额外成本。

除了上述税务管理事项，海外基建投资项目也可考虑对于投融资架构进行一定的税务优化，从而能够降低中国公司作为投资方的相关税负。

（三）基建项目投融资架构的税务考量

中国公司作为项目公司的投资方之一，所选择的会计师事务所应能在充分考虑潜在税务风险、项目所在国反避税规定及享受税收协定待遇的相关要求前提下，对中国企业投资境外项目公司的控股架构进行一定税务优化，从而降低项目公司向中方股东分红时的当地预提所得税，并为未来可能的资本运作提供一定灵活空间。

另外，企业在向境外项目公司进行投资时，会计师事务所作为投资企业的服务方，也可基于当地资本弱化等相关规定，尽量优化股权投资和债权投资的配比，充分利用债权投资的利息可在税前扣除的"税盾"作用，从而在合理范围内优化项目公司的有效税负。除此之外，会计师事务所应能向企业提出恰当的融资建议，在安排基建项目的融资时，由于中国目前生效的税收协定里，大部分都给予了国有政策性金融机构一定优惠待遇，包括来源于对方协定国家的利息预提税免税的优惠待遇，企业在适当情况下在投资海外基建项目时也可考虑充分利用国有政策性银行的资金支持，以尽量降低融资过程中的税务成本。

（四）工程项目的商业合同谈判及分包商的税务管理

企业作为承包商在与项目公司（业主）签订工程承包合同时，其所选择的会计师事务所应根据当地税务规定及其他商务考虑，对工程承包项目的商业合同架构进行一定优化安排，同时还应加强对分包商的税务申报管理，从而有效降低企业在进行海外工程承包时的潜在税务风险和整体税负，对商业合同架构争取利于承包商自身的条款，对项目实施过程中涉及到的纳税事项及纳税主体在合同中做出明确约定，以免发生此项事件后因合同中未明确约定而互相推脱。同时能提出分包合同境内外税负承担的最优方案。

（五）运营期间的税务管理

海外基建投资项目往往有十几年甚至更长的运营期，加强运营期内的税务管理对于海外项目的成功也至关重要，会计师事务所应能在企业现有内控体系基础上，根据海外项目的布局和具体情况，建立完整的海外项目税务管理制度和体系，完善海外项目税务管理岗位设置，清晰界定各岗位的职责分工和权限，确保企业在海外项目经营过程中的税务合规，尽可能降低海外项目的税务风险。

第四节　外国政府的合作

中国企业和金融机构要做好项目的前期调研工作，了解东道国的国情和发展内需，深入分析其战略发展规划，在项目实施过程中也应加强与东道国政府部门的沟通，随时掌握政策信息、项目等方面的变化；做好项目准备及融资阶段的谈判工作，积极向东道国政府反应项目重难点，寻求政府优惠政策的支持，保障项目建设及运营的顺利进行；做好项目实施阶段的沟通协调工作，适应东道国社会习俗、企业文化、民众爱好，与当地形成良性互动，提升在公众心中的形象，创建有利于项目推进的社会及人居环境。

一、宏观方面：战略整合

中国企业应从宏观角度建立战略体系，处理与东道国政府的关系。

（1）加强与地方政府的联系。加强与政府主管部门的沟通与协调，寻求政府的支持与合作；加强对公共关系机构的治理和金融投资。中国大型企业可以建立专门机构，有相应的准备和预算，以适应地方当局的规定和政策的变化，利用公共关系机构的专业能力应对变化的环境政策和为企业运行创造良好的条件。

（2）加强与区域组织的关系。第一，中国企业应充分利用地区和多边舞台，与地区组织建立和发展有效的关系机制。亚太经合组织、南亚区域合作组织、东非和南部非洲共同市场、海湾合作委员会等，这些都是能够利用并发挥巨大作用的组织和机制，能够预先为中国企业提供当地信息、提供资源，为中国企业在当地的发展铺平道路。第二，跨国公司应该加强与非政府组织和民间社会团体的联系，重视与这些有影响力团体的沟通与合作。

此外，中国企业必须加强与当地社会的沟通，也就是我们所说的"本土化"。从中国企业的组织文化到特定的组织结构，业务只有在不断"本土化"的情况下才会"扎根"。当地文化方面包括：一方面，企业文化必须与当地的传统文化相结合，创造当地居民可以理解和接受，并且能引领大家一起进步的文化，尊重当地人民的风俗和宗教精神；另一方面，中国企业必须严格遵守法律制度和场地管理制度，才能依法得到国家的扶持。管理的本土化意味着，在当地运营的中国企业必须不断吸收当地员工，管理层必须不断吸收当地人才。中国企业只有继续定位和履行社会责任，才能得到当地社会的广泛理解和支持，树立良好的社会形象。

文化方面的本土化包括：一方面，公司企业文化要与当地文化传统相结合，创造当地民众可以理解和接受又能引导进步的企业文化，尊重所在地民众的宗教信仰和风俗习惯，只有当你接受本地人的风俗习惯当地民众才会接纳你，从精神层面与当地相适应；另一方面，中国企业必须严格遵守法律制度和场地管理制度，才能依法得到国家的扶持。管理的本土化意味着，在当地运营的中国企业必须不断吸收当地员工，管理层必须不断吸收当地人才。中国企业只有继续和当地同化，履行社会责任，才能得到当地社会的广泛理解和支持，树立良好的社会形象。

二、微观层面：灵活运用各种手段

中资企业在处理与东道国政府关系时多采用游说、政治谈判和影响社会舆论等公关方法。

（一）游说

中资企业在各个过程、各个方面受制于东道国政府。首先，中资企业想要进入东道国市场，必须通过东道国政府的市场准入，在成功打入东道国市场以后，中资企业的经营活动受到政府政策、行政效率、经济措施等很多方面的限制。因此，中资企业可以采取政治游说的方式来摆脱这些政治困境。比如，形成利益共同体进行游说活动，从而影响政府对政策的制定过程。最终实现政府出台的政策有利于该中资企业的利益，并将副作用降到最小，实现政府的效率可以有效配合市场复杂多变的交易，为中资企业的经营提供稳定的政治环境。

有效的公共关系网络是中资企业进行政治游说成败的关键因素，而不断扩充政府权力部门的人脉资源是重要手段。当政府要出台一项政策的时候，中资企业雇佣公关公司组成专门的游说团，通过游说将政府政策引导向有利于中国企业的一面。游说团体的作用是广泛汲取社会意见，并通过各种渠道与政府机构沟通，从而影响政府立法和决策过程。游说团体中的大多数已经从政多年，其中一些曾经是议会成员，可以利用良好的个人关系与政府成员结成联盟，施加压力影响决策过程。此外，游说机构也是一种企业高管直接与政府成员沟通的渠道，或者可以通过社交活动表达自己的观点，为政府成员提供决策信息。此外，中国企业还可以通过游说普通民众来影响政府。中国企业的客户是游说的主要对象，他们通过信件、电话等方式向政府成员提供信息。

（二）谈判

中国企业和东道国政府之间存在着一种博弈关系。中国企业投资发展中国家的项目，一方面可以为东道国政府带来先进技术和大量资金，另一方面可以加快转型和经济增长。基于此，东道国政府会为中国企业颁布优惠政策，降低它们对外国资本进入的门槛。但如果中国凭借雄厚的资金实力和技术优势在某领域形成垄断，而东道国技术以及国家安全意识、民族意识也在不断强化，就很可能激发中国企业和政府之间的冲突，政府会颁布对中国企业不利的政策阻挠中国的垄断及资本扩张。中国企业的终极目标是获得经济效益最大化，东道国政府的目标是促进国内经济的增长，吸收先进技术，二者互相博弈。

因此，中国企业和东道国政府往往有不同的发展目标，中国企业的发展不可避免地受到东道国政府的监管。中国企业为实现自己经济效益最大化的目标，可以与东道国进行谈判，调整利益分配。中国企业可以通过两种方式与东道国政府进行谈判：企业直接与东道国政府进行谈判，或通过祖国与东道国政府进行谈判，以满足自身的发展需求。经济落后国家的政府，特别是以外资拉动经济为主的国家政府，将采取优惠政策吸引外资，这种情形下中国企业会占据谈判上风。

（三）影响社会舆论

品牌效应是中国企业在东道国市场蓬勃发展的关键。品牌出现质量问题或者售后不及时处理，会破坏消费者的信赖，问题曝光后又会被媒体舆论施加巨大压力，严重地影响国际信誉和中国企业在东道国市场的优势。因此，中国企业必须建立完善的危机公关机制，并建立必要的战略防范措施，以应对媒体曝光和政府压力。中国企业必须能够利用媒体来维护自己的形象，提高品牌声誉。

在国际市场上中资企业面对复杂的舆论环境，应当建立一套完整有效的公关体系，不仅利用媒体宣传品牌，更要善于利用媒体进行危机公关，在恰当的时机发出正面新闻，将媒体舆论向正面引导，削弱负面新闻的影响力。把握时机进行正面新闻报道，从而遏制媒体的负面炒作，将损失和影响降到最低程度。面对突发事件，如果中资企业没有及时维护社会舆论，置消费者需求于不顾的人会得到消费者及新闻媒体的抗争，最终会被东道国政府部门舍弃。除此之外，跨国公司还可以利用社会公益、重要节庆等各种活动进行公关，传播正能量企业文化，提升品牌影响力。除了以上主要方式以外，国家科研机构的影响也至关重要，因为政府出台政策时会针对国家科研机构研究进行信息选取。中资企业完全可以对某些议题发表极具影响力的分析，从而引导舆论、影响政府决策，以配合企业自身的发展规划，为实现企业战略目标创造良好的政治环境。

第五节　上下游产业链的整合

一、对外工程承包企业的产业链特点

对外工程承包企业相对于其他企业来说，有其存在的特殊性，企业往往会先评估自己的业绩实力与欲承包工程的规模的匹配度决定是否投标，中标后为业主提供工程、设备等服务。对外承包工程企业一般指响应国家走出去发展，全面参与国际市场竞争的中国工程承包商。工程承包产业链包括商务与融资、勘察与咨询、工程设计、材料采购、设备制造、施工管理、特许经营等环节。从附加值来看，位于产业链两端的商务谈判、勘察与咨询、工程设计及特许经营等环节附加值较高，居于产业链中游的材料采购、设备制造、施工管理等市场相对饱和，利润率逐年降低。

二、产业链整合是大型工程承包商提升核心竞争力、向投建营转型升级的战略工具

在国际复杂多变、日趋激烈的竞争环境中，产业链整合成为提升企业能力、向投建营转型升级的战略工具选择。从工程总承包行业环境来看，国际上部分行业领域被几大巨头垄断，知名工程承包企业如豪赫蒂夫、法国万喜、中国电建集团、中国中冶等公司，产业链条贯穿建筑、电力、能源、交通等行业的全寿命周期。豪赫蒂夫最初的业务是单一的建筑施工，后不断向产业链的前端和后端延伸，最终发展成涵盖开发、建筑施工、服务以及特许经营的全产业链公司，并且形成自己在设计咨询、项目管理等业务上的独特优势。中国电建在水利水电建设行业服务范围覆盖规划、设计、施工，实现了产业链一体化，全球一半以上的水利水电建设市场都归中国电建所有。越是大型的承包商，越向产业链高附加值环节延伸业务链条，努力降低成本，实现高端业务收益。工程承包商想要在市场中占据优势，必须从产业链整合入手，进入附加值较高的产业链上下游，从低端的施工承包环节逐步向投建营模式过渡。

三、产业链整合带来的优势分析

工程承包产业的利润率本来就低,如果产业链上下游的业务跟不上,必将影响企业的长远发展。对外工程承包商应当从工程总承包模式出发,整合全产业链,从而降低成本,提高各环节附加值,提升竞争力。

产业链整合可以帮助达到以下目的:一是降低服务成本。工程承包企业通过签订分包合同与产业链各环节的设计商、制造商、施工方及其他分包单位进行联系时,存在较高的交易费用,而且这种直线制的组织模式很可能因为信息不对称影响工程质量及进度,合同主体无形中又增加了合同风险,造成服务效率降低。如产业链纵向一体化,企业与分包商间的外部协作关系就变成集团或联盟内部各单位间的协同关系,项目经理可以高度协调统一各相关单位间的利益冲突,实现合作成本费用最小化,整体利益最大化。二是增加市场竞争力。产业链整合有利于工程承包商获得更广泛的资源和能力,承包商通过投资手段整合产业链上相关企业,一方面可以扩大企业规模和实力,增强品牌影响力。另一方面在项目谈判过程中,其他竞争对手也无法对自己造成产业链上的压制,增加议价能力。三是发挥协同效应。工程承包作为一个需要进行高度内部协调和控制来保障服务完成的产业,产业链上下游的一体化可以化解高度复杂的协调和沟通问题,将工程总承包各环节的问题降到最低,以协同效应来保障工期、保证质量,长期来看可以增强承包商的项目管理能力及整合能力,推动企业向投建营转型升级。

四、工程承包商完善产业链的模式

对于工程承包商来说,完善产业链可以采取以下两种措施:一是通过收购股权并购或者控股具有高附加值产业链业务的企业来整合产业链。如可以通过股权并购的方式入股、兼并工程咨询企业及设计企业,完善产业链上的工程咨询及设计环节,通过投资成立运营公司开展特许经营,从而进入产业链中高利润环节。二是对低附加值产业链环节实施战略联盟。设备制造、施工管理等环节成本投入大、附加值较低,工程承包商可以通过相互持股、合作、联盟等方式,与产业链上供应商、施工方等结成战略联盟,利用采购平台、资金能力、物流参与控制能力等,逐步增强对供应商的影响能力,从而减少交易成本,筑牢企业的核心竞争力。

第五章

投建营人力资源队伍建设

第一节 投建营人才需求特点

一、国际承包人才队伍结构存在缺陷

目前,建筑市场上存在一批优秀的项目经理引领建筑市场的有序发展,但项目经理队伍中优秀的专业人才尚处于不断成熟中,导致优秀的人才队伍年龄结构断层,青年工程人士与"老三届"、"60后"相比,在综合素质、知识覆盖程度及经验积累方面还是存在较大差距的。从长远发展来看,投建营一体化是大型建筑企业走向国际化的必然趋势,中国企业在海外以专业分包起家,近几年才开始迈进国际施工总承包领域,中低端的国际工程总包管理人才数量少,更不要提投建营一体化这一高端、新兴业务领域。同时,中国建筑企业中一般学土木工程、工民建专业的比较多,懂技术的不懂管理,懂管理的不懂技术,知识覆盖广度、深度不够,一定程度上也阻碍了中国企业向投建营业务转型升级的步伐。

二、投建营模式下的人员要求

(一)人员能力延伸

投建营业务是企业向产业链高附加值转型升级的有效路径。新形势下机遇与挑战并存,要开展投建营业务实现转型升级,必须首先建立一支具备技术、商务、投资等专业知识的人才队伍,同时还应具备基本的外语沟通能力,目光长远,好学习能钻研。从短期来看,满足以上几点有助于帮助项目了解所在地相关工程法律法规、部门规章,了解项目所处的自然条

件、文化条件，有助于在民众心中树立友好形象；从长期来看，能使人才培养朝着复合型人才方向发展，壮大人才队伍，从而实现向投建营业务的转型。

基建投资项目所处环境复杂，项目建设和运营期长、所需投资数额大，中国的大型实力企业要想在基建领域实现投建营一体化的转型升级，就必须为各部门招兵买马，储备专业人才，做好随时承接投建营项目的准备。除了人才招聘，对企业内部员工的能力提升也是人才储备的重点。比如，企业要想从施工承包为主向微笑曲线前端和后端延伸，其公司内部员工能力体系也应从懂工程、懂技术向懂融资、懂财务、懂运营拓展。相反，擅长投资和运营的企业要想在施工承包领域分一杯羹，企业人员就必须补充相应工程技术知识。只有企业人员补齐缺失产业的知识体系，才能帮助企业在机会来临时抓住机会，成功实现企业产业业务的转型升级。

（二）人才布局、年龄结构合理

在企业的纵向业务链拓展方面，绝大多数施工承包企业向投建营一体化业务转型升级，是企业在战略层面做出的更新改造。对企业的这种转型升级来说迈出第一步是最重要的，许多企业失败往往就是因为望而生畏。要迈出转型的第一步，一个风险型、敢于引领风向的领导者是至关重要的；其次，领导者应该带领一批敢于冒险、敢于创新、勇于改革、懂管理、懂技术、懂投融资的全方位专业人才，构建"四型"人才（四型是指"创新型、复合型、外向型、科技型"）的布局体系充分发挥人才对企业转型升级的推动作用。

（三）加大人才输出

目前，尚未有高校开设投建营一体化专业，开设国际工程承包专业的高校也相对较少。现阶段高校所培养的毕业生远远满足不了市场的需求。其原因主要有两个方面：一是人才需求与供给不均衡。多数高校毕业生集中于国内一线城市，不愿到海外驻场国际项目。二是专业技术方向有限，多数毕业生只涉猎于工程行业，或只涉猎投融资行业，而对于由此整合的投融资一体化领域却很难胜任。因此，唯有加大人才输出，才能与投建营模式下的人才需求相匹配。

第二节　投建营业务人才结构及素质

当前，人才资源供给和产业需求不匹配表现突出，主要体现在两个方面；一是人才资源的严重匮乏与产业对人才的迫切需要不匹配；二是人才资源供给重理论轻实践的培养体系与产业的应用型人才需求不相匹配。国内高校开设的专业课与实际工作需求不匹配，导致有些专业课在实际工作中根本用不到，真正用得到的讲授深度又不够，或缺乏实践经验的学生吸收领会比较差，绝大多数毕业生知识面窄小、综合能力差。一般前两年都处于项目学习阶段，很少能创造价值，企业就需要付出额外的培养成本。严格地讲，一个合格的国际承包公司要获得投建营项目应由以下三种类型的人才结构组成。

一、投融资类人才

即从事市场调研、融资管理和投资管理的专业人才。市场调研类专业人才在投建营项目中负责项目的前期洽谈，开展投资评估分析工作；融资管理人才主要是负责与金融机构、产业基金及相关机构联络、接洽，负责财务融资工作，处理与融资、贷款相关事宜；投资管理人才要做好项目的投资评估、合同谈判、合同管理、投资控制及相关经营前期工作。

二、经营管理类人才

即专门从事国际工程承包经营管理工作的人才，他们目光长远，能够预测市场经营走向，从而制定企业或部门的经营方针；他们"杀伐果断"，敢于决策；他们社会经验丰富，善于交际，能够妥善处理人际关系；他们机动灵活、组织能力强、应变能力强。

三、技术专业类人才

这里的技术专业类人才包括工程型人才和技术型人才。工程是包含规划设计、制造、施工、运营维护等在内的生产实践活动，因此，工程型人才更强调具备规划、决策、施工等素质，善于利用技术及分析工具从工程的经济效益及社会效益出发综合性的解决问题。技术型人才侧重于具体分析。

从知识结构来说，上述三类人才应当各有所长。经营管理类人才应当是全才，除了通晓工程与人力管理、公共关系处理与维系、语言沟通交流外，还要对建筑结构、装饰装修、机电安装等专业工程方面的内容略知一二，最好是从工程部提拔上来的，了解工程从合同谈判签订、施工、竣工验收、结算、索赔等全流程的操作流程及工作内容；技术类人才是施工质量、成本控制及进度安排好坏的关键性人才，他直接决定了工程实施的效益，要想做好这项工作，必须要懂得施工规范，具有扎实的理论基础和丰富的实操经验；投融资类人才要"多元化"，即懂得要多、要广，不仅仅是银行、金融、保险，还包括政治、经济等，还要有国际的视野，以适应现在全球化以及同国际接轨的信息时代。要有良好的沟通能力和较强的适应性，如果缺乏适应性，不能很快地融入新的集体和新的环境，总想凸显个性，那他就会有悖于企业固定的企业文化。所需要的金融知识也更宽更高，如风险资产组合管理、股票的基础分析、会计学、法学、经济、金融运行状况、市场开拓、营销等。

国内建筑企业到海外承包施工业务比较得心应手，原因是设计、施工等方面的人才充裕。但国内建筑企业承接海外基建项目投建营业务面临的困难比较大，其中一个重要的原因是高端商务谈判、法律、金融方面的人才数量及人才结构与投建营业务需求不匹配。因此，要实现产业链的纵向发展，推动企业商业模式向全产业链模式发展，首要任务就是培养一支"来之能战、战之即胜"的人才队伍，队内成员要懂技术、懂管理、懂投融资，同时具备良好的外语沟通能力及多元的文化理解力。

第三节　如何建设"投建营"人力资源队伍

一、内部培养

针对高校专业培养与实践脱节及年龄结构断层的现象，企业应着重对年轻的员工加强内部自主培养，建立人才培养机制，才能有源源不断的人才梯队跟上来。采用学历员工师带徒的方式，使优秀毕业生迅速走向工作岗位。沃顿商学院曾经做过一项研究，追踪一千名参与师徒制的员工五年的发展历程。研究表明，不仅有师傅带的员工升迁速度快于没有师傅带的员工，带徒弟的师傅的升迁速率也快于没有徒弟的师傅，这是一个双向促进的作用。同时还可以从基层人员中选拔后备干部、开展专项培训，与国内高校建立联合培养站，不仅为企业输送新鲜血液，同时对企业内部员工开展培训，加强员工理论知识，建立起一支新颖强大的人才梯队。

（1）人才培养战略：编制完整的人力资源规划，包括总体规划、职位编制计划、人员配备计划、人员需求计划、人员供给计划、培训开发计划、绩效计划、薪酬福利计划、劳动关系计划以及人力资源预算等，其中人员配备和人员需求计划决定了人员供给的方式及培训开发计划，并根据公司的发展速度和发展方向及时调整。同时，将公司的人员供给计划及培训开发计划向公司内部公布，为员工指明前进的方向，并在同等条件下优先录用公司内部员工，激发员工的上进心。

（2）人才投资战略：制定人力资源规划中的分项培训开发计划的预算，人才培训实际上是一个投资项目，合理设置人才培养经费与公司年度利润的比例。原则上属于培训计划内的公司全额出资；不在培训计划内，但专业、工种对口且为岗位工作必需，经个人申请后准许列入培训计划的学费准予100%报销；专业、工种对口但非岗位工作必需及相关专业、工种且为岗位工作所必需的，经个人申请后列入培训计划的，准予报销50%学费。做好人才投资，激活人才。

（3）人才能力评级及激励战略：制定人才的绩效标准及衡量办法，依专业、工种、岗位特点制定不同的能力评价标准，及时反馈培训效果，并依据培训效果进行适当的岗位调整及提升。制定短期及长期的人才激励体系，短期激励主要是薪酬激励，长期激励主要是股权激励。

另外，中资企业应注重海外市场的属地化经营，通过有计划地培养当地人才，有效地解决当地各类专业人才不足的问题，并缓解当地的就业压力。

二、外部引进

建立一个渠道来吸收外部高层次人才，对于特别优秀的人才要敢于加入"人才争夺战"，以填补中国建筑企业在投建营业务链条上的能力空缺。尤其是国际金融、国际经贸、国际商务等专业的优秀毕业生，以及具有国际工程现场经验的项目经理、投融资管理及资本运作的高端再就业人才，外部引进的方式包括校招、社会招聘、通过猎头公司高薪挖取竞争对手人才，与海内外高端机构进行长期合作，根据不同时期的需求设置人才输送策略。

将校招时间点前移，提前物色品学兼优的大学生假期到公司实习，强化实习生的实习管理及绩效考核，增强人才引进的力度，严把人才引进质量关。搭建人才智力引进平台，与当地人事局建立良好合作关系，参加当地举办的博士后人才与项目引荐会、海外人才智力交流洽谈会，实现多通道人才引进。实行投建营人才引进定向培养计划，与国内金融、建筑类专业顶尖高等院校合作办学，培养投建营业务专用人才，在校内就建立起投建营项目的特色人才梯队。不仅解决了用人单位人才紧缺、招聘人才质量不高的困境，还解决了大学生"毕业即失业"的困扰。

三、保留人才

对企业来说，招到人才是关键，但更为关键的是留住人才。随着科学技术的发展，距离对人的限制已经逐渐削弱，使得人才流动更加频繁。于欲开展投建营业务的中国建筑企业而言，留住擅长国际业务的人才的重要性不言而喻。人才的去留主要受两个方面的影响：其一是经济原因，比如公司的薪酬待遇（包括工资、奖金、津贴、福利待遇等）；其二是非经济原因，包括升职发展空间、工作时长和工作环境、企业文化及人际关系等。举例来说，一般追求个人职业目标的优秀人才不愿去裙带关系严重的家族式企业。留住人才的方式是多种多样的，资金实力雄厚的企业可以采取提高薪酬待遇来留住人才，工作氛围轻松的企业可以通过工作环境、愉悦的人际关系来留住人才，没有最好的，只有最适合企业的。企业内部要首先建立起完善、有吸引力的激励机制和绩效考核机制，尽心竭力吸引人才、留住人才。

建立公司内部人才流通运转制度，在公司内部各部门选拔有潜力、综合能力高的员工成立一个新的部门，投身投建营业务领域。重新设计各部门协作机制，打造互相合作的共赢局面。创新投建营业务人才的升迁制度，对主动投身投建营相关工作领域的人才在顺利完成项目回到原本工作岗位后，设置升迁、加薪等奖励措施。

第六章

海外市场研判

国际基建项目投资市场是当前国际基建投资市场的重要组成分支之一,市场的规模庞大,发展趋势积极向上,前景广阔。根据环球透视预测,2025年全球基建支出将高达10万亿美元。另一方面,国际基建市场与当前国际社会政治相连密切,风云变幻,是对国际社会政治经济发展和演化的一个重要晴雨表。

第一节 海外基建市场投资缺口

一、国际基础设施发展特征

(一)基础设施建设需求依然庞大

基础设施和建设的国际资金缺口不断增加和放大。据美国麦肯锡公司预测,2030年世界上用于基础设施建设的资金管理将扩大高达46万亿~67万亿美元;2008~2017年中国用于基础设施和建设资金的缺口大约为9万亿美元,印度为2.7万亿美元,俄罗斯大约为2万亿美元,巴西大约为1万亿美元。联合国欧盟委员会此前预测,2020年欧洲至少需要1.5万亿~2万亿欧元的资金用于基础和设施投资。美国土木工程协会此前预测,2020年美国用于基础设施和建设投资的缺口扩大高达3.6万亿美元。2014年在澳大利亚举行的G20峰会上,各国总理和领导人对"全球基础设施倡议"表示一致赞成。同时为进一步鼓励和促进各国政府、私营企业和国际金融机构积极开展投融资合作,故决定成立全球基础设施中心,分享先进的投融资管理知识、技术和投融资经验，完善目前国际上用于基础和设施投融资市场的国际投融资管理运作和机制。

根据此前全球基础设施中心（Global Infrastructure Hub，简称 GIH）发布的最新统计数据，2019 年全球对交通行业的投资需求首次达到 1.6 万亿美元，而这其中对投资市场的需求主要是集中在"一带一路"建设热点的国家。另据亚洲开发银行（Asian Development Bank）的最新统计数据显示，作为"一带一路"重点建设区域的亚洲，其基础设施投资需求约占亚洲 GDP 的 2.4%，数额为 4590 亿美元。其中南亚、东南亚以及中亚地区的实际投资项目需求将分别达到 GDP 的 5.7%、4.1% 和 3.1%。但是考虑到各国的经济、政治、法律等大环境的变化和复杂性，以及许多发达国家普遍存在的不可避免的重大项目投资拖期等诸多因素，"一带一路"沿线国家实际投资项目需求的缺口可能较此前的预测值显得更大。

（二）交通和能源行业发展需求强劲

从行业来看，国际市场基础设施领域中交通行业和能源行业发展需求指数普遍较高。交通行业是促进当前"一带一路"建设的重要内容，是区域互联互通和国际基础设施发展的助推动力。2018 年 BMI 相关数据显示，"一带一路"国家在包括桥梁、道路、港口、铁路和机场等行业中的新签合同额占有较高比重，交通行业中与道路和桥梁互联互通的项目新签合同额平均占比 47.5%，见图 6-1。这些国家大多程度属于中等以上收入国家，交通和基础设施互联互通建设的发展空间和能源需求较大。分析未来发展趋势，得益于发达国家推进工业化和新型城市化建设进程加快的政策，交通和基础设施的互联互通建设和需求将得到进一步的释放，相关的铁路、公路等交通基础设施项目将推动国际交通基础设施互联互通建设的发展。

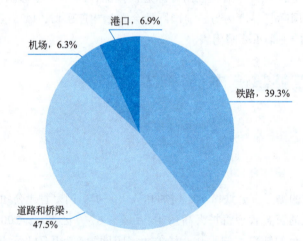

图 6-1　2018 年交通行业项目占比情况（数据来源：BMI，2018）

以清洁能源电力基础设施的建设和电气化为主要核心的清洁能源行业，同样在促进国际电力基础设施行业发展的过程中发挥了重要作用。各国大型工业、商业和农村居民用电的增加以及清洁能源电气化建设技术水平的提高和升级，吸引和激发了本地区和国际能源市场对清洁能源建设的需求。同时，绿色可持续发展的理念已经在清洁能源基础设施建设领域的深入落实，绿色可持续发展、绿色清洁能源基建的发展理念也得到了来自国际社会的广泛关注和认同，风能、太阳能、核能等清洁可再生能源的国际关注度不断得到提高。

水务、通信行业需求保持稳定，其中水务行业发展需求在南亚地区较为突出；通信行业发展需求则主要集中在西亚、北非地区，随着云服务需求的扩大以及办公自动化等技术的应用，将孕育较多的投资机会。

（三）多元化资金为基础设施发展提供支持

当前，开发性和多边政策性的金融机构、专项投资资金、商业投资银行等金融机构，大多愿意提供资金和技术支持，以促进国际基础设施项目建设。多边投资金融机构对于国际重大项目的建设和技术支持的力度尤为强劲。世界银行下属的国际复兴开发银行（IBRD）和国际开发协会（IDA）仅 2017 年就为 71 国提供贷款 1921 亿美元，同比增长 7.7%，见图 6-2。近年来，各国的主权基金和财富投资基金也都发挥了越来越重要的主导作用，如中国阿联酋阿布扎比投资局、中国主权财富投资有限责任公司等。中国主权共同财富投资基金的国际投资规模显著扩大和增加。中欧共同财富投资基金于 2018 年投资了 5 亿欧元，并于同年 7 月开始实质性运作。

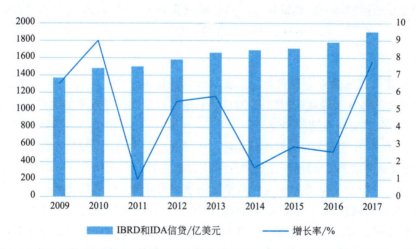

图 6-2 多边金融机构对国际基础设施建设项目资金支持情况（数据来源：IBRD、IDA）

虽然近年来基础设施行业快速发展，已吸引大量私人资金，但建设需求庞大，所以存在一定的投资缺口。因此作为近年来基础设施行业融资方式创新的新发展趋势，私人资本的参与热情迅速上升，得到了众多业主和基础设施承包商的认可和青睐。据 2017 年世界银行 PPI（Private Participation in Infrastructure）公布数据显示，私人投资国际基础设施建设项目的数额明显回升，同比增长 64.7%，数额可达到 621.4 亿美元，见图 6-3。国际对基础设施的私人投资额虽然存在一定的波动性，但随着基础设施融资市场环境的进一步改变和国际基建设施行业的快速发展，预计未来私人资本将在其中发挥越来越重要的主导作用，基础设施的资金来源也更加的多元化。

图 6-3 国际基础设施建设项目私人投资额变化情况（数据来源：世界银行）

二、主要专业领域中国企业发展情况

中国企业对外承包工程的业务领域主要集中于交通运输、电力工程和一般民用建筑领域。2018年，在上述领域新签合同额占到了行业新签合同总额的67.4%。其中，新签合同额增长较快的是交通运输和一般建筑领域，同比增长了28.5%和28.3%。但新签合同额在电力工程、石油化工、水利工程领域存在不同程度的下降。

（一）交通运输建设领域

交通运输建设领域的业务经营范围涵盖了高速公路桥梁（含高速公路）、铁路（含地铁、轻轨及其他相关的公共交通运输枢纽）、港口及其他港口公共交通设施的建设、机场（含民用航站楼）及其他公共交通设施的建设。

2018年，在亚洲市场交通运输建设领域，中国企业新签合同额368.2亿美元，完成营业额为205.4亿美元，新签合同额和完成营业额均大幅上升，同比增长了49.6%和65.1%。其中非洲和东南亚，企业在交通运输领域新签合同领域营业额251.4亿美元，分别同比增长和下降2.1%，占该领域新签合同额的35.1%。中国完成建设领域营业额增加值为185.3亿美元，同比增长2.9%，占该领域市场的0.9%。其中大洋洲和东南亚市场企业在交通运输与建设领域新签合同额增加值为33.2亿美元，同比增长14.5%，东南亚完成营业额26.2亿美元，同比增长15.0%。

拉丁美洲市场新签合同额38.2亿美元，完成营业额17.0亿美元，即分别同比增长了120.4%和同比下降了20.9%。针对北美地区市场，中国建筑集团有限公司在针对美国市场成功签约4.7亿美元的纽约长岛高速铁路建设项目，实现了中国对外投资和承包工程的企业在该地区市场的铁路一体化建设项目的历史性突破。欧洲地区市场增幅较大，新签合同额20.7亿美元，完成营业额17.2亿美元，即分别同比增长了169.0%和99.8%。

表 6-1 2018年交通运输建设领域业务前20位市场排名　　　　（单位：亿美元）

排名	国别（地区）	新签合同额	排名	国别（地区）	完成营业额
1	马来西亚	151.2	1	巴基斯坦	43.5

续表

排名	国别（地区）	新签合同额	排名	国别（地区）	完成营业额
2	肯尼亚	55.7	2	马来西亚	25.1
3	孟加拉国	53.6	3	肯尼亚	22.9
4	尼日利亚	29.8	4	安哥拉	22.7
5	澳大利亚	28.9	5	澳大利亚	22.3
6	安哥拉	27.8	6	阿尔及利亚	22.3
7	老挝	23.7	7	埃塞俄比亚	20.4
8	伊朗	23.0	8	中国香港	16.9
9	印度尼西亚	22.8	9	斯里兰卡	16.6
10	埃塞俄比亚	21.0	10	尼日利亚	12.5
11	赞比亚	20.9	11	老挝	12.0
12	刚果（金）	18.3	12	以色列	10.8
13	巴基斯坦	17.2	13	孟加拉国	10.8
14	玻利维亚	15.1	14	赞比亚	8.5
15	阿尔及利亚	12.4	15	喀麦隆	8.5
16	新加坡	11.3	16	莫桑比克	7.9
17	委内瑞拉	10.7	17	哈萨克斯坦	7.6
18	南苏丹	10.1	18	沙特阿拉伯	7.6
19	喀麦隆	10.1	19	塞内加尔	6.6
20	坦桑尼亚	8.9	20	印度尼西亚	6.3

中国合资企业在与马来西亚、肯尼亚、孟加拉国、尼日利亚、澳大利亚等国家和市场的交通运输和建设领域的业务规模均呈现快速发展的态势。其中，马来西亚市场交通运输建设领域新签合同额占比21.1%，可达151.2亿美元。2018年交通运输基础建设服务领域主营业务量前20位的国别（地区）市场发展情况如表6-1所示。

（二）一般建筑领域

一般建筑领域包括政府办公设施、卫生保健机构商用建筑、教育设施、体育设施、住宅、酒店汽车旅馆、会展中心及其他。

2018年，在亚洲、欧洲和大洋洲三个市场的一般建筑领域，中国建筑企业业务相继实现了快速增长。同时，中国建筑企业在拉丁美洲、北美等市场建筑领域业务，均呈现不同程度下降。中国建筑企业在东南亚市场一般基础建筑领域的签约再创新高，新签合同额达354.4亿美元，同比上一季度增长60.7%，占该建筑领域海外基础建筑业务的59.8%；中国企业完成海外营业额171.8亿美元，同比上一季度增长31.4%，占该建筑领域海外基础建筑业务的49.9%。非洲市场新签合同总金额159.3亿美元，同比下降3.1%，占该领域海外市场主营业务的26.9%；签约营业额125.6亿美元，同比下降3.2%，占该领域海外市场主营业务的36.5%。北美市场新签合同营业额22.2亿美元，同比下降14.5%，新市场完成签约营业额 13.0 亿美元，与上年度基本持平。大洋洲等市场该领域新签合同额较上年有了大幅度的增长，签约市场的总合同额达 27.4 亿美元，同比大幅增长 94.3%；欧洲市场完成签约营业额 13.0 亿美元，同比大幅增长 75.7%。拉丁美洲及欧洲市场新签合同营业额 16.8 亿美元，同比增长 18.5%；新市场完成签约营业额 7.4 亿美元，较上年增幅较大。其中拉丁美洲市场新签合同营业额出现了较大幅度的下滑，新签合同额较上年度为 12.1 亿美元，同比大幅下降 45.9%；欧洲市场完成签约营业额 18.8 亿美元，同比下降 28.8%。

表 6-2 2018 年一般建筑领域业务前 20 位市场排名　　　　　　（单位：亿美元）

排名	国别（地区）	新签合同额	排名	国别（地区）	完成营业额
1	印度尼西亚	105.1	1	阿尔及利亚	42.9
2	安哥拉	42.6	2	中国香港	32.4
3	马来西亚	37.1	3	新加坡	24.0
4	中国香港	33.8	4	马来西亚	23.7
5	阿尔及利亚	28.9	5	中国澳门	23.4
6	美国	21.8	6	安哥拉	16.5
7	中国澳门	19.4	7	埃塞俄比亚	13.3
8	科威特	18.3	8	美国	12.8
9	新加坡	17.9	9	阿拉伯联合酋长国	7.9
10	埃塞俄比亚	16.4	10	沙特阿拉伯	7.8
11	斯里兰卡	14.7	11	科威特	7.6
12	柬埔寨	13.7	12	柬埔寨	7.1
13	越南	12.8	13	肯尼亚	6.7
14	俄罗斯	12.6	14	厄瓜多尔	6.3
15	韩国	11.9	15	赞比亚	6.1
16	阿拉伯联合酋长国	10.8	16	巴哈马	4.7
17	加纳	9.7	17	泰国	4.4
18	缅甸	9.6	18	加纳	4.1
19	赤道几内亚	9.5	19	蒙古	4.0
20	澳大利亚	9.5	20	刚果（布）	3.9

中国企业在印度尼西亚、安哥拉、马来西亚、中国澳门、阿尔及利亚、美国等市场一般建筑领域业绩突出，新签合同额均超过 20 亿美元，合计占该领域全球总额的 45.5%。2018 年一般建筑领域业务规模排名前 20 位的国别（地区）市场见表 6-2。

（三）电力工程建设领域

电力工程建设项目包括太阳能发电站、风力发电站、火电厂、水电站、核电站建设以及电站运营维护、输变电工程等。在亚洲海外市场，中国企业在电力工程建设领域新签合同额 291.2 亿美元，同比前几年下降 17.6%；近几年完成海外营业额规模为 186.2 亿美元，同比前几年增长 14.1%。非洲市场为中国企业在电力工程建设领域的第二大市场，新签合同额为 142.6 亿美元，同比下降 5.1%，占该领域海外业务总量的 29.7%；完成营业额为 60.6 亿美元，同比下降0.5%，占该领域业务总量的21.6%。中国企业在拉丁美洲市场电力工程建设业务萎缩，2018年新签合同的数额仅为16.0亿美元，同比前几年下降16.3%；近几年完成海外营业额规模为25.6亿美元，同比前几年下降19.0%。在欧洲海外市场，新签合同额为17.5亿美元，同比前几年增长71.3%；完成营业额为7.2亿美元，同比下降6.2%。大洋洲市场新签合同额为10.8亿美元，同比上一年度增长536.9%。亚洲市场完成续签营业额上一年度为1亿美元，同比上一年度增长38.3%。在北美地区，2018年度新完成续签合同额为1.8亿美元，同比上一年度增长80%。欧洲市场完成续签营业额为0.6亿美元，同比下降9.1%。

表6-3 2018年电力工程建设领域业务前20位市场排名　　　　（单位：亿美元）

排名	国别（地区）	新签合同额	排名	国别（地区）	完成营业额
1	巴基斯坦	73.3	1	巴基斯坦	55.1
2	尼日利亚	47.3	2	老挝	21.6
3	孟加拉国	30.3	3	安哥拉	18.4
4	越南	29.4	4	印度尼西亚	16.4
5	埃塞俄比亚	22.9	5	越南	12.6
6	约旦	20.6	6	孟加拉国	12.3
7	伊拉克	20.6	7	乌干达	8.3
8	老挝	19.5	8	马来西亚	7.5
9	印度尼西亚	18.3	9	沙特阿拉伯	7.4
10	肯尼亚	13.7	10	菲律宾	7.2
11	菲律宾	13.2	11	约旦	6.5
12	津巴布韦	12.6	12	厄瓜多尔	6.5
13	加纳	11.5	13	阿曼	5.7
14	伊朗	9.4	14	委内瑞拉	5.6
15	马来西亚	9.1	15	阿根廷	5.4
16	巴布亚新几内亚	9.1	16	印度	5.1
17	安哥拉	8.4	17	伊拉克	4.7
18	泰国	7.9	18	埃塞俄比亚	4.5
19	苏丹	6.3	19	泰国	4.5
20	阿曼	6.3	20	土耳其	3.9

中国企业在巴基斯坦、老挝、印度尼西亚、越南等国电力工程建设市场业务表现较为稳定，新签合同额和完成营业额均进入前十排名。2018年的电力工程建设领域业务规模排名中名列前20位的国别（地区）市场见表6-3。

（四）水利建设领域

水利建设的领域主要包括水资源处理及地下海水的淡化、供水管线及地下沟渠工程建设、水坝及地下水库、防洪堤坝及地下海堤工程建设、打井工程等。在亚太地区水利建设的领域，2018年中国企业新签合同完成营业额74.6亿美元，同比下降27.0%；累计完成营业额与上年度基本持平，可达57.5亿美元。共有132个新签合同数额在500万美元及以上的项目，39 个新签合同数额在 5000 万美元及以上的项目，以及 19 个新签合同数额在 1 亿美元及以上的战略性项目。

（五）石油化工领域

石油化工领域包括炼油厂和石化厂建设、油气管线建设、海上石油平台建设、服务维护运转等。

从地区和市场业务分布情况来看，欧洲市场 2018 年的石油化工领域业务新签合同额 54.4 亿美元，完成营业额同比上一季度增长 132.4%，为 9.8 亿美元。亚洲地区市场的石油化工业务，同比均较上季度出现了不同程度的增长和下降。亚洲市场的石油化工领域业务新完成合同额降幅为 145.1 亿美元，同比下降 11.2%，占该市场专业领域石油化工业务的 53.5%。欧洲市场完成营业额同比下降 28.7%，为 109.2 亿美元。非洲地区和市场的石油化工领域业务新签合同营业额同比下降 55.1%，降幅为 31.0 亿美元，完成营业额同比下降 30.7%，降幅为 24.0 亿美元。拉丁美洲地区市场的石油化工业务领域新签合同营业额降幅最高达 49.3%，同比上一季度降幅为 40.0 亿美元。北美地区，市场完成石油化工业务新签合同营业额规模为 5428 万美元，同比大幅下降 95%。大洋洲地区，市场完成石油化工制造业务新签合同规模较小，规模为 1396 万美元，同比大幅下降 90.0%。

第二节　区域与国别市场分析

一、亚洲区域市场和主要国别市场

（一）亚洲市场的区域划分

从亚洲各区域市场来看，2018 年中国对外投资企业在东南亚和南亚地区的对外投资和承包工程的业务同比增长较快，在中亚地区的业务同比有所下滑。在南亚，中巴双边经济贸易走廊项目建设过程中，涉及的再生能源电力、交通设施等一批在该领域具有重大代表性和影响力的国际合作项目有序建设和推进，新项目不断落地；在孟加拉国市场签约情况较好，交通运输建设和电力工程建设领域合作规模扩大。西亚地区部分国家政治局势出现变动，石油价格下降的影响逐步凸显，沙特阿拉伯等市场项目建设模式逐步从使用自有资金正向吸引外资方向转变，但配套法律制度尚不完善，短期业务发展动力不足。

（二）亚洲区域主要国别（地区）市场

1. 东南亚地区

（1）马来西亚：2018 年，中国企业在马来西亚市场新签合同额 248.5 亿美元，同比增长 121.2%；完成营业额为 81.5 亿美元，同比增长 71.6%。其业务主要范围涉及马来西亚交通运输基础建设、一般建筑、石油化工、电力工程基础建设等多个领域。

（2）印度尼西亚：作为东盟的最大经济体成员，印度尼西亚是与中国推动和落实 21 世纪海上丝绸之路的重要战略合作伙伴，也是东盟和中国对外项目承包工程的重要传统出口市场。2018 年，中国的企业在菲律宾和印度尼西亚新签合同总金额 172.0 亿美元，同比上一季度增长 60.4%；完成营业额 55.6 亿美元，同比上一季度增长 36.0%。大型的合作项目主要是集中在一般的建筑、交通运输的建设和大型电力工程的建设三个领域。

（3）越南：2018年，中国对外投资企业在进入越南对外投资市场新签合同额同比大幅增长60.9%，总金额达61.0亿美元；中国企业完成合同营业额同比下降13.4%，总金额达28.8亿美元。其中电力工程项目建设业务是目前中国对外投资企业在进入越南对外投资市场的主要对外投资业务和领域，业务规模占比达到48.2%，一般工程建筑业务占比21.0%，工业建设业务占比14.1%。

（4）老挝：2018年，中国企业新签合同额同比下降22.4%，金额为52.1亿美元；完成营业额同比上一季度增长43.5%，达42.3亿美元。目前中国的企业在老挝电力市场的主要投资建设业务和领域为老挝电力工程的建设和老挝交通运输工程建设，其中交通运输工程建设的业务规模增幅较大，新签合同额达23.7亿美元。目前，中国的企业在老挝的业务逐渐实现转型，积极开展了水电站、矿产等的投资和开发建设项目，有力地带动了老挝总承包工程建设业务的快速发展。

（5）泰国：2018年，中国企业在印度和泰国市场新签合同同比上一季度下降3.1%，总金额为37.0亿美元；完成营业额同比上一季度增长15.3%，为33.8亿美元。业务主要范围涉及一般民用工程建筑、移动通讯网络工程、工业现代化建设、电力工程基础建设等多个领域。

（6）菲律宾：2018年，中国对外投资企业在菲律宾新签合同额同比上一季度增长23.6%，为36.0亿美元；完成营业额同比上一季度增长13.5%，为18.9亿美元。业务主要范围涉及大型电力工程、一般保障性建筑以及移动通讯网络工程等领域。菲律宾近年来GDP增速保持在5%~7%范围内，经济处于快速发展阶段，拥有多个大型深水港口，工业和基础设施比较好，教育和文化水平也比较高，劳动力充足，拥有比较完善的公共金融服务设施体系。

（7）新加坡：2018年，中国对外投资企业在新加坡的新签合同额同比增长42.5%，总金额35.2亿美元；完成营业额同比下降了8.5%，金额为34.4亿美元。近年来，受当前全球实体经济不稳定等诸多因素的严重影响，新加坡实体经济增速进一步放缓，房建项目市场持续低迷。2018年授标合同额仅179亿美元，相较2014年高峰时期授标300亿美元下降高达40%。为拉动经济稳定增长，新加坡政府加大基础设施建设投资力度，基础设施项目需求相对强劲。2018年，随着新加坡政府继续稳步推行发展基础设施战略以及房地产市场快速升温，建筑业逐步恢复活力。根据新加坡建设局预测，2018年新建筑业授标合同额约为225亿美元，较2017年高约27%，其中，公共领域占据建筑主导需求，合同总值约合138亿美元，占比达到60%；私人领域合同总值约合87亿美元，占40% 新加坡对外资进入方式并无限制，鼓励企业之间合作。合作主要采取包括承包联营、融投资带动总承包、PPP在内的常见的私人与建筑业之间合作的方式。但是新加坡政府财政实力雄厚，极少引入私人资本进入公共基础设施领域。

（8）缅甸：2018年，中国企业在缅甸市场承包工程新签合同额19.9亿美元，同比下降29.2%；完成营业额16.1亿美元，同比下降15.8%，主要合作领域为一般建筑、电力工程建设和通讯工程建设等。缅甸基础设施发展潜力较大。目前缅甸政府对于举债的投资比较谨慎，举债发展的政府投资项目主要是集中在输变电线路以及给排水、垃圾处理等基础建设工程，规模较小，大型地方政府的现汇投资项目和政府框架投资项目较少。

2. 西亚地区

（1）阿拉伯联合酋长国：2018年，中国企业在阿拉伯联合酋长国新签合同额9.9亿美元，同比下降1.1%；完成营业额25.0亿美元，同比增长11.1%。新签合同额较大的企业包括中国石油工程建设有限公司、中国建筑集团有限公司、中国化学工程第七建设有限公司、上海振华重工（集团）股份有限公司、中国机械进出口（集团）有限公司、中国能源建设集团天津电力建设有限公司等，新签合同额均在2亿美元以上。主要的业务领域集中在民用石油化工、一般民用建筑、交通运输建设、制造加工企业基础设施建设，涉及城市建设和中国石油化工等多个领域。

（2）科威特：2018年，中国企业在科威特市场新签合同额36.1美元，同比下降11.7%；完成营业额19.6亿美元，同比增长29.8%。主要的业务领域集中在一般工程建筑、石油化工和轨道交通运输工程建设等行业。科威特工程承包市场近年来在政府财政资金的大力支持下，授标项目规模和合同额都屡创新高。尽管国际原油价格依旧低迷，科威特政府一直在尽力保障事关国家新的五年计划和2035年愿景规划的建设项目不会停滞。但自2018年下半年以来，科威特市场部分项目开标、授标减缓，个别项目招标启动后又暂停或取消。

（3）沙特阿拉伯：2018年，中国企业在沙特阿拉伯市场新签合同额同比下降41.8%，为29.3亿美元；完成营业额同比下降33.1%，为63.4亿美元。主要经营范围集中在石油化工、电子通讯技术以及工程建设等多个领域。其中在交通物流基础设施领域，到2030年计划投资1000亿沙特里亚尔，着力发展地铁和铁路、机场和航空、海运和物流园区；在可再生能源领域，主要发展风能、太阳能、垃圾发电等类型项目，到2023年实现9.5 GW的目标。在投资便利化方面，沙特将外资持股比例提升到100%，公司税率降为20%，并加大财政支持，并已在加速签证出具效率、缩短人员入境时间等方面取得了积极进展。2018年沙特政府面临石油收入减少、建筑工程规模缩减的情况，被迫缩减公共投资，建筑工程发包额锐减。为重新规划和重组政府资金建设项目，曾对数百个项目实施了停建或更改设计等措施，并通过延期支付等手段缓解财政紧张局面。沙特基建项目也从已自有资金为主向引入私人投资转变。沙特成立了负责规划和监督PPP项目采购的"国家私有化中心"，将围绕私有化实施多项计划和规划，以提升私营部门对其国家转型过程的参与度，但缺少PPP方面的法律。

（4）伊朗：2018年，中国对外承包企业在伊朗对外承包市场新签合同额49.7亿美元，同比大幅下降42.3%；完成对外营业额20.5亿美元，同比大幅下降8.8%。随着中伊经贸合作的深化，伊朗已经成为中国对外承包工程、技术和成套设备出口的主要市场之一，主要业务覆盖范围涉及中国铁路交通运输项目建设、电力工程项目建设、工业现代化建设、水利建设和中国石油化工等多个领域。

（5）土耳其：2018年，中国投资企业在土耳其海外市场新签合同同比上一季度增长26.3%，总金额为8.3亿美元；完成营业额同比下降43.9%，为12.0亿美元。业务主要集中在土耳其的通讯网络工程建设和大型电力工程建设两个领域。2016年以来，土耳其实体经济的发展遭遇了严峻的挑战，增速的放缓、里拉持续的贬值、主权和信用等级的下降同时，土耳其安全的局势也堪忧，多次在国内发生了恐怖袭击和爆炸事件。由于国际电价的下跌，土耳其在大型的火电站、水电站建设方面的发电设备投资也有所减少。而这些领域的投资正是目前中国海外企业投资业务比较集中的一个领域，对于未来中国企业在土耳其业务的发展也产生了不利的影响。

3. 南亚地区

（1）巴基斯坦：巴基斯坦是中国对外承包工程业务的重要市场之一。2018年，中国企业在巴基斯坦市场新签合同额107.5亿美元，同比下降7.2%；完成营业额113.4亿美元，同比增长56.0%。业务主要集中在电力工程建设、交通运输建设和通讯工程等领域。其中，电力工程建设占比68.2%，交通运输建设占比16.3%。巴基斯坦大力地支持和发展西部地区基础输变电设施和外国移民安居工程，鼓励外国投资者积极参与当地基础输变电设施的投资。由此，国家电网的改造建设升级及基础输变电站、高速公路、铁路、港口等国家重点项目现代化建设的投资都取得了实质性的进展。巴政府大规模支持和投资中巴经济基础设施走廊建设的目标和核心任务之一，是建设中巴双边经济基础设施走廊，主要是包括中巴铁路和高速公路网、天然气和石油管道、工业园区以及瓜达尔港等一系列大型项目，促进中巴区域经济互联互通和本地区经济稳定增长。

（2）孟加拉国：2018年，中国对外投资企业在孟加拉国国际投资市场新签合同同比上年增长39.3%，总金额达104.2亿美元；中国完成营业额同比上年增长64.2%，为31.5亿美元。主要业务覆盖范围涉及交通运输项目建设、电力工程项目建设和孟加拉国石油化工等多个领域。孟加拉国政府以加快实现经济中高增长、跨越式的发展为施政战略目标，推进了市场化经济改革，改善了投资和发展环境。亚洲开发银行与联合国和孟加拉国政府签署《2016—2020年国家伙伴战略》，承诺七五计划期间向孟提供80亿美元的优惠贷款，资金重点投向能源、交通及其他城市基础设施发展关键投资领域。目前从总体发展角度来看，孟加拉国基础设施市场的发展潜力十分巨大。

（3）印度：2018年，中国企业在俄罗斯和印度的市场新签合同营业额同比上半年增长15.1%，为25.8亿美元；完成营业额同比上半年增长35.1%，为24.6亿美元。新签营业额主要来源为轨道交通运输工程建设和通讯工程，分别占比38.2%和30.0%，其次为电力工程占比15.4%，机械制造加工领域占比5.9%。

（4）斯里兰卡：2018年，中国对外投资企业在印度和斯里兰卡新签营业额同比下降30.1%，为17.5亿美元；完成营业额同比上年增长52.5%，为22.5亿美元。对外投资业务主要范围涉及城市交通运输基础建设、一般保障性建筑、水利建设等重点领域。为了刺激其他区域经济的发展，提升其整体的竞争力，斯政府今年拟着力于发展国内高速公路、铁路、港口、电力等重点领域，并大力改造和建设一批新型工业园区。

4. 东亚地区（含中国港澳台地区）

2018年，中国工程承包企业在整个东亚地区新签合同的营业额同比下降2.7%，为134.4亿美元；完成营业额同比增长34.0%，为101.4亿美元。香港和澳门市场工程承包业务的增长态势较好，其中中国香港新签合同额同比增长12.6%，为89.2亿美元；完成营业额同比增长31.0%，为55.5亿美元。另外中国澳门新签合同额同比增长95.2%，为21.5亿美元。中国企业在新加坡完成营业额同比增长53.5%，为27.9亿美元。由于日本和韩国电力工程承包市场企业进入的门槛高，其国内工程承包商的实力强大，中国工程承包企业在日韩的业务较少。中国企业在蒙古新签合同额同比下降83.4%，为6.0亿美元；完成营业额同比上升43.2%，为10.7亿美元。业务领域主要是集中在大型电力工程承包建设、一般电力工程建筑和石油化工等。

5. 中亚地区

2018年，中国企业在中亚地区新签合同额35.6亿美元，同比下降38.2%；完成营业额36.6亿美元，同比下降24.2%，业务以交通运输建设和石油化工为主。哈萨克斯坦是中国企业在该地区业务规模最大的市场。2018年，中国企业在哈新签合同额23.5亿美元，同比下降31.2%，占整个中亚地区新签合同总额的66.0%；完成营业额22.4亿美元，同比下降18.8%，占整个中亚地区完成营业总额的61.2%，见表6-4。主要参与企业有中信建设有限责任公司、中铁二局集团有限公司、北京城建集团有限责任公司等。

表6-4　2018年亚洲区域市场和主要国别（地区）市场业务情况

地区	序号	国家	新签合同额/亿美元	新签合同额同比变化	完成营业额/亿美元	完成营业额同比变化	业务主要涉及领域
东南亚	1	马来西亚	248.5	增长121.2%	81.5	增长71.6%	主要用于交通运输基础建设、一般民用建筑、石油化工、电力工程基础建设等多个领域
	2	印度尼西亚	172.0	增长60.4%	55.6	增长36.0%	一般建筑、交通运输建设和电力工程建设领域
	3	越南	61.0	增长60.9%	28.8	下降13.4%	一般建筑和工业建设领域、电力工程建设
	4	老挝	52.1	下降22.4%	42.3	增长43.5%	电力工程建设和交通运输建设
	5	泰国	37.0	下降3.1%	33.8	增长15.3%	主要广泛用于信息通讯网络工程、电力工程基础建设、工业和现代化工程建设，以及一般民用建筑等多个领域
	6	菲律宾	36.0	增长23.6%	18.9	增长13.5%	电力工程、一般建筑以及通讯工程等领域
	7	新加坡	35.2	增长42.5%	34.4	下降8.5%	公共基础设施领域
	8	缅甸	19.9	下降29.2%	16.1	下降15.8%	交通基础设施、一般建筑、电力工程建设和通讯工程建设
西亚	1	阿拉伯联合酋长国	9.9	下降1.1%	25.0	增长11.1%	石油化工、一般建筑、交通运输建设、制造加工设施建设和石油化工等领域
	2	科威特	36.1	下降11.7%	19.6	增长29.8%	一般建筑、石油化工和交通运输建设等领域
	3	沙特阿拉伯	29.3	下降41.8%	63.4	下降33.1%	适用于工业石油化工和工业电子信息通讯基础工程建设、医疗卫生、交通和国际物流以及移动基础通信设施、工业机械装备配件制造、旅游、农业、石化以及汽车装备制造、电力设施、可再生生物能源、工程和公共服务等多个领域
	4	伊朗	49.7	下降42.3%	20.5	下降8.8%	适用于交通运输工程建设、电力工程和信息化建设、工业现代化建设、水利建设和石油化工等领域
	5	土耳其	8.3	增长26.3%	12.0	下降43.9%	通讯工程和电力工程建设领域

续表

地区	序号	国家	新签合同额/亿美元	新签合同额同比变化	完成营业额/亿美元	完成营业额同比变化	业务主要涉及领域
南亚	1	巴基斯坦	107.5	下降7.2%	113.4	增长56.0%	主要涉及电力工程基础建设、交通运输基础建设和移动通讯基础工程等重要的领域
	2	孟加拉国	104.2	增长39.3%	31.5	增长64.2%	交通运输建设、电力工程建设和石油化工等领域
	3	印度	25.8	增长15.1%	24.6	增长35.1%	通讯工程、交通运输建设、电力工程建设和制造加工设施建设领域
	4	斯里兰卡	17.5	下降30.1%	22.5	增长52.5%	交通运输建设、一般建筑、水利建设、高速公路、铁路、港口、电力、工业园区等领域
东亚（含港澳台）	1	中国香港	89.2	增长12.6%	55.5	增长31.0%	/
	2	中国澳门	21.5	增长95.2%	27.9	增长53.5%	
	3	蒙古	6.0	下降83.4%	10.7	上升43.2%	电力工程建设、一般建筑和石油化工等领域
中亚	1	哈萨克斯坦	23.5	下降31.2%	22.4	下降18.8%	以交通运输建设和石油化工为主

二、非洲区域市场和主要国别市场

（一）非洲市场的区域划分

2018年，非洲各地区市场对外承包工程业务发展出现分化。新签合同额方面，中国企业在东部非洲地区、西部非洲地区业务仍然保持快速增长，在北非、南部非洲和中部非洲地区同比出现萎缩。

（二）非洲区域主要国别市场

1. 北部非洲地区

（1）阿尔及利亚：2018年，中国企业在阿尔及利亚市场新签合同额53.9亿美元，同比下降35.8%；完成营业额78.5亿美元，同比下降14.0%。主要业务领域为一般建筑，占比为54.7%，其次是交通运输建设和工业建设，占比分别为28.4%和6.8%。

总体来看，中国企业在阿承包工程市场环境正在恶化。一个原因是石油和天然气资源产量的下降，石油价格持续下跌，石油化工及相关项目不断削减和推迟，阿财政收入的锐减，经济形势严峻，建设资金的缺乏，新开发项目随之减少。另一个原因是近几年阿政府进一步加大对本国企业和承包商的政策支持和鼓励力度，提供了优惠政策和扶持。自2015年以来，阿政府一律将对外建设住房及以上项目的外汇材料支付比例从32%进一步下调至25%，之后再次下调至12.5%，且一直沿用至今。同时也试探性地向承包商提出了无法接受外汇材料支付的要求和条件。近几年阿政府新开建设的住房及以上项目的工程预付款，由以往最高分别达到15%的工程材料预付款和35%的材料工程预付款，降到最高仅有15%的住房项目工程材料预付款。

（2）埃及：2018年，中国企业在埃及贸易市场新签合同额同比大幅下降80.0%，为16.1亿美元；完成营业额同比大幅下降32.4%，为15.4亿美元。埃及政府近年来，持续加大对房屋建筑和电力交通基础设施等工程建设资金投入的力度，使其已经成为了目前中东、北非地区最为热点的建筑投资市场之一，市场潜力较大。目前，埃及国内的工程承包项目建设市场的发展呈现出三大特点：一是承包工程的标准高，埃及也深受许多欧美国家的影响，在国内的工程建设承包领域通常都采用了西欧或美国的标准和规范；二是埃及工程建设的需求量大，在房建、电力轨道交通等大型工程基建领域频频发包，金额多在10亿美元以上；三是埃及工程市场竞争激烈，在建工程的投资市场已经汇集了本国、中东地区、欧美日韩等大型的工程承包企业，竞争十分激烈。

随着中国和埃及新政府启动一系列庞大的承包工程建设项目，以及埃及承包工程市场对于中国重视程度的增加，中国工程承包企业积极开拓中国和埃及承包工程的市场也迎来了机遇。目前中国工程承包企业在埃及活跃度较低。

2. 南部非洲地区

（1）安哥拉：安哥拉新兴市场是目前中国对外投资企业在南部非洲地区的业务开展规模最大的对外投资市场。2018年，中国对外投资企业在安新签合同完成营业额85.8亿美元，同比上年持平；完成营业额66.9亿美元，同比上年增长54.5%。安哥拉业务主要是集中在城市交通运输的建设、电力工程的建设和一般保障性建筑等领域。在当前石油价格逐步上涨和回升的国际市场情况下，安基础设施的建设对外投资市场仍然有机会继续保持较高的需求和增长速度。安政府也大力支持推行对外投资类的建设项目，不断完善相关法律法规，鼓励来自外国的投资者积极参与国内基础设施的建设，尤其是水电以及输变电工程建设等项目投资。

（2）赞比亚：2018年，中国企业在进入赞比亚的市场新签合同额同比下降22.9%，为48.6亿美元；完成营业额同比增长28.9%，为23.1亿美元。以从事交通运输基础建设、房屋建筑和电力工程等多个领域为主，已逐渐成为影响其整体经济和社会发展的重要影响因素。大力发展公共基础设施产业已经成为了赞比亚的经济和社会建设的一项首要任务和国家振兴其经济的战略优先发展的方向。2018年，赞政府重点发展基础设施建设等民生工程，预计电力、住房、工业园区建设等将成为重点合作领域。

（3）津巴布韦：2018年，中国企业在非洲津巴布韦市场新签合同营业额同比下降31.8%，为14.8亿美元；完成营业额同比下降31.0%，为3.1亿美元。主要的业务集中在电力工程项目建设、一般民用建筑等多个领域。

（4）莫桑比克：2018年，中国出口企业在莫桑比克地区国际贸易合同市场新签合同额同比增长48.5%，总金额6.0亿美元；完成营业额同比下降16.8%，为11.1亿美元。业务领域范围包括一般民用建筑、水利建设和公共交通运输基础建设等战略性领域。

3. 东部非洲地区

（1）肯尼亚：2018年，中国企业在肯尼亚市场新签合同额同比增长137.3%，总金额100.8亿美元；完成营业额同比下降18.0%，为37.3亿美元。目前肯尼亚配套设施和产业齐全，基建设施市场广阔，开展经贸合作的手段和条件较为成熟。近年肯尼亚的经济增长较快，在东南亚和非洲等国家经济中名列前茅，但是能源的短缺、基础设施落后问题突出，已成为制约其经济生存和发展的主要决定性因素。因此肯尼亚政府不断加大对交通、能源、电力等各个领域的基础建设投资力度，以更好地满足能源需求，倾向于通过公私合营模式推动私人投资基础设施项目。

（2）埃塞俄比亚：2018年，中国企业在埃塞俄比亚进出口市场新签合同额同比下降15.4%，总金额70.6亿美元；完成营业额同比增长17.3%，为55.2亿美元。业务覆盖范围涉及道路交通运输工程建设、一般现代化建筑、电力工程建设、通讯现代化工程、工业现代化建设等多个行业和领域。当地年度产能和合作项目明显增加，特别是工业园区建设项目。埃塞政府正在积极致力于继续推进工业园区基础设施的建设，以促进埃塞社会和经济的健康可持续发展，未来几年会敦促政府继续加大对工业园区基础设施的项目投资支持力度，进一步推动和促进当地建设项目承包工程投资市场的健康发展。

（3）坦桑尼亚：2018年，中国企业在坦桑尼亚对外投资市场新签合同额同比下降18.9%，总金额11.0亿美元；完成营业额同比下降32.7%，为10.3亿美元。根据国际商业观察（BMI）预测，由于坦桑尼亚的国际收支平衡状况有所改善，短期基础设施债务偿付能力充足。目前坦桑尼亚的短期经济基础设施的状态尚不能完全满足其对经济快速健康发展的基本需求，公路、铁路、电力、桥梁和大型港口等短期经济基础设施的投资项目，已成为其未来吸引外资的主要业务领域。

（4）乌干达：2018年，中国企业在乌干达海外市场新签合同额同比下降40.5%，为9.5亿美元；完成营业额同比增长15.0%，为21.7亿美元。主要的业务经营领域包括中国电力工程项目建设、交通运输工程建设、通信工程和水利建设等。乌干达政府在2015～2020年国家经济发展战略规划中首次明确了重点投资，未来产业将在农业、旅游业、贸易、工业、能源、基础和设施等领域集中发展。

4. 西部非洲地区

（1）尼日利亚：2018年，中国企业在尼日利亚市场新签合同额同比增长91.7%，总金额114.8亿美元，位居非洲第一；完成营业额同比增长18.8%，为31.0亿美元。业务涉及领域包括电力工程项目建设、交通运输建设、工业建筑等。由于在项目规划和实施的过程中，尼日利亚政府普遍存在着对合同法保护意识淡薄、运作管理效率低下、预付款及后续款项支付滞后、项目设计频繁变更以及部分在建项目资金出现中断等问题，在尼日利亚实施的项目进展普遍缓慢，目前在建项目特别是政府现汇项目面临较高风险。

（2）加纳：2018年，中国企业在加纳市场新签合同额同比增长15.7%，为29.1亿美元；完成营业额同比下降5.5%，为10.9亿美元。主要业务涉及领域集中在一般民用建筑、交通运输基础建设、电力工程和水利工程等。中国企业在加纳市场日益活跃，新签合同额呈增长态势，承揽的项目也从小型项目逐步扩展到电力工程建设、交通运输建设等大型基础设施建设项目。

5. 中部非洲地区

（1）刚果（金）：2018年，中国企业在刚果（金）新签合同额同比大幅增长203.3%，为28.7亿美元；完成营业额同比增长27.2%，为15.0亿美元。主要经营范围为一般铁路建筑、电力工程隧道建设、公路等领域。刚果（金）交通基础设施落后，电力供应缺口不断扩大，基础设施改造和新建需求较大。刚果（金）地理位置重要，是非洲区域互联互通多条走廊的必经之地，区域性互联互通建设需求较大。刚果（金）项目建设资金缺乏，依赖外部资金支持。

(2)刚果(布):2018年,中国企业在刚果(布)市场新签合同额同比下降48.4%,为18.5亿美元;完成营业额同比下降65.5%,为7.5亿美元。主要经营范围为石油化工、交通运输建设和一般建筑等领域。目前,中国企业在该市场开展业务面临着工程项目停缓建、工程款拖欠等问题。

(3)赤道几内亚:2018年,中国企业在赤道几内亚市场新签合同额同比下降27.1%,为12.3亿美元;完成营业额同比下降13.3%,为10.3亿美元。业务主要范围涉及一般建筑、市政供水、电力工程项目建设等。受当前国际主要能源市场原油期货价格和美元持续低迷的因素影响,赤道几内亚油气产量期货价格持续出现大幅下滑,短期内经济发展面临严峻挑战。在此情况下,赤道几内亚政府收缩建筑行业,在建工程大范围停工,新项目资金落实困难。

(4)喀麦隆:2018年,中国企业在喀麦隆市场新签合同额同比下降12.0%,为11.5亿美元;完成营业额同比增长24.7%,为18.9亿美元。业务领域集中在汽车制造加工基础设施、工业现代化建设、水利建设和城市交通运输建设等方面。新签合同额前10名的项目中有9个铁路建设项目转型为高速公路的建设项目,交通运输和水利建设在这个领域新签合同额的占比已经达到了85.8%,见表6-5。

表6-5 2018年非洲区域市场和主要国别市场业务情况

地区	序号	国家	新签合同额/亿美元	新签合同额同比变化	完成营业额/亿美元	完成营业额同比变化	业务主要涉及领域
北部非洲地区	1	阿尔及利亚	53.9	下降35.8%	78.5	下降14.0%	一般建筑、交通运输建设和工业建设领域
	2	埃及	16.1	下降80.0%	15.4	下降32.4%	房屋建筑和基础设施建设领域
南部非洲地区	1	安哥拉	85.8	持平	66.9	增长54.5%	交通运输建设、电力工程建设和一般建筑、基础设施建设、水电以及输变电工程等领域
	2	赞比亚	48.6	下降22.9%	23.1	增长28.9%	交通运输建设、房屋建筑和电力工程等领域业务为主,未来电力、住房、工业园区建设等将成为重点合作领域
	3	津巴布韦	14.8	下降31.8%	3.1	下降31.0%	电力工程建设、一般建筑等领域
	4	莫桑比克	6.0	增长48.5%	11.1	下降16.8%	一般建筑、水利建设和交通运输建设等领域
东部非洲地区	1	肯尼亚	100.8	增长137.3%	37.3	下降18.0%	交通、能源、电力等领域
	2	埃塞俄比亚	70.6	下降15.4%	55.2	增长17.3%	涵盖交通运输与建设、一般工程建筑、电力工程与建设、通讯与工程、工业基础建设等多个行业和领域
	3	坦桑尼亚	11.0	下降18.9%	10.3	下降32.7%	适用于公路、铁路、电力、桥梁和港口等重要基础交通设施领域
	4	乌干达	9.5	下降40.5%	21.7	增长15.0%	电力工程建设、交通运输建设、通信工程和水利建设等

续表

地区	序号	国家	新签合同额/亿美元	新签合同额同比变化	完成营业额/亿美元	完成营业额同比变化	业务主要涉及领域
西部非洲地区	1	尼日利亚	114.8	增长91.7%	31.0	增长18.8%	电力工程建设、交通运输建设、工业建筑等为主
	2	加纳	29.1	增长15.7%	10.9	下降5.5%	一般建筑、交通运输建设、电力工程和水利工程等领域
中部非洲地区	1	刚果（金）	28.7	增长203.3%	15.0	增长27.2%	一般用于建筑、电力工程建设、公路、改造和其他新建工程的基础设施
	2	刚果（布）	18.5	下降48.4%	7.5	下降65.5%	石油化工、交通运输建设和一般建筑领域
	3	赤道几内亚	12.3	下降27.1%	10.3	下降13.3%	一般建筑、市政供水、电力工程建设等
	4	喀麦隆	11.5	下降12.0%	18.9	增长24.7%	主要用于制造和加工基础设施、工业基础建设、水利建设和公共交通运输的建设等领域

三、拉丁美洲区域市场和主要国别市场

（一）拉丁美洲市场的区域划分

中国企业在包括墨西哥和其他拉丁美洲以外市场的主营业务，集中在包括委内瑞拉、阿根廷、厄瓜多尔等国。其中，2018年委内瑞拉市场新签合同额占到整个拉美市场业务的近三成，在玻利维亚、秘鲁等市场新签合同额同比翻番。

2018年，拉丁美洲地区基础设施项目建设整体状况继续保持低迷，中国铁路建设企业在该国家和地区的业务规模继续出现大幅下滑，新签合同额同比下降17.1%，为158.6亿美元；完成营业额同比下降19.5%，为129.2亿美元。但中国企业在坚守对委内瑞拉、厄瓜多尔等传统美洲市场支持的同时，加强了对玻利维亚、秘鲁、巴拿马、墨西哥等拉丁美洲市场的深入开拓，业务也在向PPP、BOT等模式转变。正在探索采用PPP模式参与交通运输建设、水利建设和电力工程建设等领域项目开发。

中国对外投资企业在拉丁美洲地区主要的合作项目主要集中在一般石油化工、交通运输项目建设、通讯工程和一般电力工程项目建设等行业和领域。上述领域新签合同额总数合计占比高达77.8%，在西班牙交通运输项目建设领域新签合同额、在交通工业建设项目领域新签完成的营业额均同比实现大幅增长。

（二）拉丁美洲区域主要国别市场

1. 委内瑞拉

2018年，中国企业在委内瑞拉市场新签合同额同比下降27.2%，为58.0亿美元；完成营业额同比下降35.9%，为33.3亿美元。石油化工、交通运输、电力工程等基础设施建设、一般大型民用建筑建设为主要的主营业务以及经营重点领域。其中石油化工领域新签合同额

和完成营业额双双大幅下滑,经济政治、安全环境等因素导致委内瑞拉传统的EPC市场严重萎缩,大中型基础设施项目以特许经营模式招标为主。

2. 巴西

2018年,中国企业在巴西市场新签合同额同比增长4.6%,为17.4亿美元;完成营业额同比下降5.6%,为18.5亿美元。主要经营范围包括通讯工程建设、电力工程建设和石油化工领域。

3. 玻利维亚

2018年,中国企业在玻利维亚市场新签合同额同比增长96.0%,为16.5亿美元;完成营业额同比下降15.0%,4.7亿美元。玻利维亚政局稳定,经济稳健发展,连续数年保持近5%的增长率,进出口不断扩大,外汇储备持续增加。玻利维亚基础设施较为落后,矿产资源丰富但开发程度不高。

4. 阿根廷

2018年,中国企业在阿根廷市场新签合同额14.3美元,同比下降10.3%;完成营业额15.8亿美元,同比增长40.0%,业务以交通运输建设、电力工程建设和通讯工程建设领域为主。2016年阿根廷议会批准了PPP立法,计划自2018年起推出15条高速公路项目,通过PPP方式招标建设。

5. 厄瓜多尔

2018年,中国企业在厄瓜多尔市场新签合同额同比下降57.6%,为8.9亿美元;完成营业额同比下降25.7%,为21.3亿美元,见表6-6。新签合同的营业额主要是集中在交通运输基础建设、一般民用建筑、石油化工、水利建设、通讯网络工程、电力工程建设等领域;已完成的营业额主要是集中在交通运输电力工程基础建设、一般民用建筑、交通运输建设、水利建设等领域。目前中国企业在厄瓜多尔市场业务面临转型升级,正由传统的施工总承包或EPC模式,逐步转变为PPP、BOT等模式,可探索采用PPP模式参与交通运输建设、水利电力等领域项目建设。

表6-6 拉丁美洲区域市场和主要国别市场业务情况

序号	国家	新签合同额/亿美元	新签合同额同比变化	完成营业额/亿美元	完成营业额同比变化	业务主要涉及领域
1	委内瑞拉	58.0	下降27.2%	33.3	下降35.9%	主要用于石油化工、交通运输基础工程建设、电力工程系统建设、一般民用建筑建设为主要业务经营生产业务的建筑领域
2	巴西	17.4	增长4.6%	18.5	下降5.6%	通讯工程建设、电力工程建设和石油化工领域为主
3	玻利维亚	16.5	增长96.0%	4.7	下降15.0%	基础设施领域
4	阿根廷	14.3	下降10.3%	15.8	增长40.0%	以交通运输建设、电力工程建设和通讯工程建设领域为主
5	厄瓜多尔	8.9	下降57.6%	21.3	下降25.7%	新签营业额集中在交通运输电力工程建设、一般工程建筑、石油化工、水利建设等领域;完成营业额集中在运输电力工程建设、交通运输、水利建设等领域

四、欧洲区域市场和主要国别市场

(一)欧洲市场的区域划分

从欧洲的工程承包市场的业务规模来看,中国企业在俄罗斯、法国、乌克兰等市场承包业务规模和数量均位居欧洲前列。2018年,除了通讯以及电力工程建设外,中国企业在欧洲地区市场各个主要专业技术领域的新签合同总金额均同比上一季度实现较大幅度增长,特别是在通讯以及石油化工、交通运输建设、工业现代化建设、制造加工项目等各个领域。中国企业在整个欧洲地区新签合同业务的表现较为突出,新签合同额同比增长70.1%,总金额172.2亿美元;完成营业额同比增长16.7%,为93.2亿美元。

(二)欧洲区域主要国别市场

1. 中东欧国家

在实施中国与中东欧地区一系列战略性经贸合作重大举措的战略框架下,中东欧市场和重点经贸合作项目建设亮点频现。中国企业在中东欧地区新签合同额同比增长74.4%,为20.3亿美元;完成营业额同比增长45.1%,为12.9亿美元。

2. 俄罗斯

2018年,中国企业在俄罗斯市场承包工程业务新签合同额和完成营业额均大幅增长,新签合同额同比增长191.5%,为77.5亿美元;完成营业额同比增长34.1%,为19.9亿美元。中俄经贸关系日益紧密,中国企业在俄对外承包工程业务2018年度在欧洲排名第一,业务主要为石油化工和一般建筑等。

五、北美区域市场和主要国别市场

(一)北美市场的区域划分

美国是仅次于中国的全球第二大建筑市场,2015年建筑业产值为6060亿美元,加拿大为2700亿美元。北美建筑市场规模约占全球建筑市场份额的18%,按2024年10万亿建筑业总支出算,北美市场到2024年建筑业支出约为1.8万亿美元。

(二)北美区域主要国别市场

中国企业在北美业务以美国市场为主,2018年在北美市场新签合同额排名前10的项目均在美国,加拿大市场新签合同额和完成营业额规模均较小。2018年,中国企业在美国市场新签合同额同比下降21.1%,为33.5亿美元;完成营业额同比增长0.5%,为22.3亿美元。中国企业在美国承揽项目以工程总承包为主,并积极跟踪参与PPP、BOT模式项目。

鉴于中国企业在北美市场业务以美国市场为主,本处重点展望美国市场业务前景。总体来看,美国市场基础设施升级改造需求较大,但资金基础建设缺口严重。美国第45任总统特朗普大力发展本国的道路和基础设施的建设,计划通过"一万亿计划"在美全国范围内陆续建造新的道路、高速公路、机场、隧道和高速铁路。目前美国各级地方政府对财政赤字的压力较大,公共的资金根本无法对美国基础设施的建设大量投入。

六、大洋洲区域市场和主要国别市场

（一）大洋洲市场的区域划分

中国企业在整个大洋洲地区的对外直接投资和承包工程的业务，主要区域是在新西兰、澳大利亚、巴布亚新几内亚、斐济等。新签合同额和市场方面，澳大利亚、巴布亚新几内亚、新西兰、斐济和新西兰居前5位。业务领域主要包括一般的建筑、交通运输工程建设，扩展涉及了通讯运输工程建设、电力工程的建设和水利建设等多个方面。

（二）大洋洲区域主要国别市场

在澳大利亚、新西兰发达国家资本市场可积极探索投资、并购等国际合作投资模式。目前澳大利亚政府将加快发展基础设施投资作为其工作的战略重点，为了解决其建设资金不足的结构性问题，灵活并且稳健地发展投资运用了全新的 PPP 投资模式。在澳大利亚，运用 PPP 投资模式实施大型公共基础设施项目投资，一直处于世界领先的地位。中国企业可尝试以收购参股当地公司、投资等方式进入当地工程承包市场，与本土公司结合，在学习当地公司融资、管理等经验的同时，培养企业在高端市场经营和管理经验。

在大洋洲经济欠发达国家以发展基础设施和项目为重点，带动了多元化的发展。由于大洋洲很多岛国的经济都欠发达，基础设施项目发展起来所需的劳动力和资金的缺口巨大。近年来，中国的企业在斐济、瓦努阿图等欠发达的岛国西部地区建设了一批高速公路、码头、保障房等基础设施项目，促进了当地的商业及观光旅游业的繁荣和发展。随着大洋洲基础设施的不断完善和外国游客的增加，产业园、旅游业等适合当地现阶段发展的产业也将迎来新的发展。中国企业可通过投资入股或以 BOT、PPP 等模式参与当地高速公路、水务、电力等行业的发展，通过充分挖掘发展机遇，在相应国别实现业务的可持续发展。

企业抱团出海提升中国企业核心竞争力。目前，中国企业在澳大利亚、新西兰等高端市场优势不明显，同当地优秀的承包商相比，市场份额差距较大；同时，中国企业在其他经济欠发达国家却面临着同质化竞争严峻的问题。在高端市场，企业合作不但会提升中国企业的综合竞争力，同时在投资金额大、施工复杂的大型项目实施过程中能够更好地发挥各自专业优势、共同分担并减少项目的风险。在项目风险较大的发展中国家，抱团出海对规范市场、防范风险及减少不当竞争也起到重要作用。

第三节　各国的投资政策比较

随着跨国基础设施建设合作不断深化，国际基础设施行业环境发展整体保持平稳，但是部分国家在许可证制度、外商投资等方面的政策壁垒有所增多，基础设施行业本国保护主义仍是外国企业进入的主要限制。特别值得注意的是，受到国际基建投资行业需求变化的影响，各国基础设施建设参与者应更加关注东道国基础设施行业环境，在实现自身业务模式升级调整、促进产业及价值链延伸的同时，遵守东道国政策法规，坚持依法合规发展，具体见表6-7。

表 6-7 部分国家基础设施相关投资政策

国家	政策规划
埃及	许可制度：所有外国企业或公司在埃及承包的项目必须由拥有自己的埃及投资公司作为总代理，雇佣外国人在埃及投资的工人必须比例达到 90%。所有参加上述项目投标的所有外国埃及投资企业必须符合两个基本条件之一：（1）拥有在埃及注册的子公司；（2）外国人拥有获得埃及承包工程代理授权的公司和其他相关的证明文件 禁止领域：没有明文规定或者禁止任何外国人直接参与埃及承包工程的领域或者工程的目录。埃及政府军事工程项目和其他私人军事工程项目的建设是否已经采取了国际公开招标的方式，均由埃及的业主或个人自主确定
巴基斯坦	许可制度：目前巴基斯坦对外国承包工程的市场许可管理相对宽松，外国企业承包工程的企业只需要进入巴基斯坦的市场在当地的巴基斯坦工程理事会注册登记即可，原则上允许任何外国公民或者自然人在当地的领域内承揽由外国工程企业承包的项目 禁止领域：除非获得政府特殊的批准，外国工程承包商在目前巴基斯坦境内不可在领域内承揽任何涉及放射性武器、高强炸药、放射性化学物质、证券印制和造币、酒类生产（工业制造和酒精生产除外）等相关技术领域的外国承包工程项目
印度尼西亚	许可制度：按照中国和印尼相关法律的规定，外国工程承包商在进入印尼境内执行政府承包工程业务时需获得的许可 禁止领域：中国和印尼法律限制外企参加由印尼政府承包的基础和设施的工程，以有效保护国内外资企业的市场份额。外资企业只被印尼法律允许在国内参加由印尼的基础和设施工程部门对其建筑的设计价值在 1000 亿盾以上和其他基础设施部门的采购及咨询服务设计价值在 200 亿盾以上的项目投标。此外，外资企业只被允许参加合同设计价值在 100 亿盾以上的其他工程服务和咨询项目投标。外企的投资项目受法律限制的范围只在投资经费主要来源为国家收支或者政府预算的其他政府采购项目方面。如果投资的工程由外国私企或个人主导，则外资企业不受此法律的限制
哈萨克斯坦	许可制度：凡在哈国境内投资承建当地工程项目的外国合资企业必须在中标前具有国外的工程项目建设承包执照，中标后在哈萨克斯坦正式登记注册成为外国企业的全资子公司或独立的外国合资企业子公司以直接执行当地工程项目 禁止领域：来自外国的投资者虽然可以通过合资的形式直接进入中国和哈萨克斯坦的建筑业投资市场，但是外资在中国的合资企业子公司中的实际持股份额比例至少不得超过 49%。如 100% 的企业是由外资控股的企业和哈萨克斯坦本地的企业是作为一个投资主体直接参与投资建筑业的合资企业，外资在中国持股的比例至少可以超过 49%
沙特阿拉伯	许可制度：沙特承包工程市场受沙特政府保护，在沙特商工部成功注册，并持有沙特投资总局颁发的投资许可证的外国承包商，可以直接参与沙特政府和私人承包工程项目投标。承包工程市场实施资质管理制度，由沙特城乡事务部统筹管理 禁止领域：对外国承包商参与本国承包工程项目未设禁止领域
斯洛文尼亚	许可制度：外国企业可以参与当地工程项目投标，但必须在当地注册分公司，并根据需要提供总公司相关资质证明及样板工程、业绩、债务、银行信誉等材料之后方能获得投标资格。如外国企业在斯洛文尼亚没有注册工程承包类分公司，则不具备直接参与斯洛文尼亚基建项目的投标资格 禁止领域：斯洛文尼亚对所有投标企业"一视同仁"，但对涉及本国及欧盟投资的项目则本国及欧盟企业优先。对外国企业在其境内承包工程的领域设有明确禁令

资料来源：2018 年商务部《对外投资合作国别（地区）指南》。

从各个国家的投资基础配套设施以及相关企业对外直接投资的相关政策中已经可以明显能够看到，各国家的投资对外政策异中有同、同中有异。万变不离其宗的投资政策需求导向主要是以自身对国民经济和政治社会持续发展的战略需求导向为主要政策出发点。不同的投资政策需求导向，主要是各个发达国家经济体基于自身的实际国情、比较好的资源优势和自身的内外部环境等不同因素逐渐变化形成的不同政策需求导向。但根据相关政策可看出，各国投资政策都在持续改善入境条件、减少限制和促进别国在当地投资。绝大多数国家在基建方面的新的投资政策，都将为中国工程企业走出去创造更有利的投资条件，采取了投资自由化、促进化和便利化的措施。

第四节　国际 PPP 市场发展

公私伙伴关系（PPP）的概念是一种将国际市场规律直接引入公共服务的国际运作管理方式。自 20 世纪 90 年代开始，各国政府逐步推广公共管理。如今 PPP 在整个世界乃至全球范围内广泛流行，已成为诸多发达国家公共管理的重要手段和工具，并有效地推动和促进了世界各国公共基础设施的现代化和发展。

一、英国：PPP 市场停滞

英国政府一直以来致力于帮助人民维持高水准的公共服务，也是英国 PPP/PFI 制度实行最具规模和成效的十几个国家之一。目前英国 PPP 模式大致可以分为两个发展阶段，分别认为是早期的 PFI 建设阶段和中后期的 PPP 阶段，PFI 模式最早可追溯到 1992 年。在英国 PFI 项目的第一个高峰发展时期，英国约 10% 的政府和公共部门的投资均开始采用这种投资模式。

PFI 模式的最大优势主要在于从根本上充分利用了英国私人政府部门的对项目基础设施管理的经验、创新的意识和先进的风险监控管理技术，但在其运行的过程中也暴露出一些潜在的问题，如基础设施成本的浪费、合同的灵活性差、项目的透明度低、风险和收益分配不合理等。鉴于 PFI 模式的不足，英国政府于 2012 年推行了 PPP 模式。其主要的改进之处在于该采购模式下，政府对项目持有一定的股权，作为一个项目小股东的政府参与项目投资，鼓励了政府对项目进行集中采购，项目首次招标的时间不可能超过 18 个月，对项目的采购人员制定了标准化的项目管理流程和规范性文件，加强对项目开支的监管等。同时提高了合同的效率和灵活性，如私人政府部门可以在项目建设和运营的过程中自由选择是否添加或删除一些公共服务的可选项、债务和融资能力等方面。PPP 项目完成后有望帮助政府获取长期的政府债务融资等。

二、澳大利亚：对私人资本有着极大需求

根据澳大利亚 PPP 投资管理政策，国家的政府层面及各地区的政府会对每个项目投资规模及价值超过 5000 万澳币的全国 PPP 项目投资规模进行严格的筛选。事实上，澳大利亚在将传统的 PPP 投资管理模式的运用推广到国家基础设施的建设领域方面，处于世界领先的地位。并且澳大利亚拥有着非常成熟的 PPP 资本市场，即使在 2008 年全球金融危机后，澳大利亚的 PPP 资本市场的交易量也仅是轻微的下滑。这主要原因是目前澳大利亚政府在对国家公共基础设施项目建设的投资方面，对于私人资本市场有着极大的市场需求，政府对于资金及项目的风险共担保等方面的巨大市场需求，导致该国在投融资管理模式的发展及创新运用方面已经有着显著的发展。

三、加拿大：成熟的 PPP 市场

加拿大有着目前全球最活跃且成熟的 PPP 交付市场。在目前的加拿大，PPP 模式常被广

泛应用于复杂且可能充满一定风险的大型城市基础与公共设施的建设项目，包括大型医院的建设、废水处理、道路与桥梁的建设等。由于目前 PPP 模式是一种基于绩效的城市公共服务资金交付的方式，私人资产管理部门不仅可能需要有专人承担一定的项目建设与投融资的风险，还要求有专人参与项目的设计、建设与长期的维护。

事实上，PPP 模式在美国和加拿大的理论及实践中已经取得了巨大成功，有 17000 平方英尺的土地新建公立学校、930 公里的高速道路、4790 个公立医院的床位、170 间公立法院的房间及其他一系列的基础设施都完全是通过 PPP 的交付方式完成的。PPP 模式对该国社会和经济的重要性及影响也有目共睹，在 2003 年到 2012 年间，PPP 项目为加拿大人民提供了超过 517000 个的全职工作岗位，创造约 322 亿加币的经济总收入，为加拿大的 GDP 贡献了 482 亿加币以及为该国的经济总输出收入贡献了约 921 亿加币。

四、美国：兴起的 PPP 市场

尽管目前美国并没有特别要求设置美国联邦政府的 PPP 市场管理机构，但在目前美国的各州却已经拥有着近 50 个联邦 PPP 市场。美国也为各州提供了一个全球最大的公共基础设施和建设的市场。早在 1988 年，美国的 32 个州就针对联邦 PPP 市场发展模式开始设置了很多相关的立法，一些国家和地区甚至已经有着久远的联邦 PPP 模式发展历史。

自 1990 年到 2006 年，在美国的交通和基础设施的建设融资领域，英国通过 PPP 的融资规模高达 500 亿美元，美国的经济融资规模虽然是二战时期英国的经济融资规模的 6 倍多，但同期，美国的交通 PPP 项目建设融资的规模仍然仅有 10 亿美元。长期以来，美国在不断地通过 PPP 的方式融资加快交通基础设施建设的项目融资步伐。从 2008 年至今，尽管美国面临着二战以来最严重的全球经济衰退，但美国的交通 PPP 项目融资市场仍然一直保持着快速增长的良好态势。

五、新兴市场：国际资本进军的主要目标

在印度、拉丁美洲及其他东南亚地区，PPP 模式越来越多地被广泛应用于一些大型基础设施的建设项目，这些发展中国家对于 PPP 规则不断进行完善，以便更好地有效吸引来自外国的资本。

2013 年 7 月，墨西哥政府正式宣布将在之后的六年之内将 3160 亿美金主要用于该国的社会公共基础设施的长期建设。这意味着将来会有至少每年超过三分之一的国家财政资金将被直接用于交通运输和移动网络电信等相关基础配套设施的前期建设项目，尤其特别多的是对于发达国家的高速公路运输系统、港口和大型国际机场的前期现代化工程建设等，这些建设项目的开工建设和投资启动也可能意味着将有机会进一步地可以活跃该国的整个 PPP 轻型汽车出口市场。

第五节　国际市场选择

中国的建筑企业海外目标市场的选择决策主要是用来确定现阶段最适合中国建筑企业发展的市场。因此，中国的建筑企业市场决策者在选择和决策的过程中，需要尽可能多地深入考虑来自国家、市场、行业等诸多的影响市场选择因素，同时需要对影响市场选择因素的重

要性进行比较分析和综合判断。在建筑企业传统市场决策方式下，海外目标市场的选择往往是由建筑企业决策者的主观市场判断来决定和完成，由于对目标的市场分析和选择的重要性及影响因素多而复杂，这种方式可能会直接导致建筑企业的市场战略规划发生失误。故本书将为读者提出一套对目标的市场分析及选择的指标体系和市场选择评价模型，并在这两个模型中分别引入一种较为科学可行的、定量化的海外目标对市场的选择和评价的方法，旨在指导和帮助中国企业准确、及时、科学、合理地了解和选择海外的目标市场。

一、多方面因素制约和影响进入某个国家或地区市场

（一）目标国建筑市场壁垒

由于目前世界各国的建筑科学工程技术和其经济实力以及发展工程技术水平的不同，各国建筑企业所需要具备的建筑行业市场竞争力也不尽相同，国际建筑企业在进入国际的市场上，无可避免地都会面临关税、配额或非关税壁垒等的情况，而这些非关税壁垒的目的旨在于保护一国的建筑行业市场利益和防止国外建筑公司的非法进入。在目前建筑类的行业中，欧美发达国家的建筑技术和企业的竞争力最高，其次主要是新兴经济工业化的国家和部分发展中国家，而大部分发展中国家目前的建筑技术和企业的竞争力都相对比较落后。然而，随着当前全球实体经济和区域一体化建设进程的发展和加快，国与国之间的各种国际经济交流和合作逐渐频繁和增多，而一些作为东道国的政府为了本国的建筑行业和其企业的稳定健康发展，就不得不采取非常规的法律手段和措施去对承包商进行保护。

（二）目标国建筑市场客观吸引力

一个国家或市场作为潜在目标市场的重要影响因素是企业在该国做生意所面临的收益、成本和风险的综合权衡，即目标市场客观吸引力。一般而言，目标市场各国潜在的建筑国家或市场企业客观的吸引力越大，建筑国家或企业拟计划进入的市场意愿也将越强，拟计划投入的建筑工程开发资源也将越多，但是有时也在过程中会出现有一些例外。

（三）建筑企业目标国市场相对竞争力

由于海外国际工程市场与中国国内市场无论是在政治、法律、文化及经济制度、建筑业发展水平，还是承发包方式、业主需求等方面均存在不同。因此，作为海外国际工程市场建筑企业选择的目标和主体，中国的建筑企业必须对自身在一个目标国市场的相对竞争力有较清晰的市场认识。在市场选择过程中了解中国建筑企业自身目标市场相对竞争力则主要可从企业技术力量、企业项目资金提供能力及企业生产能力等方面去考虑。

（四）中国国内支持的政策制度

中国国内政策制度的支持是中国建筑企业在非洲市场成功的重要决定因素。除此之外，在国际工程领域，越来越多的项目受到了国家贸易保护政策的作用。如欧美国家对于非洲国家的援助项目，大多采取签约合作机制的形式来规定优先选择本国承包商。对于跨国建筑企业，国内的政策支持主要是通过建立风险保障、国家合作等机制来有效降低企业在海外市场遭遇的各种风险和损失的水平。因此，中国建筑企业在进行海外市场选择时应当优先考虑那些给予政策制度支持的国家。

综上所述，在建筑目标市场选择时，第一，应当从目标市场是否存在严重的市场壁垒条件

入手；第二，目标国建筑市场的客观吸引力和建筑企业自身的竞争力的高低，是决定建筑企业最终是否选择该目标国或地区的最主要影响因素；第三，国内政策制度也对我国建筑企业海外目标市场选择产生了比较重要的影响。

中国企业海外市场与目标国建筑市场战略选择的关键要素包括海外目标企业与中国建筑在海外市场的壁垒、目标企业与中国的建筑在海外市场客观吸引力、建筑制造企业目标在中国建筑海外市场相对的竞争力、目标在中国国内的政策和法律制度等一些影响市场的因素，每个关键要素在设计上遵循系统性、敏感性、定量化的原则上都具有各自的主要影响市场因素和指标，见图6-4。

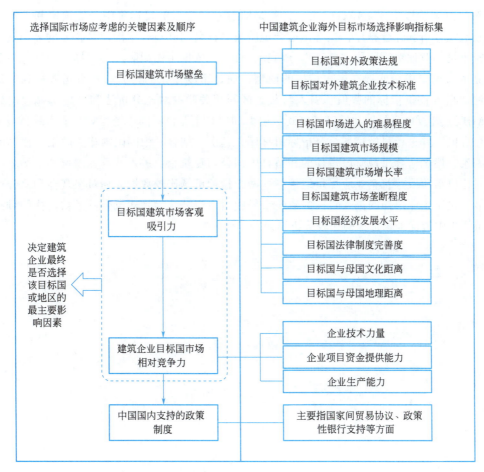

图6-4 中国建筑企业海外目标市场的关键要素

二、采用二阶段决策法选择中国建筑企业的海外目标市场

（一）初步筛选阶段

初步筛选阶段的主要目的是确定出中国建筑企业能够进入目标国市场，并能够开展承包业务。该阶段主要通过收集和整理目标国制定的对外建筑企业的政策和法规，以及目标国对外建筑企业进入国内建筑市场所必须拥有的技术标准，对目标国市场集中的各目标国建筑市

场壁垒情况进行定性分析，并结合企业自身情况对目标国市场集进行筛选，排除掉那些存在企业目前还无法克服的壁垒的目标国市场。在初步筛选过程中应尽可能避免两类决策错误：

一是忽略那些虽然存在一定的市场壁垒，但却可以克服，同时能够为公司提供良好前景的目标国市场；二是花太多的时间去调查那些企业根本不可能进入的目标国市场。为了尽可能减少第一种错误，在进行初步筛选阶段时应尽可能面向更多的国家，并结合现有市场规模因素进行筛选。为了减少第二类错误，初步筛选阶段的工作应该是高效、经济的，应该有效利用现有易获得的公开资料文件。

（二）对比决策阶段

对比决策阶段主要工作目的之一，就是通过对初选后的目标集中最优国家和市场进行的比较数据分析和综合排序，挑选出适合现阶段最佳公司和适合中国建筑企业的公司进入目标国家市场。对比决策阶段主要工作分两步：首先，依据中国国际评价市场综合指标体系研究建立的市场集中企业选择层次结构的模型，通过市场专家的打分法和市场数据收集整理的方法给出各评价指标的数值，引入与灰色区间相关联的对比分析法和市场选择层次分析法（AHP），计算出目标国建筑市场客观吸引力和建筑企业目标国市场相对竞争力两个指标要素的综合值，并进行目标市场综合指标值排序；其次，结合了中国国内相关政策法律制度和市场因素，挑选适合出现阶段最佳的和适合中国公司建筑企业进入的目标国家和市场。在最后的对比决策阶段建筑企业应尽量地遵循这两个指标市场比较数据的相对客观性和综合可行性，最终建筑企业选择的进入目标国建筑市场吸引力应被认为是建筑企业最初选择的目标国或是市场集中最优国家选择的比较分析结果。

第七章

海外产业布局

第一节　海外产业布局

针对海外产业布局，企业需更灵活的体制，做实做细前期准备工作，从实际操作层面积极参与项目前期搜寻、策划和决策阶段，从而推动公司的海外投资业务，早日实现公司海外业务"传统基建＋投资业务"的"双轮驱动"。

海外布局策略的定位：海外投资成为海外业务的重要支柱，树立企业的海外投资品牌，成为企业海外投资业务的领跑者。

第二节　传统产业布局

一、交通运输领域

本节所讲的交通运输领域涵盖了公路桥梁（含高速公路）、铁路（含地铁、轻轨及相关公共交通枢纽）、港口及港口建设、机场（含航站楼）及其他交通设施建设。

（一）市场分布

2018年度，中国企业在海外交通运输领域市场签定合同金额共计637.8亿美元，完成营业额总计447.1亿美元。其中非洲市场新签合同额284.1亿美元，同比增长6.5%；亚洲市场新签合同额167.9亿美元，同比下降65.1%；大洋洲市场新签合同额为60.6亿美元，同比增长 82.7%；拉丁美洲地区市场新签合同总额 54.9 亿美元，同比增长 43.6%；欧洲地区市场新签合同额 26.7 亿美元，同比增长 29.0%。在完成营业额方面，完成营业额数量最大的为亚洲市场 215.9 亿美元，同比增长 4.4%；欧洲市场完成营业额最少 16.3 亿美元，同比下降 5.3%。2018 年和 2019 年交通运输建设领域各地区市场业务分布见图 7-1。

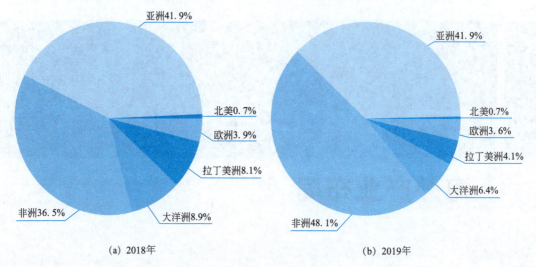

图 7-1　2018 年和 2019 年交通运输建设领域各地区市场业务分布

数据来源：《中国对外承包工程发展报告 2018—2019》。

2018 年，中国企业在澳大利亚、尼日利亚、哈萨克斯坦、孟加拉国、印度尼西亚等市场交通运输建设领域业务呈现较好发展态势。其中，在尼日利亚市场交通运输建设领域新签合同额达到 101.6 亿美元，占该领域新签合同额的 14.9%。

（二）主要企业

交通运输建设领域参与的中国企业数量较多，2018 年申报新签合同额和完成营业额的企业达 319 家。从行业集中度来看，排名前 20 位企业的新签合同额达 542.7 亿美元，占行业总额的 80.0%；排名前 20 位企业完成营业额合计占比达 58.1%，业务集中度相对较高。

二、民用建筑领域

民用建筑主要包括商业建筑、住宅、教育设施、政府办公设施、体育设施、酒店汽车旅馆、会展中心、卫生保健机构等建筑工程。

（一）市场分布

亚洲和非洲市场是中国企业民用建筑业务的主要市场，合计业务占比近 90%。中国企业在非洲市场民用建筑业务同比实现增长，但在其它市场业务均出现下降。中国企业在亚洲市场民用建筑领域新签合同额 264.5 亿美元，同比下降 25.6%，占该领域全球市场业务的 56.9%；完成营业额 186.9 亿美元，同比增长 8.8%，占该领域全球市场业务的 54.5%。非洲市场新签合同额 149.5 亿美元，同比增长 3.6%，占该领域全球市场业务的 32.2%；完成营业额113.2亿美元，同比下降7.2%，占该领域全球市场业务的33.0%。北美市场新签合同额16.5亿美元，同比下降25.5%；完成营业额13.8亿美元，同比增长6.5%。大洋洲市场该领域新签合同额14.8亿美元，同比下降46.2%；完成营业额10.2亿美元，同比增长30.8%。欧洲市场新签合同额10.0亿美元，同比下降40.4%；完成营业额6.8亿美元，同比下降8.39%。拉丁美洲市场新签合同额为9.1亿美元，同比下降21.6%；完成营业额11.9亿美元，同比下降36.1%。2018年和2019年民用建筑领域各地区市场业务分布见图7-2。

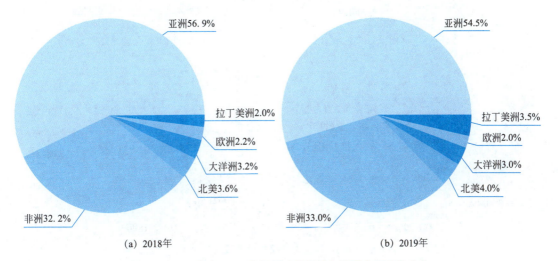

图7-2　2018年和2019年民用建筑领域各地区市场业务分布

数据来源：《中国对外承包工程发展报告2018—2019》。

2018年，中国企业在埃及、马来西亚、阿尔及利亚、阿拉伯联合酋长国、越南等市场民用建筑领域业绩突出，新签合同额均超过20亿美元，合计占该领域全球总额的43.9%。

（二）主要企业

民用建筑领域为中国企业传统业务领域，参与企业数量最多，2018年共有411家企业申报该领域业绩。其中，中国建筑集团有限公司在民用建筑领域新签合同额为171.6亿美元，占中国企业在该领域新签合同总额的36.9%。2018年中国企业在民用建筑领域签约500万美元及以上项目共759个。

三、电力工程

电力工程项目包括火电厂、水电站、太阳能发电站、风力发电站、核电站建设，以及输变电工程、电站运营维护（含改造）等工程。

（一）市场分布

亚洲是中国企业规模最大的电力工程建设市场，2018年新签合同额285.0亿美元，同比下降2.1%；完成营业额为194.8亿美元，同比增长4.2%。非洲市场为中国企业在电力工程建设领域的第二大市场，新签合同额为141.1亿美元，同比下降4.0%，占该领域海外业务总量的30.4%；完成营业额为63.6亿美元，同比增长0.5%，占该领域业务总量的21.5%。中国企业在拉丁美洲市场电力工程建设业务大幅上升，2018年新签合同额为21.9亿美元，同比增长33.9%；完成营业额为28.0亿美元，同比增长9.3%。欧洲市场新签合同额为14.5亿美元，同比下降17.2%；完成营业额为7.6亿美元，同比增长5.3%。大洋洲市场新签合同额为1.2亿美元，同比下降89.0%；完成营业额为1.2亿美元，同比增长20.3%。北美市场2018年度新签合同额为0.3亿美元，同比下降81.8%；完成营业额为0.5亿美元，同比下降15.0%。2017年和2018年电力工程建设领域各地区市场业务分布见图7-3。

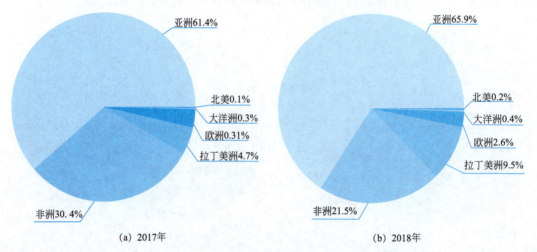

图7-3　2017年和2018年电力工程建设领域各地区市场业务分布

数据来源：《中国对外承包工程发展报告2017—2018》。

（二）主要企业

2018年，共计有301家中国企业申请电力建设业绩。中国电力建设集团有限公司、中国能源建设集团有限公司及下属单位在境外火电厂、水电站和新能源建设业务领域均保持了领先优势。近年来，上海电气集团股份有限公司、特变电工股份有限公司等机电装备制造企业在境外电力工程建设市场发展迅速，通过产业链延伸和资源整合，大力推动电力工程建设总承包业务发展。

四、水利建设领域

水利建设领域包括水处理及海水淡化、供水管线及沟渠建设、水坝及水库、防洪堤坝及海堤建设、打井工程等。2018年中国企业在水利建设领域业务规模小幅反弹，新签合同额75.7亿美元，同比增长27.0%；完成营业额67.2亿美元，同比增长16.9%。其中亚洲市场新签合同额36.5亿美元，同比增长38.8%；非洲市场新签合同额29.5亿美元，同比下降22.9%；拉丁美洲新签合同额5.2亿美元，同比下降7.4%；大洋洲市场新签合同额为1.2亿美元，同比增长74.4%；欧洲地区市场新签合同额3.2亿美元，同比增长301.2%。在完成营业额方面，完成营业额数额最大的为非洲市场30.5亿美元，同比增12.3%；欧洲市场完成营业额最少1.6亿美元，与上年度持平。2018年和2019年水利建设领域在各地区市场的业务分布情况见图7-4。

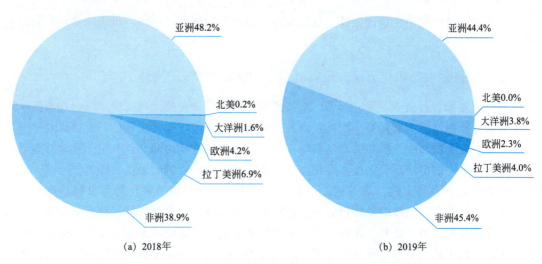

图 7-4 2018 年和 2019 年水利建设领域各地区市场业务分布

数据来源:《中国对外承包工程发展报告 2018—2019》。

第三节 海外工业园区的开发

一、合理规划海外工业园区布局

为了充分突出工业园区资源优势及适应东道国经济发展战略需求,我国应以促进产业结构衔接与产能融合互补发展为战略导向,对海外工业园区重点建设项目进行长期科学合理布局规划和统筹布局,协调其发挥综合公共服务和配套设施功能。园区规划设计应善于充分考虑和综合分析其工业基地规划要素和园区周边环境,高效合理规划园区综合工业服务带,合理布局园区行政事务管理、办公、邮电、商业贸易金融服务、文化娱乐、综合电子商务等,减少行政办公区、生活区与加工作业区之间的相互不利影响,促使整个工业园区发展更加协调与和谐统一。同时,海外工业园区海外服务区的功能规划布局工作应向纵深发展,加强工业园区多向的联系,使海外服务区与各重点工业园区间的沟通联系更加便捷。

二、搭建健全的投融资支撑体系

发挥海外政策性商业金融机构如中国进出口银行、国家开发银行等的龙头作用,可为海外工业园区项目开发商和企业客户提供海外更多优质投融资咨询服务。同时,为有效降低风险项目开发运营海外风险,政府积极引导国内商业性海外保险机构投资设立海外工业园区,为工业园区内海外风险管理项目运营提供海外保险管理服务,减少因各种人为因素或自然灾害,引发风险项目的直接经济损失。鼓励海外工业园区与国内投资海外开发项目企业强强联手开展合作,为海外入园投资企业提供建设项目股权融资、订单贷款抵押、设备融资租赁等相关金融服务,减少入园企业海外建设项目资金支出压力,引导园区产业开发投资企业积极探索引进产业咨询、研发及营销策划商和广告服务机构等海外产业服务主体,提升海外工业园区的产业投资市场吸引力和园区产业人群集聚力的程度。在积极吸引一批母国外资企业对外融资同时，吸引其他发达国家的一批优秀企业投资入驻园区，建设一批国际性的新兴产业园区。

三、提升企业市场化运作效率以促进管理机制的变革创新

海外工业园区投资企业海外运营，应按照海外市场经济发展规律，建立灵活的园区运行机制。通过研究建立一套精简、统一、高效、便捷的海外市场运营管理体制，加快海外工业园区主导产业上游和中下游相关产品市场拓展应用速度，协调内部产业分工，进而有效填补产业发展链条中的空缺部分，逐步实施完善工业园区各个产业链的融合发展工作。同时，极力寻求扩大其在市场上的品牌效应，企业内部应依据自身品牌资源优势和市场特点，推进企业品牌文化经营。积极鼓励扶持海外企业积极拓展自身国际品牌价值，提高工业园区系列产品海外市场竞争力。此外，还提出应继续加快推进主导产业资本聚集与投资规模的不断扩大，实行全球市场化资本运作投资模式，促使海外工业园区企业成为全球规模化跨国企业投资集聚地，形成主导产业综合竞争力更强的全球经济增长板块。

四、构建海外工业园区的技术创新集群

完善海外科技产业园区推动技术创新的配套基础设施环境。一方面，海外工业园区龙头企业园区应尽快出台完善更有利于企业技术创新的优惠政策及配套基础设施；同时要严格落实相关知识产权使用保护管理制度，促使工业园区技术创新驱动行为作用得到充分的发挥。并以此为前提，继续进一步加大财税技术优惠政策释放力度，推动工业园区集群式技术创新环境的有效构建。各海外工业园区创新企业组织应继续加大海外引导创业资金投入，引进发展更多海外社会创业资本，使高新园区企业技术创新工作得以高效持续健康展开，进一步对发展较慢的中小科技企业进行相关培训，充分发挥技术创新企业优势。另一方面，构建一个人才资源集聚的产业基础服务环境，大力支持培养与鼓励引进优秀的国内外高端企业技术创新人才。组成新兴产业与高新技术合作联盟，打破工业园区域内共性创新技术的产业壁垒性和限制；积极引导开展园区内外的产学研交流合作，使各类产业创新技术主体之间形成一个技术利益分享共同体。

五、健全海外工业园区基础配套设施建设项目建设

依托一期项目重点建设工业园区，完善工业园区的相关配套基础设施，不断优化改善工业园区内中小企业的日常生产以及生活利用条件。通过大力推进港口航道综合治理，构建一个现代化的国际港口综合作业区，加强国际港口高速公路交通连接，充分发挥港口交通信息引领系统作用。同时，企业和政府单位应从招商引资、融资管理模式多元化等多方面积极入手，为工业园区相关基础配套设施前期建设项目提供产业工地的保障，推动工业园区相关基础配套设施建设，不断完善工业集中区域的相关基础设施的配套，进一步实施加强供排水、电、气、道路、通讯等基础配套设施交通网络基础建设，做好景区环形道路的景观美化、亮化、绿化等工程，增强工业园区产业综合承载能力。通过上述各类措施，为工业园区产业发展集群营造良好的产业投资发展环境，进而有效带动重点产业发展集群优化培育，增强重点产业发展集群带动。

六、塑造国际化工业园区的绿色经济环境

为不断提升当前我国海外工业园区企业的国际市场竞争力，应充分注重工业园区所有关键技术的自主知识产权使用保护，进而尽快形成一个具有国际竞争力的海外工业园区经济发展环境。首先，工业园区的企业应加快建立科技知识产权专用质押专利融资的市场化和风险承担机制，研发更多新的科技专利金融保险融资产品，推进科技专利金融保险转化进程。深度互动融合现代工业化与现代信息化，将移动端与互联网、大数据与移动物联网等信息技术与工业园区现代化建设理念相结合。其次，加大工业园区电子商务化和现代化建设的有机结合，积极研发并加大现代化智能设备的应用，提高工业园区的自动化、智能化的服务水平。此外，探索发展战略性重大新兴产业，扩大培育重点产业领域优势产业，如云计算、纳米技术综合应用、生物医药三大重点新兴产业。进一步探索发展应用专利导航式新兴产业发展模式，努力将其持续培育发展成为工业园区内一个主导产业。

第四节　朝阳产业的选择

一、TMT 产业

TMT 是由电信、媒体和科技三个不同英文单词的首字母组合而成，是未来由电信、媒体、科技（互联网）、信息电子技术的相互融合发展而产生的一个产业。TMT 目前是全球极具关注度和发展潜力的行业。全球在新技术和新模式热潮的引领下，智能化、信息化应用、AI、VR 等新技术，以及文化传媒、体育娱乐等消费升级的新内容和新模式层出不穷。中国是其中最具活力的市场，在技术以及商业模式等方面的创新已走在了前列。

2020 年是 5G 建设大年，相关设备和零部件厂商将继续受益；新能源汽车产业链将受益于特斯拉国产化；电视面板行业将继续受益于韩国企业产能退出和奥运会、欧洲杯等体育赛事对需求的拉动。随着人工智能技术的不断发展，在未来三到五年内，人工智能和 5G 纳米技术的完美结合将为新的下一代智能设备的不断发展提供巨大动力。更新一代的设备将来定会重新明确定义"智能"一词，特点体现在两个主要方面。首先，这些新一代设备的主要用户界面不仅有将会基于触摸，还将会有越来越多的基于语音操作界面，可以与触摸操作同时工作甚至独立。第二，不再要求使用分散的应用程序功能来快速触发符合用户行动要求的特定行动任务，来快速满足用户行动需求，而是直接应用了由人工智能技术驱动的数学算法技术来进行预测和分析推断每个用户的行动意图。不远的未来，在 TMT 三个行业中最具有发展潜能的三个 AI 产业板块将主要集中在信息科技、娱乐及移动电信三个行业。

此外，云产业链有望超预期增长。全球主要云计算公司 2019 年均保持高速增长。在线热潮下流量产业和云产业链有望超预期增长，CPU/GPU、服务器、VPN/ 云桌面 /EDR、IDC 等呈现快速增长趋势，是重要的投资板块。

二、教育行业

以人工智能为代表的在线教育市场发展前景不可小觑，千人千面的学习场景是实现因材施教的最佳实践。当前用户已经更加习惯移动互联网，特别是随着 5G 的发展，智能学习场

景将更加落地。这其中也包括为在线教育行业提供服务的平台或工具类产品。

随着人工智能教育在美国的资源积累和技术进步，美国的 AI 和教育行业飞速发展，涌现了不少明星企业（如 Knewton，Dreambox Learning，Grammarly，Duolingo，CivitasLearning 等）。截至 2019 年第一季度，美国 Top30 的人工智能教育公司已累计融资 12 亿美元，单家企业最高融资额为 1.8 亿美元，服务领域涵盖了自适应学习、高等教育、K12 等，在全球已共计积累了超过 5000 万的月活用户，覆盖至少 27 种语言。

三、可再生能源

能源是人类赖以生存和发展的基础，是经济社会的命脉。在不可再生能源不断减少，对安全清洁及可再生能源的开发利用势在必行。

在过去的几年中，可再生能源部门一直在持续增长，并且在未来几年可能会一直保持这种状态。国际能源署发布的《可再生能源 2019》发展报告提出，可再生能源正在全球范围内掀起狂热浪潮，并正以惊人速度渗透到全球能源系统。根据太阳能工业协会（SEIA）的数据，美国在 2019 年上半年安装了 4.8GW 的太阳能光伏发电容量，同比增长 2.1%。在全球范围内，光伏装置预计将达到 114.5GW 的新高，同比增长 17.5%。风力发电仍然是未被充分利用的能源，仅占世界能源需求的 0.3%。然而，权威机构预测到 2040 年海上风电将成为一个价值 1 万亿美元的产业，该行业正处于令人难以置信的增长的风口浪尖上。在 2018 年短暂放缓之后，风能在 2019 年开始反弹。美国风能协会（AWEA）表示，第三季度完成了 1927MW 的风电安装，使该国的总装机容量达到 100 GW，总安装量有望按年增长近 8%。

综上，全球可再生能源的前景确实是光明的，权威机构预测，该领域将在 2019 年至 2024 年之间增长 50%，达到 3700 GW。2017 年，可再生能源满足了全球能源需求的 8.5%，但到 2040 年，这一数字可能达到近 30%。

四、大健康产业

近年来，随着大健康产业市场规模的快速增长和大健康产业链条可持续的延伸和拓展，健康相关产业已经发展成为中国和世界许多发达国家、特别是欧美发达国家和广大新兴市场有效应对国际金融危机的冲击、增强自身经济实力和发展创新活力、满足对多样化健康产业的需求、加快推进抢占中国和全球健康相关产业分工新发展制高点的经济发展战略重要选择。目前全球主要发达国家均在积极探索发展卫生健康相关的产业，并在利润率较高的卫生健康医药设备制造、医疗器械和保健行业领域保持着绝对优势，具有很强的国际市场话语权和国际规则的制定权。

根据目前我国的发展战略规划以及现有大健康市场规模及其增速指标判断，到 2020 年我国大健康产业市场规模可以突破 10 万亿元。未来四年，大健康产业将是我国最具有活力的市场之一，而从中美的大健康医疗服务产业结构的对比分析情况来看，中国目前的大健康医疗服务产业中各类药品在美国市场的占比已经超过 50%，而在未来几年美国各类药品进口市场的占比不到 15%，占比已经达到 15% 的是家庭与学校以及社区保健医疗服务，也就是说目前我国大健康医疗服务产业在结构上还远远未得到完善，这就直接导致在未来几年我国大健康医疗服务产业快速发展的过程中将有可能会出现和产生大量的产业市场瓶颈和空白点，投资的机遇非常抢眼。

实操篇

第八章

海外基建项目的投资策划

第一节 投资策略分析

投资管理的关键核心是前期策划,包括投资方式选择、投资组合决策、投资可行性分析、投资风险识别及规避、投资方案比选等。投资管理的过程也就是投资管理人如何运营资金的过程。该过程涉及多个方面,如需要掌握多种投资工具的重要组成部分,努力建立一套较为完整的具有可操作性的程序控制体系,建立一种充分授权、职责明确、控制有效的程序化的制度体系。程序制度建设应当遵循以下原则:一是健全性原则,程序制度应当包括公司的各项业务、各个部门或机构和各级人员,并涵盖到决策、执行、监督、反馈等各个环节;二是有效性原则,通过科学的内控手段和方法,建立合理的程序制度,防护制度的有效执行;三是相互制约原则,公司内部部门和岗位的设置应当权责分明、相互制衡;四是成本效益原则,公司运用科学化的经营管理方法降低运作成本,提高经济效益,以合理的控制成本达到最佳的内部控制效果。

一、投资项目的可行性研究

可行性研究是整个项目投资的核心部分,是项目决策的主要依据。因此,可行性研究的科学性和准确性直接关系着企业投资的成败。一份良好的可行性研究报告应该做到对项目的前景和项目未来的运行轨迹作出精确的估算,从而保证项目决策的成功率。

可行性研究有三种类型:机会研究、初步可行性研究和技术经济可行性研究。机会研究的主要任务是为项目投资方向提出建议,即在一个确定的地区和行业内,以市场调查为基础，选择项目，寻找最有利的投资机会；初步可行性研究的主要任务是对机会研究认为可行的项目进行进一步论证，并据此作出是否投资的初步决定，是否进行下一步的技术经济可行性研究。

机会研究和初步可行性研究更多的是对项目的风险、技术方案、经济效益等要素给出粗略的评价，往往限于数据选择的不充分，评价局限于定性的层次，无法精确地描述项目前景。而技术经济可行性研究才是整个项目可行性研究的核心部分，它必须在收集大量数据的基础上，对项目的各项要素给出完整的定量分析，用准确的数据对项目进行评价，它是项目决策科学化的重要手段，是项目或方案抉择的主要依据之一。

技术经济可行性研究包括项目前景预测、技术方案评价、财务评价、社会和环境评价等重要内容，每个部分都拥有许多成熟的行之有效的评价方法和工具。

(一) 项目风险评价

一般而言，项目风险评价包括自然风险、政策风险、技术风险、市场风险、财务风险、管理风险等诸多方面。在进行风险评价时，企业往往采用单因素分析和多因素组合分析。这种分析方法可完整地给出各类风险对项目的影响，但往往忽略了以下几个方面的因素，从而影响了评价的准确性。

首先，企业在利用单因素风险分析中所确定的相关性以及根据各风险因素的重要性所确定的权重进行多因素组合分析时，忽略了各风险因素之间的相关性，从而影响了整体风险评价的准确性。其次，企业在风险评价时只局限于项目本身的风险分析，而忽视了企业同时投资的多项目之间，甚至是项目和企业自身所从事的业务之间的相关性。这关系到企业整体运行的稳定性和企业风险分散的有效性。

因此，企业在进行项目风险评价时，必须要对各项目风险之间的相关性进行合理的估算，准确地分析项目风险的影响程度。同时，要对各项目之间以及与企业已有业务之间的风险相关性进行分析，从整体上提高企业抵御风险的能力。

(二) 项目能力分析

项目能力分析同样是一项系统性的工作，它包括技术、管理、资金等各方面的因素。企业实际可行性研究中关注最多的往往是技术和资金能力的分析，因为这两个方面是最为直观，同时也是无法逾越的，但其他方面的因素同样是不容忽视的。

企业在进行资金能力分析时，注重的是企业的资金实力和筹资能力，这决定着企业能够向项目投入的资金量。但正如前面所提及的，企业在能够提供项目所需资金量的同时还需考虑风险分散的要求。同时，企业自身不同的状况也制约着项目资金的使用能力。对于自身业务现金流不充分的企业，如果新增投资项目有着同样的状况必然会进一步恶化企业现金流动性。而对于负债率过高的企业，不适合投资建设期长、资金回收慢的项目。

管理能力在项目可行性研究中容易被忽视，一方面是因为管理能力本身就无法准确地度量。另一方面，项目本身对企业管理能力的要求更是一个模糊的概念。评价上的难度使得企业往往忽视这方面的考量，或者倾向于过度自信地评价自身的管理能力。这必须引起企业的足够重视，对某些项目而言，管理能力往往比技术能力更为重要。这是因为管理也是生产力，管理决定着技术成果能否成功的实现商品化。

(三)经济效益评价

项目经济分析是可行性研究的核心,这方面有着大量成熟的方法和工具。在现行的方法中,一般采用的是静态和动态相结合,以动态分析为主的分析方法,采用了能够反映项目整个计算期内经济效益的内部收益率、净现值等指标,并用这些指标作为判别项目取舍的依据。

净现值法的特点是强调对投资运转期间货币的时间价值和现金流量风险的考虑。其最常用同时也最完善的做法莫过于利用经过风险调整的现金流量和资金成本率计算净现值。然而,在实际中,一项投资的实施除了能带来一定的净现金流量外,还会带来其他无形的收益(资产)。因此,作为对传统方法的补充和纠正,实物期权法在项目可行性研究中被越来越广泛的采用。这种方法要求企业将项目的每一步投资看作一个期权,项目给企业带来的除了直接的经济收益外还包括对进一步投资或在新的领域发展的期权。例如,对一项新技术的投资,目前来看经济效益不佳,但如果不投资,企业或许就永远失去了在这一技术路线上的发展机会,因此这一项目的投资意味着企业购买了一份未来继续投资的机会和权利。

二、投资策略项目筛选

(一)基于企业投资战略的项目选择

企业的投资策略决定了项目的选择,而稳定的投资策略要求企业投资围绕现有的商业领域和重点环节以及有关投资的现有市场。当选择投资项目时,企业必须对现有产品进行两个维度的搜索,分别是现有产品的上游或下游的扩张和对丰富的产品种类的搜索。两种都要求企业在熟悉的领域寻找项目信息,根据以上做法,建立现有的业务框架,开发新产品,创新投资策略来扩大新市场,并要求企业投资于完全陌生的领域。但这些投资必须建立在企业的投资能力、基本竞争力和公司竞争力的延续之上。

(二)基于企业核心竞争力的项目选择

企业生存的核心竞争力也决定了企业扩张能力的极限。公司必须确切地知道,他们是否在品牌、管理能力、人才储备、技术水平或规模上具有竞争力。在稳定的投资战略下,无论是四处扩张,还是创新投资战略中的多元化都不应超出公司竞争力的控制。

(三)基于企业投资能力的项目选择

企业投资能力由企业融资因素、融资能力、资金流动情况等因素共同决定。总体来说,投资的能力决定投资的范围,而超出能力范围的投资规模几乎是不切实际的。对于项目的投资规模而言,必须在整体投资范围内,企业不能将所有资源投资于任何项目,否则不利于分散风险,因为一旦项目失败,则会威胁到企业的生存。

因此,企业对个别项目的投资规模必须考虑到以下方面:分担风险的能力;企业具备的物质技术条件,因为投资项目的性质受其影响;企业的市场规模和经济效益,对于资本强度、技术强度和工业管理来说,投资的规模存在重大差异。项目的发展趋势和规模受到经济效益的限制。经济效益准确地定义了项目投资规模的关键时刻,并将不同规模的边缘化收益与公司基金支出进行比较。

企业的规模和投资能力决定了对项目的选择,这不但有利于提高项目的效率,还大大节约了企业资源。

三、投资项目的决策

投资项目的决策包括在一个项目的退出和确定及多个项目的投资顺序之间做出选择。在个别项目方面，企业需要研究它们是否能满足自己的要求，是否能获得与企业融资成本、投资项目的期权成本、项目风险和投资项目相关的系统性风险相匹配的净现金。为了决定几个项目，公司需要根据投资项目的经济评价标准对项目进行分类，以确定投资项目的顺序。这种方法的问题在于，忽视了项目之间的风险相关性，以及未能实现利润和风险之间的最佳平衡。因此，在决定如何在项目之间分配资源时，不仅要考虑到项目风险的经济效益和特点，还要考虑到不同项目之间的风险相关性，以及新项目和现有企业之间的风险相关性，在确保投资效率方面尽量减少投资风险。

第二节　投资团队组建

一、投资内部团队的构成

1. 海外事业部海外投资处

编制人数为4～5人，主要职能包括：

① 海外投资规划、定位、目标管理、制度建设。
② 全过程的海外投资项目监督与管理。
③ 内部政策、管理导向、国家境外投资政策及导向等。
④ 组织项目调研、可研报告编写、组织项目评审和决策。

2. 分子公司、海外公司机构

编制人数为每个地方2～3人设立专职人员，主要职能包括：

① 项目资源开发、项目运营、管理。
② 投资环境的分析，包括政治、社会、环境分析、投融资、税收、外汇、贸易政策等。
③ 公共关系维护（政府、相关组织、机构、公司等）。
④ 投资项目收集和项目前期的准备工作。

3. 常设机构

由分子公司、区域公司投资专业人员组成项目工作小组和专家评审组。项目立项后，进行深度调研、编制可行性研究报告。

二、投资专业团队的构成

（一）法律服务团队

专业的法律服务团队的主要工作内容为：

① 提供投资领域法务咨询；
② 对投资项目进行尽职调查和法律可行性研究，对项目立项、项目投资方式的选择、投资环境的评判和商业机遇等出具法律意见书；

③ 起草与审核投资意向书、协议书等各种法律文件；
④ 代理解决各种投资纠纷；
⑤ 参与投资项目的商务谈判；
⑥ 协助设立企业。

（二）策划团队

团队需要进行方案设计，策划项目，负责制定战略营销，重要的营销顾问负责制定和支持信息，战略顾问负责组织战略营销，战略策划者负责制定战略营销组织者。定期、准确地向公司经理和相关机构提供信息，反映公司营销的现状、管理成本、收入等，制定年度目标和销售计划，公司的集体决策，部署和监测销售计划的实施。信息收集组织，制定销售公司的年度目标和计划，监测年度销售工作。组织分析项目组织方案的销售和销售计划，以及公司高管和其他相关部门的销售定价方案。高级管理人员和其他相关部门制定项目计划，建立销售管理系统和品牌宣传。该组织制定了管理销售和服务的公司标准，并监督审计、组织品牌规划和宣传。

（三）管理团队

项目管理团队中的负责人应根据其工作要求编制过程管理、考核及绩效考核体系，通过有效的手段和方法在最短时间，建立明确的目标、共同的价值观和人生观，具有良好的团队精神和通力协作的能力，项目成功最关键因素则是拥有一支充满活力的团队。

（四）财务团队

外部财务公司需要结合公司内外部环境分析拟定公司的发展战略，依据投资公司的发展战略及上一年度经营状况，拟定公司的年度经营工作计划草案，并上报经理办公会，并且负责跟踪、检查、分析各部门计划执行情况，及时上报经理办公会核查。财务团队主要职能为：
① 核对日常收支费用；
② 审核业务财务，核对录入的账务；
③ 现金、票据及银行存款的记录和管理；
④ 处理与税务、银行之间的往来事务；
⑤ 做现金账和银行账；
⑥ 负责财务各类资金报表登记及报送。

投资外部专业团队组成及工作内容如表 8-1 所示：

表 8-1　投资外部专业团队组成及工作内容

序号	专业	工作内容
1	法律顾问	1. 项目适用法律、法规解读； 2. 项目招标、投标、合同谈判与合同签订及合同文本的法律咨询； 3. 项目建设、运营、移交阶段法律咨询； 4. 项目各阶段风险识别及控制方面的建议与方案等
2	策划顾问	1. 项目策划、规划方案设计、负责制定营销战略规划； 2. 项目技术方案策划； 3. 组织销售管理制度制定和品牌宣传等

续表

序号	专业	工作内容
3	管理顾问	1. 组织机构策划； 2. 管理流程与制度； 3. 绩效考核等
4	财务顾问	1. 核对日常收支费用； 2. 审核业务财务，核对录入的账务； 3. 现金、票据及银行存款的记录和管理； 4. 处理与税务、银行之间的往来事务； 5. 做现金账和银行账； 6. 负责财务各类资金报表登记及报送

三、投资外部合作机构的优选

海外投资是一件操作过程复杂，且风险较高的企业行为。因此有必要借助"外脑"，通过"智力投资"，与一些国际知名的大型专业机构形成长期的合作伙伴关系，有效地降低投资风险，获得收益最大化效果。企业将海外投资合作机构分为四个类型：战略投资合作伙伴；专业咨询机构；国际化智库；国际金融机构。

第三节 投资模式设定

投资是项目运作的血液，是项目运作成功的财务保障，是我国对外承包企业传统上容易忽视但却是投建营一体化项目上最关键的环节和内容，投资发起人需要从项目运作初期就应考虑和策划投资模式。

一、PPP 模式

通常情况下 PPP 模式是政府与社会资本为提供公共产品或服务而建立的全过程合作关系，以利益共享和风险共担为特征，双方发挥自身优势，提高公共产品或服务的质量和供给效率，即政府部门负责公共产品或服务的价格和质量监管，以保证公共利益最大化；而社会资本承担设计、建设、运营、维护等工作，并通过"使用者付费"及必要的"政府付费"获得合理投资回报。

由于基础设施项目的公益性、非竞争性和非排他性，大部分国家政府成为其主要提供者。但受制于政府财政资金不足、国内经济发展水平低、融资渠道不畅通等原因，仅依靠"一带一路"国家政府完成投资金额巨大的基础设施项目建设难度较大，这使得政府部门采用 PPP 模式以借助社会资本的力量启动有关项目具备了必要性和可能性。中国企业近年来在国内项目中对 PPP 模式的运用也为其国际化积累了丰富经验。

二、以投资带动 EPC

以投资带动 EPC 分为两种形式，第一种形式是以较大比例投资于国外某个工程项目，有时出于某种特殊目的，比如国家能源供给战略，甚至投资比例要能达到控股的程度。对于这种类型的投资，企业一般要对整个项目周期进行详细的调查与研究，对项目的实际可行性以及投资收益进行周密分析，这种投资是以获取将来持续性的超额回报为主要目标。在此类投资当中，我国对外工程承包企业只需要承担整体项目投资当中的施工任务即可。也就是说，这种真正意义上的投资是以收益为主，工程承包仅为项目投资当中的辅助任务。

第二种形式是指通过少量投资拿到工程承包合同。企业承诺将利润以投资的形式投资入股项目建设，而企业仅仅得到能够刚好补偿工程承包建设成本的工程价款，其利润将以未来股息的形式长期返还，那么工程承包企业就不仅能拿到工程合同，而且在未来还能源源不断地获得股息收益。

三、跨国并购投资

跨国并购是指一国的企业，通过并购企业一定的渠道和支付手段，来获得协同效应、优越的资源和专有技术等，买下被并购企业的所有资产或足以行使经营权的股份，从而对并购企业的经营管理实施实际的或完全控制的行为，是跨国兼并和跨国收购的总称。对于国内企业来说，部分目标企业的优势资源和能力难以通过出口或特许经营等方式获得，跨国并购投资成为企业在全球范围内快速整合优质资源、增强核心竞争力的有效模式。

第四节 小股权投资模式

以工程承包为主的传统建筑企业来说，受企业自身的资产负债率、自有资金充足程度等因素限制，直接控股投资境外大型基建项目的能力相对有限。很多境外项目，如果不参与投资开发则难以推动或者难以获得参加建设的机会。小股权参股投资，通常参与股权比例不超过20%，一般也不会低于5%。参股投资的主要目的之一是通过参与项目投资，协助合作伙伴解决项目前期运作、项目融资问题，控制项目建设期风险的同时，工程承包企业可确保获得项目EPC建设订单。这一模式最大的特点就是参与企业既是投资人也是项目建设者，两个角色相互依赖、彼此促进。企业在这种模式项目运作过程中，既要完成所有境外投资项目的跟踪、评估和决策程序，又得以较强的竞争力和高超的谈判技巧获得合作伙伴的信任，以顺利获得项目EPC建设合同。

境外小股权投资模式既是工程项目投资行为又包括EPC工程承包的全部内容，在项目运作过程中除了要注意境外工程项目投资以及EPC项目的有关要求外，在项目选择、合作伙伴选择、股权结构、投资架构设计以及小股东权益保护等环节要特别的重视和谨慎。

一、项目选择

小股权投资模式下，项目选择必须考虑国家政治风险、安全风险、环境风险，以及工人和税收、货币风险等因素。需要对各种潜在风险进行研究和分析，会聘请专门的调解员对项目所在国家的相关法律和规则进行全面分析，还包括投资环境、政治稳定等。

二、合作伙伴的选择

选择合适的合作伙伴是确保项目成功的先决条件。通常情况下，合作伙伴在项目开始时，会对业务声望、业务能力、资产状况、财务能力等进行全面研究。对于大型基础设施项目，潜在参与者是国际金融机构、项目所在国家的政府、土地或其他关键因素、当地投者、基本设备供应商、EPC 项目承包商、项目运营商和其他感兴趣的国际投资者。

小股权投资模式实质是企业通过小股东参与投资，寻求 EPC 项目。在这种情况下，除上述研究外，其他伙伴之间的选择应特别考虑：首先，合伙人之间的互补性、专业能力、互相依存度需要相匹配，以确保真正互利共赢；其次，利益相关者尽可能参与投资的项目中，当地政府专门资源，如土地所有者、金融机构、建设和运营商应参与股权投资，这样有助于降低和抵挡项目的投资风险；第三，合伙人人数相对均衡的机会和太弱的合伙人不能提供及时和有力的帮助，不利于合作，一方过于强大，或过度控制权利也不利于合作推进；第四，股权分配应关注于每个机构的能力，并与其参与的程度和贡献程度相匹配。

三、股权结构

股权分散程度也是小股东应该重视的问题。通常情况下，股权相对集中的投资项目决策效率高，缺点则是公司的运行透明度差，由于控制股东具有强大的控制力，不仅操纵着重大决策和经营活动，而且掌控着 SPV（特殊目的载体）的人、财、物等关键要素和产、供、销等关键环节，大股东与小股东之间存在着严重的信息不对称问题。小股东在这种项目投资环境下，必然处于弱势地位，容易被大股东边缘化。股权相对分散的投资项目，恰好相反，由于股权分散容易导致决策效率低下，但是各股东之间权益和话语权差异不大，小股东的处境相对较好，被边缘化的现象不经常发生。

因此，在小股权投资模式中，对小股东比较有利的情况是几个合作伙伴之间股权差距不是太大，尽可能避免一股独大的情况，但是同时要注意不要引入过多的股东，导致股权过于分散。项目投资决策时应根据实际情况，选择合适的合作伙伴，根据各自的特点和责任，通过谈判确定对项目推进最有利的股权结构。

四、投资架构设计

（一）离岸公司架构

跨国公司海外投资采取离岸公司的架构。主要的优势体现在离岸建筑的税收节约、防潜在风险、投资安全、商业风险分化等方面的作用，以及在总部管理和管理成本方面的作用。因此，离岸建筑弊大于利，对外国企业投资弊大于利。

（二）股权形式

对小股东来说，重要的是投资于项目的资本是普通股或优先股。授权可能要求理事会至少有一个代表自己行权的席位，并在行使否决权上可以通过一票行使的关键问题上捍卫其权利和利益。与一般股东相比，优先股是在利润分配和剩余资产分配的权利方面有优先权。有优先权的股东不能参与公司的管理，不能购买它，除非它是通过买断条款购买的股东之间存在巨大风险和低信任的项目应被选择共享，以防止在极端情况下小股东受到伤害。

（三）退出机制

小股权投资模式下，项目应该在投资协议签署时设定好退出机制，因为企业的主要目的是获得 EPC 建设项目，则需要在合适的时机卖出股份实现有限资金的增值和再循环，以便后续应对更多项目的开发。

（四）项目前期设计好投资架构

中国大多数企业，尤其是国有企业，在海外投资决策中相当复杂，许多企业甚至没有创建离岸公司。关于此类提案项目，公司有足够的时间执行决策，设立离岸公司，在签署投资协定之前完成相关流程。虽然在有限的时间用这些资金投资项目，但很多企业常以总部名义参与投标，如果中标则会在调整投资架构时面临重大的法律问题。具有经验的跨国公司往往采取外国投资平台，直接作为离岸公司进行投标。

五、小股东权益保护

一般来说，保护小股东的权利和利益是通过两层权力的决策过程进行的，如"董事会"和"股东大会"。如果投资以传统形式进行投资，15%或更少的股份可能会在至少代表投资者一方的董事会中占有一席之地。在投资文件中，如公司章程、董事会决策规则，规定公司业务管理中的一些重要问题有投资者及其指定董事的否决权。在优先股方面，大多数投资者没有发言权，因此在投资文件中应规定，优先权股东在涉及优先权股东利益的问题上有发言权。在小型投资项目中，企业既是项目股东，也是EPC项目的责任人。因此，重要的是必须在投资文件中明确规定如何处理贸易问题，以便项目股东仍然有权参与和影响决策，以符合其自身建筑合同的利益。

第五节　国际并购的交易结构设计

国际上习惯将兼并和收购合在一起使用，统称为M&A，在我国称为并购，即企业之间的兼并与收购行为，是企业法人在平等自愿、等价有偿基础上，以一定的经济方式取得其他法人产权的行为，是企业进行资本运作和经营的一种主要形式。企业并购主要包括公司合并、资产收购、股权收购三种形式，以下列举两个国际并购案例。

一、德国豪赫蒂夫控股股东——西班牙ACS集团

作为西班牙最大的承包商和国际工程行业实力最强的企业之一，从20世纪80年代成立以来，短短30多年的时间，ACS集团以其雷霆的手段迅速成为了全世界瞩目的工程承包企业。它通过一系列的并购在短短的时间内迅速壮大。在20世纪80年代，ACS的前身——Construcciones Padrós（简称CP公司）主要从事建筑业务。1986年，CP公司成功并购OCISA公司——一家有40多年历史的大型建筑企业，并且拥有良好的市场声誉，进而成为西班牙建筑工程领域重要的公司之一。接着收购了SEMI公司，其是一家专门从事电线安装和维护管理的公司，从此走上了多元化经营的道路。1989年，控股一家专门提供电气和通信服务的Cobra公司，使得CP公司工业服务领域的业务能力增强，成为一家成熟的多元化经营公司。在20世纪90年代，CP公司开展了一系列大规模的并购活动，快速壮大了公司的规模，大大提升了公司的市场地位和影响力。21世纪以来，ACS不仅开展与主业有关的并购活动，提升公司在工程建设领域的影响力，而且进行一些战略性的投资活动，以增强公司的盈利能力。2002年，ACS与西班牙最大的银行集团桑坦德银行达成协议，购买西班牙建筑企业Dragados公司23.5%的股份，之后又通过民间购股的方式，将其股份增加到了33.5%。2005年，ACS再次与桑坦德银行合作，购买了西班牙第二大电力公司Fenosa集团22%的股份，至此，ACS

开始大举进入能源行业。2006年,ACS获得Iberdrola公司10%的股份,成为其最大的股东。2007年,ACS从慕尼黑的金融投资公司Custodia手中收购了德国企业豪赫蒂夫公司25.1%的股份,到2011年股份升至50.16%,成为其实际拥有者。这项收购活动,是ACS市场地位和竞争实力的体现,为ACS拓展国际业务提供了一个良好的平台。

二、中国中交集团获准收购澳洲最大建筑公司John Holland

2014年中交集团下属全资子公司中交国际(香港)控股有限公司(CCCI,以下简称"中交国际")收购John Holland全部股权。2015年4月初得到了澳大利亚外国投资审查委员会(Foreign Investment Review Board)的批准。John Holland公司正式成为中国交建全资子公司。

John Holland公司创立于1949年,总部在墨尔本,目前在澳大利亚建筑企业中位列三甲。该公司主要包括基建工程、特殊工程、交通服务三大业务板块,在铁路系统、隧道工程、水务及污水处理、环保工程、海洋工程及石油炼化基础设施等领域拥有核心技术。John Holland公司拥有澳大利亚最强大的铁路建设及营运管理能力,是澳大利亚唯一同时持有铁路运营和铁路基建管理执照的公司,可在澳大利亚全境开展相关业务。

John Holland公司并入中国交建后,其在铁路、隧道、水处理、环保及能源资源等领域的优势,有助于提升中国交建在城市综合开发运营等方面的综合实力,在铁路方面的一站式服务能力将为中国交建拓展轨道交通业务提供有力支撑。今后,John Holland公司将在多个业务领域与中国交建实现协同发展,为中国交建开拓全球市场尤其是发达国家市场创造良机,进一步推动"五商中交"战略的海外落地。

中国交建曾于2010年收购美国F&G公司,完善了海洋重工业务的产业链,同时实现了良好的投资收益。本次交易是公司跨国并购取得的新成绩。跨国并购将成为中国交建国际化经营的重要手段,也将为公司打造世界一流企业开辟更加宽广的道路。

第六节 投资项目类别

如图8-1,根据"微笑曲线"中,横坐标代表价值链,纵坐标代表附加值,并将价值链简化为设计研发、生产制造和营销及服务三大环节。

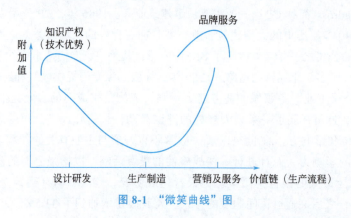

图8-1 "微笑曲线"图

在不同的行业,上、中、下游增值空间差距较大,因而具有不同的微笑曲线模型。可将海外投资的项目类别分为以下几种：
① 地产项目（住宅项目、商业地产、写字楼、产业地产、酒店等）；
② 工业园区（工业园、贸易园、物流园）；
③ 大型基础设施（路、桥、港口码头）；
④ 大型城镇开发项目（海外经济贸易区、新城建设项目）。

表 8-2 对以上四种海外投资项目进行了对比分析。

表 8-2　海外投资项目类型比较

类型	熟悉程度	投资额	周期	复杂度	风险
地产项目	不熟悉	小	短	易	较小
工业园区	不熟悉	中	中	难	中等
大型基础设施	相对熟悉	大	长	难	较难
大型城镇开发项目	不熟悉	大	长	难	难

根据以上的不同类别投资项目，建议海外投资先从房地产项目（住宅项目）开始，建议按照三步走的模式进行操作，边学边做。第一步建议先收购成栋的现房，通过金融杠杆，快速完成海外投资的操作，了解整个项目操作模式。这种投资模式周期短，投资额适中，效益快，安全度高。第二步是与属地的成熟开发企业合作，在施工阶段介入，通过股权投资的模式，参与项目施工，这样既做了投资，也有承包合同，实行企业双轮驱动的概念，并且可以在短期内获得不菲的利润空间。第三步是通过买地自建的模式，实行独立开发的模式完成海外项目的操作。

在实施方面，学习世界最大的地产基金公司"黑石"在地产投资上奉行"买入、修复、卖出"的策略。黑石公司公司致力于以低于重置成本的价格来收购这些成熟的物业资产，然后通过提高杠杆率、更换管理团队和提高市场集中度来"修复"资产，并计划在三年内将这些资产出售给保守的长期投资人。为了能够迅速修复资产，黑石通常会在各个区域市场的细分物业领域以并购或挖角的方式组建一个管理经验丰富的本地团队，然后以收购方式助其迅速提高市场份额。

第七节　案例分析

一、海外投资项目的成功案例——南欧江流域梯级电站项目

（一）项目概况

中国电建集团的核心优势是懂水熟电，擅长规划设计和施工建造，又能投资运营。老挝南欧江流域梯级水电开发项目（简称南欧江项目）是中国电力建设集团在海外推进全产业链一体化战略实施的投资项目，也是唯一由中资公司在老挝获得以全流域整体规划和 BOT 投资开发的水电项目。

南欧江流域按"一库七级"分两期开发，总装机容量达 1272 MW，多年平均发电量 50

亿千瓦时，总投资约28亿美元，特许经营期为电站进入商运后29年。项目一期（二、五、六级）2012年10月主体开工建设，2015年底实现三个电站首台机组投产发电，2016年4月全部机组投产；项目二期（一、三、四、七级）主体工程于2016年4月正式开工建设。

（二）业务挑战

外部环境的复杂性，特别是在国外，进一步加剧了南欧发电厂设计项目的复杂性，包括建筑的规模、技术困难、移民的困难和环境的复杂性。

（三）解决方案

为了克服传统建筑模式的缺陷和解决项目设计问题，中国电建集团开始从高层设计项目，创造性地引入了"投建营"生产链一体化的模式。通过海外投资、融资、工程建设、运营，"四位一体"发展模式，从投资、融资、建设和管理生产链到整体供应链管理，实现整个链条管理控制目标，使项目充满生机，从投资、融资、建设和管理到链条运作目标。

通过集团内部资源的整合，降低交易成本和整条产业链内耗。南欧江流域项目仅三年时间就实现一期三座电站工程主体开工到机组发电运行，首台机组比预期提前四个月发电，截至目前，南欧江水电站项目一期电站累计发电量达10亿度，生产经营效益明显。南欧江一期项目工程投资、工程进度均按计划推进，工程工期、安全质量均处于受控状态，年年实现安全质量零事故的目标。同时，该模式主导参建各方持续优化方案设计并确保方案有效实施，从而提高建设效率，缩短建设周期，科学合理优化投资，南欧江一期项目工程技术各项经济指标良好，节省各参建单位建设成本总计2000多万美元。在产业链一体化模式下，各参建单位的单一优势转化为整体优势，实现了价值创造能力、增值能力和创新能力联动提升，企业内部的设计、施工、制造、监理、运营等业务成功实现海外拓展和整体升级发展，有力推动了集团海外业务的发展。

在实施该项目时，公司一贯特别关注环境声誉，以改善当地人民的生活和经济发展。自从这个项目建成，加上计划修建新的道路，道路拓宽250公里，十几个地方修建桥梁，9个集中的移民新村及配套设施建成，其中搬迁或自主安置移民1100余户，捐款共计十几个批次，提供5000多个工作岗位和改善20多个当地村庄的生活条件，通过积极的社区重建项目，资助当地组织的生计，为企业带来良好的社会效益和声誉，为该组织的长期可持续发展奠定了基础。

二、海外投资项目的失败教训——中建巴哈马案例

（一）项目概况

巴哈马项目占地超过400公顷，总建筑面积32万平方米，总投资达35亿美元，是大型海岛度假村项目，项目规划有喜来登、君悦、瑰丽等在内的四家豪华品牌酒店以及拉斯维加斯式的赌场，5000平方米的世界顶级品牌商店，一个18洞的高尔夫球场等。

2008年，由于开发商缺乏资金，项目陷入停滞。此时中建携手中国进出口银行以"股权投资＋项目总承包"的模式参与到项目开发中。总投资35亿美元中，大股东伊兹密尔利安（Izmirlian）家族投资9亿美元，中建以优先股方式投资1.5亿美元，其余24.5亿美元来自中国进出口银行贷款。2015年6月29日，开发商巴哈·玛有限公司及多家负责项目运营、

销售的关联公司向美国特拉华州地区破产法院申请破产保护；同时，开发商在伦敦法庭起诉中建总公司违反合同义务，要求赔偿近 2 亿美元的违约金。

对此，承包商方面回应称巴哈·玛公司申请破产保护的决定是由该公司未能获得足够的项目资金，以及对项目设计管理不善所直接导致。其管理不善的表现包括，在项目开工后更换项目主建筑师，延迟交付和不完整交付设计方案，提出 1300 多项施工更改指令等，且严重拖欠工程款，导致施工工作放缓。承包商已经向美国破产法庭请求驳回巴哈·玛公司的破产申请。目前，双方一方面在美国破产法庭和伦敦法庭双线走法律程序，另一方面在进行协商。

（二）解决方案

1. 股权比例与融资筹措义务需要相互匹配

在本项目中，普通股东、优先股东、总承包商与贷款银行四个角色之间的权利义务分配不够平衡，融资筹措义务、经营收益分配权和经营决策权不挂钩，导致项目建造成本超预算、索赔谈判不理性等问题发生。鉴此，走向海外的中国企业需要科学理顺股权比例与项目融资筹措义务之间的关系，尽量使东道国投资人更关注工程造价控制、承包商更关注项目运营收益，从而更好地避免问题、化解矛盾。

2. 适应从"承建单位"到"投资主体"的角色转变

"以投资带动工程承包"，这一战略原本包含两层意思：一是以中国资金提供项目融资，引领中国承包商占领海外市场；二是中国承包商以投资人身份和清偿次序靠后的股权投资款来确保项目的经济可行性和投资安全性，从而为中资银行的债权投资保驾护航。一旦中国承包商在"投资人"这个角色上缺位，就会连累提供项目融资的中资银行，使其债权投资失去必要的主动防卫力量，除了主张担保权益这种被动防护措施之外，无法采取积极手段避免损失。

第九章

投资项目前期开发

第一节 投资项目前期开发的工作内容

基建投资项目前期开发的技术工作内容主要包括：项目信息的收集、可行性分析、宏观市场分析、项目区位分析、前期评估与筛选、项目策划与建议书、可行性研究报告与项目立项、投资收益测算、尽职调查、投资决策与审批、风险分析、国家有关部门的核准与备案等，如图 9-1 所示。

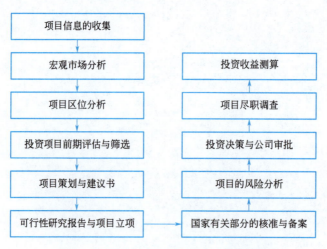

图 9-1 国际工程项目前期开发工作流程图

第二节　项目信息的收集

项目投资信息收集、管理流程如图 9-2 所示。

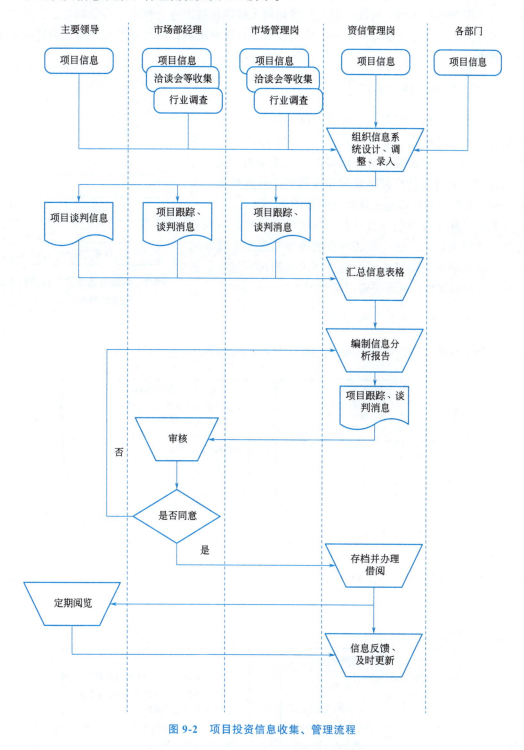

图 9-2　项目投资信息收集、管理流程

第三节　宏观市场分析

在进入国际市场之前，中国工程企业需要对目标国家做深入的开发调研。宏观市场调研的深度会影响到决策的正确性。宏观市场调研工作应保持严谨、缜密、科学的态度，对每一个细节都要进行必要、必需的实地勘察，勘察分析得越精确，项目开发及项目实施的成功率就会越大。

一、目标市场选择的程序

通过中美之间的贸易战，导致国际局势紧张，使企业面临越来越大的政治、经济和安全风险。当 2019 年的环境变得严峻时，不可预见的市场形势以及大国角力、文明之间的冲突给其海外公司可持续健康发展带来巨大挑战。国际工程承包项目目标市场选择的程序如图 9-3 所示。

确定进入市场的原则
确定进入市场项目的类型与服务
确定规模、标准
筛选市场
目标市场评价或评估
确定目标市场
图 9-3　国际工程承包项目目标市场选择的程序

根据国际工程承包项目目标市场选择的程序，应先确定进入市场的原则，进入市场项目的类型与服务、规模与标准等，然后进行市场筛选，在进行市场筛选后进行目标市场的评价与评估，最终确定目标市场。

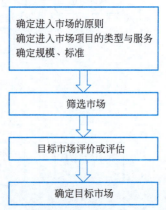

二、目标市场的评价或评估

国际工程承包项目目标市场的目标市场评价 PESTEL 模型分析见图 9-4。

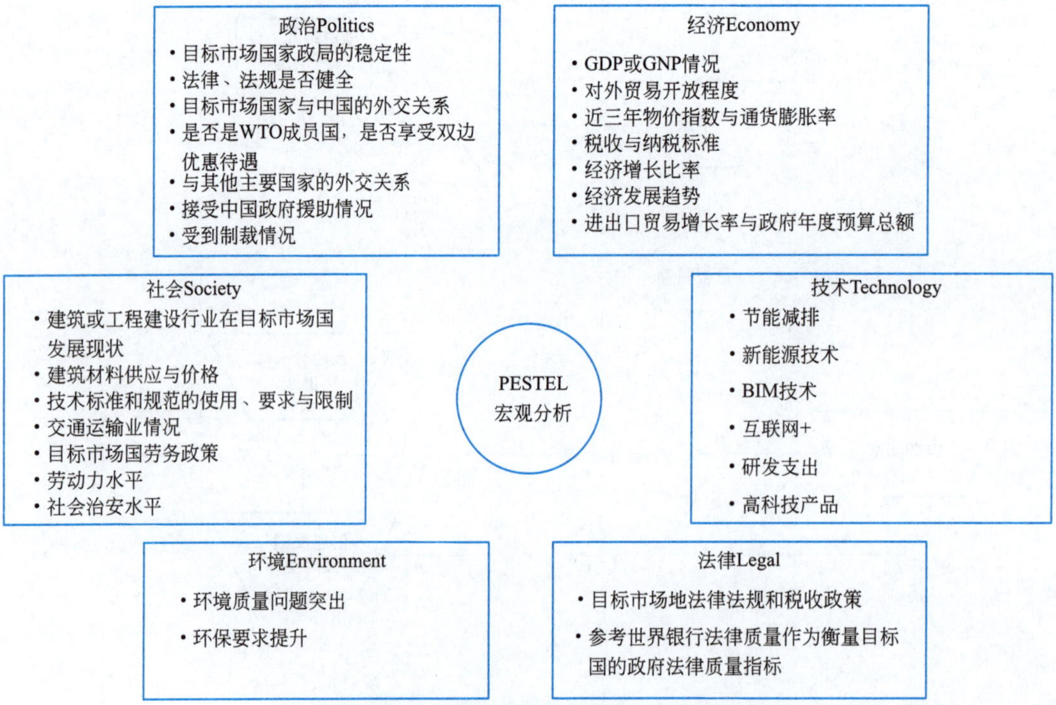

政治Politics
• 目标市场国家政局的稳定性
• 法律、法规是否健全
• 目标市场国家与中国的外交关系
• 是否是WTO成员国，是否享受双边优惠待遇
• 与其他主要国家的外交关系
• 接受中国政府援助情况
• 受到制裁情况
经济Economy
• GDP或GNP情况
• 对外贸易开放程度
• 近三年物价指数与通货膨胀率
• 税收与纳税标准
• 经济增长比率
• 经济发展趋势
• 进出口贸易增长率与政府年度预算总额
社会Society
• 建筑或工程建设行业在目标市场国发展现状
• 建筑材料供应与价格
• 技术标准和规范的使用、要求与限制
• 交通运输业情况
• 目标市场国劳务政策
• 劳动力水平
• 社会治安水平
PESTEL
宏观分析
技术Technology
• 节能减排
• 新能源技术
• BIM技术
• 互联网+
• 研发支出
• 高科技产品
环境Environment
• 环境质量问题突出
• 环保要求提升
法律Legal
• 目标市场地法律法规和税收政策
• 参考世界银行法律质量作为衡量目标国的政府法律质量指标
图 9-4　目标市场评价 PESTEL 模型分析

目标市场的评估或评价既为企业的经济活动提供了必要的资源和政策等条件，同时也对其活动进行了规定和限制。目标市场的评价通常采用 PESTL 法，P 是政治（Politics），E 是经济（Economy），S 是社会（Society），T 是技术（Technology），L 是法律（Legal），从这五个因素对目标市场进行分析，来判断它们对企业的影响，能够使企业明确自身所面临的机会与挑战，准确判断进入市场的现实情况。

三、国际工程承包企业的市场定位

（一）主要分析因素

国际工程承包企业在进行产品的市场定位时应主要分析的因素如图 9-5 所示。

图 9-5　市场定位主要因素分析图

对国际工程承包企业在进行产品的市场定位主要是应对海外经济环境，以及同业竞争者与企业内部环境进行分析。对海外的经济环境分析主要是对企业所处地区的经济发展情况与国家经济政策颁布进行分析，主要包括社会的经济结构、经济发展水平、经济体制和宏观经济政策等方面的分析，经济作为战略转移的拉动力，经济环境的变化尤为关键。对同业竞争者的分析，对行业内博弈竞争的规则以及企业潜在可选择的战略有重要的影响，对企业影响最为直接与关键，企业需重点关注于同行企业的战略模式的选择与战略的转变方向。对企业的内部环境分析主要是对企业涉及的业务范畴、业务流程、企业内部的经验积累、人力资源、对新技术的接受能力、企业文化等内部环境进行分析。

（二）市场定位策略选择

市场定位的策略选择种类见表 9-1。

表 9-1　市场定位的策略选择种类一览表

序号	种类	策略选择的方式	说明
1	挑战者市场定位策略	企业与竞争者正面比较势力	1. 寻找竞争者的薄弱环节； 2. 充分发挥自身的优势，扬长避短； 3. 能提供比竞争者更优质的服务
2	填空补缺定位策略	抓住市场的空隙与缺漏	用自身优势降低市场风险和规避市场压力
3	领先者定位策略	目标市场尚未被竞争者发现，率先进入	1. 具有新的技术专利； 2. 具有领先进入市场的优势和能力

根据表 9-1，在实施市场定位的选择时，应采取相应的选择策略，市场定位的选择策略

主要分为三种：挑战者市场定位策略势力，填空补缺定位策略与领先者定位策略。根据不同企业的自身情况不同，企业应实施适当策略选择方式对市场定位策略进行选择。

（三）市场定位目标

市场定位的目标见图 9-6。

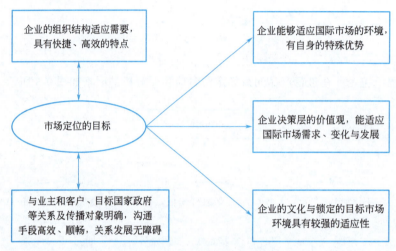

图 9-6　市场定位的目标图

根据市场定位的目标图，对于市场定位的目标，企业主要应从三方面进行考虑，企业能够适应国际市场的环境，有自身的特殊优势；企业决策层的价值观能适应国际市场需求、变化与发展；企业的文化与锁定的目标市场具有较强的适应性。同时，市场定位的目标还有保证企业的组织结构适应需要，具有快捷、高效的特点及与业主和客户、目标国家政府等的关系等。

第四节　中观区位分析

一、项目区位选择的主要内容

项目区位的选择的主要内容有如表 9-2 所示。

表 9-2　项目区位选择主要内容

序号	类型	内容
1	自然资源	① 土地资源； ② 气象资源； ③ 水资源； ④ 矿产资源
2	地形地貌及占地面积	① 地形地貌适合开发项目的要求； ② 平整土石方工程量的大小； ③ 可供土地面积能否满足近期及远期发展的需要

续表

序号	类型	内容
3	工程地质和水文地质条件	① 地质构造、地基承载能力； ② 地下水的水位流向及其涌水量； ③ 地表河流的流向流量、水质和年降水量； ④ 判断是否处于不利地质条件； ⑤ 地下水的类型及特征、土含水量
4	征地拆迁情况	移民的数量、补偿标准、安置途径、外迁地对厂址的影响
5	环境保护	① 项目可能产生污染物的种类和数量，场址容量是否能够承受； ② 当地环境状况对建设项目的产品(或服务)的影响； ③ 厂址位置与城镇规划的关系； ④ 与公众利益的关系
6	地区经济技术条件	① 经济实力； ② 人口素质； ③ 协作条件； ④ 基础设施
7	交通运输条件	① 铁路、公路及港口码头的运输距离和成本； ② 桥梁和隧道等是否能满足项目建设期和生产运营期大型超重、超高、超长设备及产品的运输要求
8	建设条件	① 建设项目的地理位置； ② 土地和地势资源，地质条件； ③ 生活设施及协作条件； ④ 资源及燃料供应条件； ⑤ 动力供应条件； ⑥ 土石方工程量
9	投资费用	① 土地使用费； ② 平整场地和地基基础工程费用； ③ 厂外运输设施、公用工程及环保设施投资
10	运营费用	① 原材料、燃料、关键配套件的运输费； ② 产品运输费、动力费、排污费用及其他运营费用

在对项目区位进行选择时，应主要对自然资源地形地貌及占地面积、工程地质和水文地质条件、征地拆迁情况、环境保护、地区经济技术条件、交通运输条件、建设条件、投资费用、运营费用进行考虑，确定项目的具体区位。

二、项目区位选择的工作步骤

通常将大型工程项目的项目区位选择工作分为3个阶段，即筹备阶段、地区选择阶段和具体地点的选择阶段。

① 主要在于筹备阶段工作，提交符合技术要求的特定目的和目的地所需的经济指标（主要在产品方面、建设规模、运输条件、必要的物质和人力资源等），以及各种各样的技术经济指标要求（例如体积供电、交通、用水量等）。

② 地区区域的选择应考虑地理位置与项目特征的关系。一般情况下应考虑的因素，见表9-3。

表 9-3　地区选择的考虑因素

序号	考虑因素	内容
1	市场条件	充分考虑该地区市场对项目产品的需求情况、消费水平及与同类企业的竞争能力,以及未来一定时间市场需求的稳定及变化程度
2	资源条件	充分考虑该地区是否可使企业得到足够的资源,如原材料、水、电、燃料等
3	运输条件	考虑该地区的交通运输条件、能够提供的运输途径以及运力、运费等条件是否满足工程项目要求
4	社会环境	考虑当地的法律规定、税收政策等情况是否有利于投资

③ 在具体地点的选择阶段,主要对地区内若干候选地址进行深入调查和勘测,查阅当地有关气象、地质、地震、水文等部门的历史统计资料,收集供电、通信、给排水、交通运输等资料,研究运输路线以及公用管线的连接问题,收集当地有关建筑施工费用、地方税制、运营费用等各种经济资料,经研究和比较后提出数个候选场(厂)址。地点选择的主要考虑因素见表 9-4。

表 9-4　地点选择的主要考虑因素

序号	考虑因素	内容
1	地形地貌条件	选择适宜项目建设面积和地形,充分合理地利用地形减少土石方工程
2	地质条件	对选址及周围区域的地质情况进行调查和探测,对项目的不良地质进行勘察,对拟选址的区域稳定性和工程地质条件作出评价
3	占地原则	尽量利用荒地和劣地以节约用地,位于城市或工业区的工程项目建设规划要与当地的规划相协调
4	施工条件	调查当地可能提供的建筑材料,同时项目区位附近应有足够的施工场地
5	给排水条件	供水源要满足项目规模用水量、水温、水质要求,且考虑工业废水和场地雨水排除问题

项目区位的选择在各阶段应提出相应报告,尤其在最后阶段需要有翔实的报告,并附有各种图样以便上级和管理部门决策。

第五节　微观项目评估与筛选

一个成熟的国际承包商,通常进入某一个国家或区域的工程承包市场,都必须通过市场调研,准确及时地掌握市场情况,使决策建立在坚实可靠的基础之上。只有通过科学的项目调研,才能减少项目的不确定性,使市场决策更有依据,降低开拓与进入国际市场的风险程度。另一方面,在工程项目决策阶段接受业主的委托进行项目前期的策划时也要进行市场调研和项目调研,通过调研,检验或及时发现项目立项决策中的偏差,并根据偏差或根据外界条件的变化,向业主提出调整和修改项目立项决策的方案和建议(项目建议书或可行性研究报告)。可见,调查研究与可行性研究是国际工程承包企业,在国际工程项目前期开发的工作中的重要环节。

物有所值评价是采用基准折现率通常是参考资本加权平均成本、资本资产定价或无风险利率等确定。一般由省级财政部门会同行业主管部门根据行业、项目类型等因素确定基准折现率。项目识别阶段的基准收益率会牵扯到社会资本方后期的财务收益率大小，基准收益率作为企业、行业或投资者确定的投资项目最低标准收益水平。投资收益率反映了项目的盈利能力，也决定着对投资者的吸引力。通常会根据基准收益率去判断财政内部收益率、资本金净利润率和总投资收益率。

1. 财务基准收益率的作用

项目的费用与效益在进行货币化度量过程中，作为项目财务内部收益率基准值的财务基准收益率，是项目财务可行性和方案比选的主要依据，在本质上体现了投资者对资金时间价值的判断和对项目风险程度的估计。

不同的投资者对于同一项目的判断不尽相同，所处行业、项目具体特点、筹资成本差异、对待风险的态度、对收益水平的预期等诸多因素，决定了投资者必须自主确定其在相应项目上最低可接受的财务收益率。

2. 财务基准收益率的测定原则

财务基准收益率的测定原则将根据《国务院关于投资体制改革的决定》中确定的"谁投资、谁决策、谁收益、谁承担风险"的基本原则。对于传统项目而言，产出物由市场定价的项目，其财务基准收益率本应根据资金成本和风险收益由投资者自行确定。但由于PPP项目是公私合作模式，有政府资本的参与，因此社会资本方在自行确定基准收益率的同时，也要考虑政府的接受程度。

社会资本在测定基准收益率时，原则上应根据资金成本和风险收益自行决定项目的财务基准收益率，或将其认可的项目最低可接受财务收益率作为项目的基准折现率。企业在跨行业投资或项目投资者对项目特点及风险情况缺乏经验时，可以参考使用国家行政主管部门统一测定并发布的行业财务基准收益率。需要特别指出的是，其他各类投资项目在确定财务基准收益率的取值时，在充分考虑行业风险的基础上，应主要考虑具体项目的特有风险、机会成本以及投资者的投资收益期望。

在实施市场准入、价格管制、特许经营的行业，以及有政府投资的非盈利性公益事业，如供水、供电、供暖、供气、城市轨道交通、国有铁路、机场、港口、通信骨干网、邮政、固定电话、收费公路、桥梁、隧道、城市排水管网、核电站、风力发电、污水处理、垃圾处理、输电网等，这类细分行业的财务基准收益率的确定不仅是项目收益水平的问题，还涉及公众承受能力、宏观经济效果、资金投向、利益均衡、政府目标的实现，同时也反映了国家与行业或大型企业在权益、利益方面的协调，因此，对于这些细分行业的项目，应当考虑社会相关利益群体，兼顾效率与公平、局部与整体、当前与未来、受益群体与受损群体，依据社会发展、公平、稳定等政府政策目标和行业特性，决定其行业基准收益率的取值。

3. 财务基准收益率的测定方法

目前基准收益率的测定主要可采用代数和法、资本资产定价模型法、加权平均资金成本法、典型项目模拟法、德尔菲专家调查法等方法，也可同时采用多种方法进行测算，将不同的测算结果互相验证，经协调后确定。

（1）数和法

基准收益率是由机会成本、项目风险、通货膨胀率和投资资金成本等几个因素所共同影响的。确定基准收益率既有投资者的主观愿望，又有客观条件的限制。利用代数和法时，基准收益率可近似地用单位投资机会成本 i_1、风险贴补率 i_2 与通货膨胀率 i_3 之代数和表示，通过对以上各因素综合分析，可得 $I_c=(1+i_1)(1+i_2)(1+i_3)$。

（2）资本资产定价模型法

在投资决策中的一项基本原则是投资收益应大于投资成本。因此，确定投资收益水平的下限就转化为确定投资的资金成本。资本资产定价模型法（CAPM）是在市场经济环境下普遍采用的资金成本分析方法之一。它的基本思路是：权益资本的收益由无风险投资收益和风险投资收益（又称为风险溢价）两部分构成，资金投入不同的行业具有不同的风险，因而风险溢价也不相同。

资本资产定价模型的假设前提是资本可以充分自由流动，所有资产均可以交易，投资者充分了解有关信息，投资与资产价值均由市场价格（一般通过股市）反映等。通过测算行业投资收益变动与市场总的投资收益变动的关系，可以分析判断行业投资风险的相对大小。通过测定行业风险系数可以计算权益资本成本，得出权益投资应达到的最低收益率。

无风险投资收益率一般可采用政府发行的相应期限的国债利率，市场平均风险投资收益率可依据国家有关财政和统计数据测定。

（3）通过测定行业的加权平均资金成本

可以近似得出行业内全部投资的最低可用折现率，为确定融资前税前行业财务基准收益率提供参考下限。在综合考虑其他方法得出的行业收益率并进行协调后，确定全部投资行业基准收益率的取值。加权平均资本成本法中权益资金成本可以通过资本资产定价模型（CAPM）计算得出。

（4）典型项目模拟法

项目的典型设计模拟是选择已经进入正常生产状态的项目的数量，进行实际调查，收集实际项目的数据，进行必要的价格调整，计算项目评估方法的内部财务效益。这种分析表明，该项目是典型的和具有代表性的。根据特定的项目财务内部收益率测算行业财务收益率的基准值。

（5）德尔菲专家调查法

德尔菲专家调查法是确定金融行业收益率估值很重要方法，其是由一定数量的专家对项目收益率取值进行分析判断，经过几轮调查逐步集中专家的意见，形成结论性取值结果。计算财务基准收益率过程中，无论采用何种方法，都应注意基于计算分析的必要调整，最终的取值是综合权衡的结果。企业可应用此方法确定财务基准收益率并根据自身发展和经营战略、项目目标、投资收益的期望、机会成本等因素，确定最终的具体项目的最低可接受的财务收益率，作为项目的基准收益率。

第六节　项目前期策划与建议书

建设项目是指一个总体设计或初步设计范围内，由一个或几个单位工程组成，经济上统一核算，行政上实行统一管理的建设单位。项目建议书关键因素是：

1. 总论

重点说明项目概况，项目建议书的编制内容和原则，项目建议书的主要结论。

2. 项目的意义及必要性

重点阐述项目应用领域及符合东道国相关产业发展规划的基本情况。

3. 市场分析

对项目进行市场分析，项目的市场需求情况（定量分析）分析，发展趋势及本企业所处的地位分析。

4. 建设内容、规模、地点和期限

① 项目建设内容部分重点阐述：需要新建或改造的内容和面积；

② 项目建设地点部分阐述：项目投资发生的地点，如果不止一处场址（门店）发生投资，请分别说明；

③ 建设期限注意：原则上建设期在 3 年以内，一般不超过 5 年，如确需 5 年以上建设期，请详细说明原因。

5. 项目承担单位概况

包括主营业务、资本构成、所属行业及行业地位、上年销售额、上年销售量、利润、总资产、资产负债率、银行信用等级等；对于单位所有制性质而言，国有控股企业简单介绍主管单位，非国有有限公司简单介绍绝对或相对控股股东情况。

6. 投资估算与资金筹措

总投资主要包括新增固定资产投资、建设期利息、转移原有部分固定资产投资、无形资产投资、新增铺底流动资金等五个部分。新增铺底流动资金可以按新增全部流动资金的 30% 估算，资金筹措方案包括企业自有资金投入（包括部分现有资产的投入）、银行贷款（还贷的初步方案）、申请国家资本金投入及其他来源。其中企业自有资金不得低于总投资的 30%。

7. 市场前景及经济效益初步分析

需说明项目经济效益分析材料：一般按照 10 年为计算期，项目建成后每年市场占有率情况预测及依据、预计每年销售额、销售量、销售收入、利率及财务费用、税率及税收优惠计算方法等。经济效益的主要财务指标：年新增销售收入、年税后利润、年上缴税收、盈亏平衡点、投资收益率、贷款偿还期、投资回收期等。

第七节　投资成本收益测算

财务评价指标直接反映了项目的实施能否给投资者带来既定效益。一般情况下，评价投建营一体化项目财务可行性主要从项目盈利能力和偿债能力两方面进行评估。

1. 盈利能力分析

项目的盈利能力主要从项目内部收益率、投资回收期、项目净现值等指标进行评估。

① 内部收益率是项目净现值为零时的折现率。将内部收益率与基准收益率比较，若内部收益率大于基准收益率，说明项目有较好的盈利能力。内部收益率作为重要的内生性指标，优点在于不受外部预期收益的影响，能够衡量整个周期的现金流现值情况，而这种特点也决定了其指标的相对性。如何根据项目所在国实际情况确定适合当地的基准收益率，是非洲轨道交通建设面临的实际问题。

② 投资回收期就是用项目现金流完成初始投资回收需要的时间，根据是否考虑货币时间价值又可以分为静态投资回收期和动态投资回收期。项目的投资回收期越长，面临的不确定性和风险就越大，因此要尽量选择回收期短的项目。但从另一个角度看，投资回收期指标

没有考虑回收期之后项目的运营情况,无法准确衡量项目全生命周期经济效益的实现情况。

③ 净现值主要考察的是项目的现金流状况,即在项目投资、运营收入、运营成本测算的基础上,计划整个项目周期各年现金流情况。通过对项目周期内经营活动、融资活动、投资活动产生的现金流入和流出的分析,根据基准折现率,将整个项目周期内所有年度的现金流流量折算到投资起点,以此判断项目是否具备足够的净现金流来维持正常运营。一般来讲,净现值大于零表明投资者可以获得预期收益以外的额外收益,净现值小于零则表明项目无法获得预期的收益。

2. 偿债能力分析

偿债备付率是分析业主偿债能力的重要依据,具体指各年可用于还本付息的资金与当期应还本付息金额的比值。偿债备付率作为贷款银行保证本息回收的重要指标,一般要求数值应大于1.2,这样才能保证项目具有稳定可持续的现金流用以还本付息。

3. 可行性研究报告投资估算费用标准及计算方法

(1)建筑安装工程费

建筑安装工程费由直接工程费、间接费、施工技术装备费、计划利润、税金五部分组成。直接工程费由主要工程的直接费(即工、料、机费)、其他工程费、其他直接费和现场经费四部分组成。

为了使以百分率计算的费用不受材料价格波动的影响,这些费用以指标基价为计算基数。

① 指标直接费指分项指标中所列指标基价。

② 直接费即工、料、机费,指以分项指标的工、料数量按工程所在地的人工、材料预算单价计算的人工费、材料费与指标所列机械使用费的合计数。

③ 其他工程费以直接费为基数按相关规定的百分率计算。

④ 其他直接费 = 指标直接费 ×(1+ 其他工程费率)× 其他直接费综合费率。

⑤ 现场经费 = 指标基价 ×(1+ 其他工程费率)× 现场经费综合费率。

⑥ 直接工程费 = 直接费 + 其他工程费 + 其他直接费 + 现场经费。

⑦ 指标直接工程费 = 直接费 + 其他工程费 + 其他直接费 + 现场经费。

⑧ 间接费 = 指标直接工程费 × 间接费率。

⑨ 施工技术装备费、计划利润分别以指标直接工程费与间接费之和为基数按规定的费率计算,税金以直接工程费、间接费及计划利润之和为基数按规定的费率计算。

⑩ 其他直接费综合费率、现场经费综合费率、间接费综合费率、施工技术装备费率、计划利润率、税金的综合税率均按相关规定计算。

(2)设备、工具、器具购置费

① 设备、工具、器具购置费应列出计划购置清单,按相关规定计算。

② 办公和生活用家具购置费按相关规定计算。

(3)工程建设其他费用

工程建设其他费用中的土地、青苗等补偿费和安置补助费、建设单位管理费、工程质量监督费、工程监理费、定额编制管理费、设计文件审查费、研究试验费、勘察设计费、施工机构迁移费、供电贴费、大型专用机械设备购置费、固定资产投资方向调节税、建设期贷款利息等均应按相关规定计算。

（4）预留费用

① 预备费以（1）(2)(3) 部分费用之和（扣除大型专用机械设备购置费、固定资产投资方向调节税、建设期贷款利息）的 9% 计算。

② 工程造价增长预留费按相关规定计算。

（5）可行性研究报告估算的计算程序及计算式

① 指标直接费：指公路工程估算指标基价。

② 直接费（即工、料、机费）：按估算编制年工程所在地的预算价格计算。

③ 其他工程费：（2）× 其他工程费率。

④ 其他直接费：[（1）+（3）]× 其他直接费综合费率。

⑤ 现场经费：[（1）+（3）]× 现场经费综合费率。

⑥ 指标直接工程费：（1）+（3）+（4）+（5）。

⑦ 直接工程费：（2）+（3）+（4）+（5）。

⑧ 间接费：（6）× 间接费综合费率。

⑨ 施工技术装备费：[（6）+（8）]× 施工技术装备费率。

⑩ 计划利润：[（6）+（8）]× 计划利润率。

⑪ 税金：[（7）+（8）+（10）]× 税金综合税率。

⑫ 指标建筑安装工程费：（6）+（8）+（9）+（10）+（11）。

⑬ 建筑安装工程费：（6）+（8）+（9）+（10）+（11）。

⑭ 设备、工具、器具购置费：其中办公和生活用家具购置费 = Σ（设备、工具、器具购置数量 × 单价 + 运杂费）×（1+ 采购保管费率），并按有关规定计算。

⑮ 工程建设其他费用

土地补偿费和安置补助费：按有关规定计算。

建设单位管理费：（12）× 费率。

工程质量监督费：（12）× 费率。

工程监理费：（12）× 费率。

定额编制管理费：（12）× 费率。

设计文件审查费：（12）× 费率。

研究试验费：按批准的计划编制。

勘察设计费：按有关规定计算。

施工机构迁移费：按有关规定计算。

供电贴费：按有关规定计算。

大型专用机械设备购置费：按需购置的清单编制。

固定资产投资方向调节税：按有关规定计算。

建设期贷款利息：按实际贷款数及利息计算。

⑯ 预留费用

工程造价增长预留费：以（13）为基数按规定公式计算。

预备费：[（13）+（14）+（15）− 大型专用机械设备购置费 − 固定资产投资方向调节税 − 建设期贷款利息]× 费率。

⑰ 投资估算总金额：（13）+（14）+（15）+（16）。

第八节　项目的尽职调查

尽职调查是揭示和防控境外项目运作风险的重要途径,包括法律尽职调查、财务尽职调查、商务尽职调查和技术尽职调查等。但我国承包企业在承包境外工程项目时,受传统观念和低报价情况下成本预算控制压力的影响,往往很少聘用外部专业机构进行专业的尽职调查,而自行调研范围的往往不深、不够全面,容易发生漏项和偏差,不能充分有效地识别风险敞口。

但承包企业一旦采用投建营一体化的项目运作模式,将跨入陌生的境外投资领域,而境外投资对法律尽职调查的深度和广度要求更高,除了对外承包工程项目所需调研的东道国市场准入要求、公司设立要求、承包资质要求、当地成分要求、税务要求、外汇管理要求、劳动用工要求和法律适用及争议解决等法律内容外,还需要调研东道国的外国投资法律、投资鼓励和限制政策、投资审批程序、行业法律要求、项目许可要求、融资政策、土地制度、环境保护要求、设备材料进出口要求、项目退出限制和知识产权保护制度等。

在就目标项目进行有针对性的全面的法律尽职调查、财务尽职调查、商务尽职调查和技术尽职调查（必要时先进行初步的现场勘测）后,承包商（在投建营一体化模式下已转化为投资方）应组织专业机构进行项目的可行性研究,包括经济可行性研究、技术可行性研究和合法合规研究。只有在就目标项目的运作做了全面的尽职调查并经研究具有经济、技术可行性后,才能在合法合规的框架内,设计项目的交易模式和投资路径。

第九节　可行性研究报告与项目立项

可行性分析是投建营一体化项目的重要考察因素,经济评价指按照项目所在国当地经济、社会、政治发展水平,在切合所在国发展要求的前提下,从国家政策、市场形势、建设方案、生产工艺、设备选型、投资估算、投资风险等各种因素进行具体调查分析,确定有利和不利的因素,判断项目是否可行,分析经济效益和社会效益,为决策者和主管机关审批的上报文件。

项目经济评价按照侧重点不同可以分为财务评价和国民经济评价两类。财务评价是以项目为基础,微观考虑项目实施成本以及预期收入,充分测算项目建设完成投入运营后带来的实际收益,为项目的科学合理决策提供支持。国民经济评价以项目的经济效益和效果为核心,分别对建设该项目和不建设该项目产生的效益和效果进行分析,从而对比得出项目的建设与运营是否可以降低地区国民经济成本,促进经济和社会发展。

项目立项指成立项目,执行实施,特别是投建营一体化项目,要列入政府、社会、经济发展计划中。项目通过项目实施组织决策者申请,得到政府发改委部门的审议批准,并列入项目实施组织或者政府计划的过程叫发改委立项。立项分为鼓励类、许可类、限制类,分别对应的报批程序为备案制、核准制、审批制。报批程序结束即为项目立项完成。

申请项目的立项时,应将立项文件递交给项目的有关审批部门。立项报告包括项目实施前所涉及的各种由文字、图纸、图片、表格、电子数据组成的材料。不同项目、不同的审批部门、不同的审批程序所要求的立项文件是各有不同的。

项目立项是国有企业或政府投资项目单位为推动某个项目上马，根据国民经济的发展、国家和地方中长期规划、产业政策、生产力布局、国内外市场、所在地的内外部条件，提出的具体项目的建议文件，是专门对拟建项目提出的框架性的总体设想，该报告的核心价值是：

作为项目拟建主体上报审批部门审批决策的依据；

作为项目批复后编制项目可行性研究报告的依据；

作为项目的投资设想变为现实的投资建议的依据；

作为项目发展周期初始阶段基本情况汇总的依据。

第十节　投资决策与备案

纵观央企"走出去"二十多年的历程，总结经验教训，系统梳理、分析海外项目内在的管控模式，强化股东的高效、有效决策和监管，对提高海外项目的运营效率和运营质量，实现国有资产的保值增值，确保海外项目的持续、健康、有效发展有着重要的现实意义。

一、投资决策管理层级

1. 国家对境外投资项目及机构进行备案或核准的审查主体

国务院国有资产监督委员会：监管中央所属企业的国有资产，承担监督央企国有资产保值增值责任，但不对央企海外投资项目进行具体审批，但必须报备，实行负面清单管理。

国家发展与改革委员会：代表国家对境外重大投资项目进行备案或核准。

商务部：在国内企业境外投资开办企业（金融企业除外）事项中，对涉及敏感国家和地区、敏感行业的，进行核准，其他情形备案即可。

国家外汇管理局：现实行外汇出境登记制，并委托银行处理。

2. 我国对境外投资进行备案或核准的政策依据

在国家层面，备案或核准境外投资的政策依据主要有国家发改委、商务部及外汇管理局的相关文件。

① 国家发改委 2018 年 3 月施行的发改委 11 号令《企业境外投资管理办法》主要有以下内容：取消项目信息报告制度，进一步简化事前管理环节，从而降低制度性交易成本；取消地方初审、转报环节。属于国家发展改革委核准、备案范围的项目，地方企业通过网络系统直接向国家发展改革委提交有关申请材料；放宽投资主体履行核准、备案手续的最晚时间要求，有利于企业更加从容地安排交易节奏等。

② 商务部 2014 年 3 号令《境外投资管理办法》：该文件主要根据是否涉及敏感国家和地区以及投资金额大小，针对境内企业在境外注册机构、开办企业进行备案或核准，并发放"企业境外投资证书"。

③ 外汇管理局相关外汇管理规定：境内企业完成国家发改委及商务部的相应备案或核准后，依照外汇管理局的文件规定，办理与外汇购汇、汇出等相关的手续。相关文件包括汇发〔2009〕30 号文件《境内机构境外直接投资外汇管理规定》、2010 年《关于境内银行境外直接投资外汇管理有关问题的通知》、2015 年《关于进一步简化和改进直接投资外汇管理政策的通知》等。

从实际操作来看，国家发改委的《境外投资项目核准和备案管理办法》重点解决海外具体投资项目的备案或核准问题；商务部《境外投资管理办法》主要针对在境外设立海外企业或机构的备案或核准事宜；外汇管理局的文件主要针对海外项目或机构注册备案或核准以后的外汇使用问题。三套文件在海外投资业务中是整个审批流程的不同环节，且相辅相成。

3. 央企层面的海外投资主体及决策主体

央企总部（如集团公司）：央企是国家授权的投资机构，海外投资及决策的主体，自行承担决策责任。

央企下属海外投资平台：一般为在国内注册的专门从事海外投资的子公司，作为海外项目收购的出资人。

央企下属海外经营管理平台：一般为央企总部下属的专门从事海外项目管理的事业部、专业分公司等，不具有法人地位，或与多个海外投资平台实行几块牌子一套人员进行管理。

4. 央企海外投资决策机制与各相关方的关系

① 按照国家对央企的定位，央企具有"国家授权的投资机构"地位，且央企历史上均为新中国成立后所在行业的龙头企业，具有人才、技术、管理等专业优势，对海外项目的投资决策最有发言权，央企自身承担海外投资决策的主体责任。

② 2013 年 11 月党的十八届三中全会通过的《中共中央关于全面深化改革若干重大问题的决定》提出，"要扩大企业对外投资，确立企业对外投资主体地位，改革涉外投资审批体制"，为此，国家发改委、商务部均修订了 2013 年以前以核准为主的审批架构，建立了以"备案为主、核准为辅"的海外项目及海外机构备案与核准机制，这一重大变化符合海外项目审批的实际，简化了国家层面的审批流程，提高了办事效率。

③ 国资委代表国家履行出资人职责，考核、任免央企负责人，只对央企国有资产保值增值的结果进行监督和考核，并通过监事会适度监督央企国有资产保值增值的过程，没有更多地参与央企的过程管理。在央企的绩效考核中，以经济增加值为主要考核工具和抓手，定位准确，符合实际，务实可行，抓住了监督国有资产保值增值的牛鼻子。同时这种考核方式也加大了央企自主决策、责任自负的责任感，符合央企作为国家授权投资机构的定位。

④ 对央企自主决策责任的监督，除了监事会机制，还有国家审计署的专项审计、上市公司的第三方审计以及党内巡视制度。

二、项目的审批流程

（一）投资项目审批权限

投资项目审批实行两级审批制度。集团设立投资评审委员会，对本级和下属子公司的投资项目进行立项初审。投资项目经投资评审委员会通过后，报集团董事会复审后方可实施。

投资评审委员会成员由集团 CEO 提出，董事会批准，人员组成包括规划、投资、资金、工程、风控等职能部门人员。集团 CEO 担任委员会主席。委员会主席负责召集和主持会议。集团战略发展规划与投资中心负责委员会的日常事务。

（二）投资项目审批程序

投资项目审批分为初审和复审两个阶段。初审即投资机会研究，主要目的是批复项目建议书或初步可行性研究报告,进行项目初审立项。为提高审批效率,集团战略发展规划与投资中心在初审阶段即行介入,进行指导和协调,在形成项目建议书或初步可行性研究报告后报集团审批。对自有资金年动态回报率低于 15% 的投资开发类项目和自有资金年动态回报率低于 8% 的持续经营性项目原则上不予审批。

报送初审的项目材料,主要包括:项目建议书或项目初步可行性研究报告。对于国家产业、行业政策限制的项目,还需提供相关的政策文件及咨询意见。

项目建议书或项目初步可行性研究报告的编写方法,在国家有关规定的基础上结合项目实际情况进行。其主要内容应包括项目相关的宏观经济形势和行业发展状况;项目竞争性初步分析;产品的国内外市场分析和预测,以及产品的目标市场;基本确定建设规模及产品方案、原料来源、原则流程、环境保护、公用工程和辅助设施及依托条件;合作伙伴基本情况及合作方式;投资方式、规模、周期;项目的初步经济效益评价;资本金筹措方案和银行贷款意向书。

经初审批准的项目,可向合作方或有关部门出具投资、贷款方面的意向证明,并可正式开展项目可行性研究报告的编制工作。

复审即可行性研究报告审批阶段,是对初审结果的进一步判断和验证,从而确定项目的规模、标准、总体安排、总投资额等。复审的主要依据是项目可行性研究报告。项目可行性研究报告的主要内容包括(对不同类型的项目可根据相应行业规范调整可行性研究报告内容):

① 项目概况:经济发展趋势,项目所属行业、地区现状与发展潜力,投资方式、规模和期限,经营方向等;

② 投资各方情况:投资各方名称、注册资本、经营范围、法定代表人、法定办公地址、经营业绩与财务状况、合作条件与方式;

③ 产品方案及市场预测:产品国内外市场供应现状与未来趋势、产品竞争能力、销售方向、定价原则、未来销售预测与销售方式;

④ 建设规模、标准与功能:主要产品的名称、规模、型号、技术性能、用途以及生产规划;

⑤ 物料供应:根据生产规划和物料消耗定额编制原材料、燃料、辅助材料的供应来源、数量、单价以及储运方式;

⑥ 区位选择:项目拟建地点,项目地址的自然条件,地形、地貌、地震情况,人文环境,交通运输条件,能源条件,投资环境,工程地质与水文地质,公用设施,社会依托条件,征地、拆迁、移民安置条件;

⑦ 技术方案:技术目标、技术来源、生产方法、主要工艺技术方案的比较、技术引进方式及费用估算;

⑧ 设备方案:设备的来源、设备参数的选定及其依据、设备清单及费用估算;

⑨ 环境影响评价:环境污染物的产生及其对环境的影响、环境保护和污染治理的方案及费用估算;

⑩ 土建安装方案:工程总平面图、主要规划指标、分项建筑面积和总面积、主要建筑及配套设施、劳动安全与消防设施、安装材料、建筑周期及费用估算;

⑪ 建设管理组织体制:机构设置与人员配备、人员工资、福利标准与费用估算;

⑫ 项目实施计划：自可行性研究至正常经营期内各项工作的进度安排；

⑬ 财务预算：投资估算与资本预算，流动资金估算，经营收入及税金预算，经营成本与期间费用预算，损益预算，资产、负债及权益预算，现金流量预算；

⑭ 资金筹措与使用：资本金筹措方案，债务资金筹措方案，合资各方的投资比例、资本构成及资金投入计划；

⑮ 效益评价：静态投资回报率、投资回收期、动态财务内部收益率、财务净现值与投资回收期、盈亏平衡分析、敏感性分析；

⑯ 风险与不确定性分析及对策：风险与不确定性产生的原因、程度及其对策；

⑰ 项目建成后的运营方案和管理模式：生产经营管理组织结构、劳动定员和人员培训等；

⑱ 研究结论与建议。

项目初审经集团投资评审委员会批准后，应将审批意见及复审材料上报集团董事会。材料主要包括：审批意见、可行性研究报告、初步评估意见、考察及谈判进展情况、详细的实地调查复核情况、资金落实情况以及初审需解决问题的落实情况等。

集团董事会接到复审材料后，通过必要的考察、复核、组织论证、咨询有关部门和专家意见等程序，提出项目复审报告，并下达正式的立项批复。复审工作一般在接到材料7至14个工作日内完成。

集团在项目投资审批中可委托有关单位或咨询机构。对项目进行评估，其费用由报项单位支付，结算时列入项目费用。扩初设计（在可行性研究报告基础上进行的技术设计）确定的总投资额，原则上不得超出复审批准的总投资额。若确需超出，应控制在5%以内，超出5%的项目须重新按复审程序报批。项目复审报告经批准后，项目资金按使用计划列入当年预算，可以对外签订合同及开展投资项目建设、管理等实质性工作。

三、落实核准和备案制度

1. 改革项目审批制度，落实企业投资自主权

彻底改革现行不分投资主体、不分资金来源、不分项目性质，一律按投资规模大小分别由各级政府及有关部门审批的企业投资管理办法。对于企业不使用政府投资建设的项目，一律不再实行审批制，区别不同情况实行核准制和备案制。其中，政府仅对重大项目和限制类项目从维护社会公共利益角度进行核准，其他项目无论规模大小，均改为备案制，项目的市场前景、经济效益、资金来源和产品技术方案等均由企业自主决策、自担风险，并依法办理环境保护、土地使用、资源利用、安全生产、城市规划等许可手续和减免税确认手续。对于企业使用政府补助、转贷、贴息投资建设的项目，政府只审批资金申请报告。各地区、各部门要相应改进管理办法，规范管理行为，不得以任何名义截留下放给企业的投资决策权利。

2. 规范政府核准制

要严格限定实行政府核准制的范围，并根据变化的情况适时调整。《政府核准的投资项目目录》（以下简称《目录》）由国务院投资主管部门会同有关部门研究提出，报国务院批准后实施。未经国务院批准，各地区、各部门不得擅自增减《目录》规定的范围。

企业投资建设实行核准制的项目，仅需向政府提交项目申请报告，不再经过批准项目建议书、可行性研究报告和开工报告的程序。政府对企业提交的项目申请报告，主要从维护

经济安全、合理开发利用资源、保护生态环境、优化重大布局、保障公共利益、防止出现垄断等方面进行核准。对于外商投资项目，政府还要从市场准入、资本项目管理等方面进行核准。政府有关部门要制定严格规范的核准制度，明确核准的范围、内容、申报程序和办理时限，并向社会公布，提高办事效率，增强透明度。

3. 健全备案制

对于《目录》以外的企业投资项目，实行备案制，除国家另有规定外，由企业按照属地原则向地方政府投资主管部门备案。备案制的具体实施办法由省级人民政府自行制定。国务院投资主管部门要对备案工作加强指导和监督，防止以备案的名义变相审批。

第十章

融资渠道选择与结构设计

融资架构是基础设施项目投建营一体化中最为重要和核心的部分,是对于项目融资各环节要素的具体融资组合和模式的构造,它主要包括工程项目的具体融资活动渠道和模式以及项目的具体融资结构和模式两个主要的方面。海外工程项目的具体融资活动渠道和模式可根据项目融资后是否可能会继续形成工程项目长期债务的情况进行确定和分类,可将工程项目的融资方式分为非固定负债性项目融资和固定负债项目融资。海外工程项目基建融资分类工程项目融资可选择采用政府自筹方式投资、发行股票和利用外资直接投资等非负债性融资渠道,或者可采用银行贷款、融资租赁和借入国外资金等负债性融资渠道,随后根据项目特点和融资渠道搭配不同融资模式。

工程项目的建设所需要的项目建设资金较大,所以不可能完全选用单一的工程项目筹资渠道和方式,往往工程项目需要通过多种的渠道和方式来筹集所需要的资金。因此进行工程项目的融资结构设计的重点就是要合理地安排工程项目建设应采用哪些类型的融资渠道和方式,包括各种融资方式之间的比例,融资的时机以及融资的期限,从而确定如何使工程项目建设达到最佳的项目资本利用结构、资金的质量和成本利用率较低、项目所需要面临的压力和风险较小。

第一节 中企传统融资模式分析

企业在境外经营过程中涉及的融资类项目,根据项目的性质不同,其融资思路及方式会有所差异。企业应首先确认项目的类型,然后再结合掌握的金融政策和资源,利用融资可行性分析框架规划可行的融资方案。从融资角度分析,投资类项目与承包工程项目有很大的差异。而仅就对外承包工程项目而言，政府类项目与商业项目的融资也有很大的区别。因此，要做好融资工作，企业应该对各类项目的性质和特点要有清晰的认识和判断。

一、海外融资类项目分类

中国大型承包商企业，从早期可以提供各种低端的海外工程劳务输出和高端的工程分包业务开始，经过几代人的努力，目前已经发展成长为了可以直接承担大型的总包工程项目、覆盖几乎所有公共服务行业的重要企业和力量。这些窗口企业当中既包括了传统的大型承包商企业，例如来自中国的机械设备进出口工程集团股份有限公司（CMEC）、中国机械进出口（集团）有限公司（CMC）等一些商务能力强的大型出口企业，也有包括来自中铁、中水电这些大型建筑施工企业商务能力强的大型工程进出口公司，另外还有部分从事机械制造业的企业也从单一机械设备的供货、成套设备出口，发展到可以承接海外总承包工程的业务，业务模式发生了巨大的变化，例如哈电集团、东方电气等企业。一些民营企业也纷纷进入国际工程领域，拓展海外工程业务，取得了不俗的业绩，如正泰电气、泰开集团等企业。

近十年来，随着国家经济的发展，外经企业的实力大大提升，海外业务模式不断创新。在项目规模上，1亿美元以上的项目数量不断增多，10亿美元甚至更大规模的项目已不鲜见；在经营模式上，在海外实施总承包项目的企业越来越多，而总承包加融资的模式已经被更多企业所运用；近两三年来，一些有经验的企业开始通过投资来带动承包业务的发展，而投建营一体化的项目也在不断增多。中国企业海外业务模式发展的变迁，既有企业自身业务经验和能力不断增强的因素，也有越来越多的海外项目业主希望承包商能够协助解决建设资金的外部市场需求因素。

按照融资期限，可以将项目分为短期融资项目和中长期融资项目，相关分类及说明见表10-1。

表10-1 融资期限分类及融资期限说明

序号	项目性质	项目说明
1	短期融资项目	融资期限在两年以内
2	中长期融资项目	融资期限在2年以上的项目，通常不超过15年

对于不同项目的分类，应该以最能体现融资特征的维度来区分项目类型，并辅之以其他方式进行说明，可以帮助企业快速了解项目的基本情况，判断一个项目的相关融资属性，例如主权担保燃煤电站总承包中长期融资项目、主权担保保障房总承包短期融资项目、商业担保输变电设备供货短期融资项目、所在国地方政府担保公路总承包中长期融资项目及投资项目等。

二、潜在融资模式的选择

在完成项目的分类后，可以初步判断一个融资类项目的相关融资属性，基于融资属性可以快速匹配目前市场上哪些金融产品和融资模式是否适合这些项目。通过分析和整理一些成功的融资案例，表10-2列出了部分融资模式和项目性质的对应关系，便于读者快速查询和参考使用。

表 10-2　不同项目性质及可能融资模式

项目性质	主权项目	商业项目	投资项目
主权借款	√		
援外优惠贷款	√		
优惠买方信贷	√		
资源换贷款	√		
出口买方信贷	√	√	√
出口卖方信贷	√	√	√
融资性担保	√	√	√
银团贷款	√	√	√
融资租赁		√	
项目融资		√	√
发债融资		√	√
特险融资		√	√
保理融资		√	
公司融资		√	√

虽然不同类型的项目可能适用多种融资模式，但是，由于项目各参与方的诉求以及融资成本约束等条件的限制，需要针对具体的项目仔细分析各种条件，才能搭建出符合各方诉求的融资结构。

第二节　债务性融资与权益融资

随着"一带一路"沿线国家发展战略的深入和有效推进，中国民营企业境外投资项目直接投资的战略发展升级步伐日益加速，海外的投资布局更加广泛，项目的投资类型更加全面。海外的企业融资，分为直接和连续债务性的海外融资和间接权益性的海外融资，而间接的和债务性海外企业融资又一般可以再细分为间接和直接的海外融资，具体分类如图 10-1 所示。

一、债务性融资分析

（一）间接融资

1. 银行贷款

银行贷款是企业和基建项目间接通过银行融资的常见贷款方式。其中成本最优的当属两优贷款：优惠贷款（以下简称"优贷"）和优惠出口对外贸易买方信贷（以下简称"优买"）。优贷是一种由中国政府向发展中国家的人民群众提供的，同时具有出口对外经济援助和出口对外融资支持两种性质的，中长期小额低息贷款。用途主要需经两国政府双方签订的出口贷款协议和框架融资合作协议通过后才能正式确定。与两优出口贷款融资方式的特点相比，出口对外贸易信贷被应用的更为广泛。买方出口对外贸易信贷主要包括了买方和卖方出口信贷两种。其中卖方出口信贷因其具有融资成本相对较低，融资过程手续相对简单的突出融资优势，但是会无形中增加融资风险，也会增加我国的出口企业资产负债率和出口企业融资的风险。而其中买方出口信贷因其融资优势可以有效地帮助中方出口企业更好地实现资金快速的回笼，所以被更广泛应用。

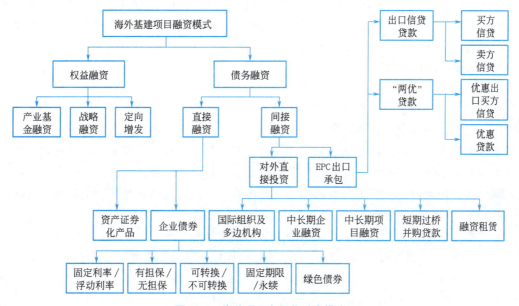

图 10-1　海外项目多元化融资模式

注：不论间接融资还是直接融资，资产的信誉、担保程度、偿还顺序、融资期限反映了投资人风险敞口的差异，根据这些指标的变化，市场上存在多样化的、设计灵活的融资结构产品。

银行借贷主要依赖于 SPV 公司身后强大的集团企业的授信和背书。因此，尽管项目贷款需要付出更高的融资利率，但对于此类 SPV 公司而言，仍然希望做成项目贷款。

2. 公司贷款

此种模式主要是公司运用自有资金为项目提供部分资金，再通过公司的贷款方式来融资弥补资金缺口，公司整体凭借其资产负债及现金流状况为此种融资而背书。可见，此种方式更适合于资产负债偿还能力较强的公司。另外在跨境投资的公司贷款方式中，内保外贷也是经常采用的一种方式，可有效缩短业务流程，从而解决由于公司经营规模小和成立时间短而导致的无法直接取得海外银行授信的困境。

3. 项目贷款

对于其他基建项目融资来说，项目融资的方式往往被认为是最有效的一种融资方式安排。项目的融资通常主要包含以下的特点：项目融资收入的来源一般取决于项目合同的约定安排或者对于终端用户的锁定收费，一般在项目建设完成后或者开始正常运营时，产生一定的收入。项目融资的可行性和定价与融资项目的架构、项目融资合同、现金流的安全和稳定性，以及对方的项目资信和履约状况密切相关。

4. 国际开发金融机构融资

国际商业开发投资金融机构的融资项目是在国际商投建营融资项目中，除了项目管理机构贷款和投资公司贷款之外的一种常见的形式。由于国际商业开发投资金融机构的投资项目一般的设计包括能源、医疗或保障性住房，可见他们更大程度地关注所参与国际融资项目的经济社会效益和贡献。例如世界银行、亚洲开发银行以及近年成立的亚投行，都是属于国际投资项目申请人提供商业贷款后仍然长期存在一定资金缺口的国际投资项目。以属于国际开发银行的金融机构最为主要融资的渠道，除了在于可能能够充分利用其多边融资的期限长、成本低的多边融资优点，还在于可以充分依靠这些金融机构的多边融资性质和经济与政治平衡的能力，对国际投资项目所在国的经济和政治应对风险的能力进行释缓或分散。如果金融机构能够充分获得这些国际多边银行的融资支持和背书，则此类融资项目更容易有机会直接带动更多的国际开发金融机构参与其中。

5. 租赁融资

租赁融资是一种补充资金流动性的融资方式，广泛应用于基建项目中。该方式下，承租人通过分期付款方式，在规定期限内向承租人支付费用。此种管理方式既可有效缓解许多承租人前期资金不足的融资问题和管理压力，而且避免了许多承租人在办理进口设备的采购签约和办理进口设备入关等各个环节的审核和进口报关操作过程。以此种方式缓解承租人资金压力的同时也降低了融资的成本，可作为一种为基建项目补充资金流动性的融资方式。

6. 并购贷款

并购贷款是一种指在企业并购后可以快速地获得企业收购海外资金的融资贷款方式，适用于企业并购海外投资公开竞标时间紧张的企业和情况。这种投资方并购海外贷款往往在投资方企业收购海外交易顺利完成后，由投资方基建公司收购投资方向企业后期公开交易所发行的长期海外投资债券。投资方并购海外贷款一般要求投资方向企业以有效的资产价值进行担保，通常其融资额度有限，期限也相对较短。

（二）直接融资

1. 企业债券

除了政府和银行的借债，企业和个人还可以同时通过在我国绿色证券市场上购买和发行企业债券的多种形式，有效地利用了社会闲散的资金，作为贷款的来源和补充，形成了多样化发债融资的结构。跟传统的银行贷款融资方式相比，企业对发债融券审批的要求更加严格，审批的手续更复杂，额度以及上限也有明确的限制。从抵押融资担保的角度，可以将其划分为抵押融资债券、信用债券等；从固定期限债券的角度，可以将其划分为固定期限或永续性的绿色债券；从浮动利率的角度，可以将其划分为无息融资债券、固定或浮动利率的债券等；从产品的可长期转换性，可以将其划分为中长期普通债或短期可转债，或者一种可长期交换的绿色债券。而近年出现的各种新型绿色能源证券，又为各类企业建设项目融资提供了新的绿色债券产品和融资方式。

2. 可转换债和可交换债券

可转换证券是指可转换证券公司的债权在一定的公司债务资产运营规模和时期内，可以按照每家公司管理人规定的债券发行价格或公司持有股权的比例，由每家公司的股东或债权人自行选择是否转为公司优先股的一种投资债券。由于其具有可长期转换的性质，其债券作为流动性债券的预期利率可能会比较低，从而大大降低了公司的长期债务运营成本。这种可长期转换债券的主要缺点之一就是可能存在股权稀释的流动性风险。

可交换债券全称为"可交换他公司股票的债券",是指上市公司股份的持有者通过抵押其持有的股票给托管机构进而发行的公司债券。该债券的持有人在将来的某个时期内,能按照债券发行时约定的条件用持有的债券换取发债人抵押的上市公司股权。可交换债券是一种内嵌期权的金融衍生品,严格地可以说是可转换债券的一种。

3. 绿色债券

近几年境外绿色投资债券逐渐正式进入了人们的投资视野,为大量"一带一路"新能源建设项目和企业提供优质的新能源项目支持和融资。金风科技作为中资境外企业的首单境外发行的绿色投资债券,在2015年境外成功发行的境外绿色投资债券已经高达三亿美元。此后,中国农业银行也在境外发行了绿色投资债券,成为在英国伦敦证券交易所首家成功发行境外绿色债券的中资境外企业金融机构。境外绿色投资债券为"一带一路"项目融资提供了一种新的项目融资渠道和思路,目前这类债券正在蓬勃发展。

4. 永续债

企业的发债具有丰富的债券产品业务类型和方式,应根据企业融资需求、用途、币种、成本、期限等相关因素,结合其他特殊情况综合选择性发行债券产品。企业债券的发行会对企业财务情况和负债情况产生实质性影响,尤其会加重企业负债率。其中,永续债是一种可以计入权益,但不对影响企业负债率的企业债券。从财务角度出发,永续债是企业发债较好的选择。

5. 资产证券化(ABS)

ABS融资模式是以项目所属的资产为支撑的证券化融资方式,即以项目所拥有的资产为基础,以项目资产可以带来的预期收益为保证,通过在资本市场发行债券来募集资金的一种项目融资方式。此类债券多具有固定收益率,适用于在短期内可预见未来固定投资收益,以及持续获得现金流量的海外基建项目。海外基建筹资项目一般采用ABS融资的方式,在进行海外基建筹资时,通常都会需要多个项目资产进行打包,以更好地分散风险以及盘活资产。

二、权益性融资分析

"一带一路"投资项目中通常主要采用的是包括新兴产业投资基金、战略项目融资和定向增发在内的一系列权益性项目融资管理方式。该方式下融资成本普遍较高,对企业控制权存在一定转移或稀释的作用。由于存在较高风险,采用此类方式时需要前期对所投资项目进行详细研究。采用此方法筹集的资本并没有固定的股利负担。

(一)产业基金

海外产业基建项目在进行投资决策的过程中应事先充分地判断产业基建项目风险和考虑投资回报,因为实际上当海外项目采用海外产业基金时,股权基金在投资者介入海外基建项目投资之后会与其他的投资者共同承担其风险、共享其收益。根据对"一带一路"项目中很多产业私募股权基金实际参与投资情况的分析和观察,可发现大部分基金投资均存在保底收益条款。这使得投资变成了名股实债,会对某些大股东企业的资产负债率产生影响。若不存在保底收益条款,多数产业基金又会因存在资产流失可能而担忧。

(二)战略融资

与传统的财务型股权融资不同,战略企业与合作伙伴的财务型股权投资通常都是要求投资方参与到项目整体经营收益的管理中，并按照投资方持股的比例享受相应收益。以公路建设 PPP 项目为例，有的企业投资方擅长一体化建设，有的投资方精于其维护和运营。其中若由设计施工以及一体化运营能力较强的大型企业投资方负责公路一体化建设，由投资方擅长维护和运营的项目投资企业直接进行项目投资，即可实现投资项目最有效的资源配置以及获得项目全寿命周期的最大回报。类似的还有像中方国有企业与国外企业联合投资的情形。由于是中方国有企业对外提供中方国有土地产能和相关技术，国外企业则直接对外提供中方国有土地、特许资产经营权或房地产项目开发经营权，通过此种方式可实现双方投资战略的协同。

（三）定向增发

此外，定向股权增发也是一种高效、低风险、低成本的定向股权增发，除了是能够为这些上市公司大股东带来珍贵的资金，还可以帮助上市公司实现快速参与外资股权并购，或快速引入上市公司战略股权的投资者。定向的增发除了是能够为这些类型的上市公司大股东进行并购，还经常可以是帮助这些上市公司快速地实现参与外资战略股权的并购，或帮助上市公司快速引入其他上市公司战略股权的投资者。

第三节　特许经营模式

经过三十多年海外投资业务的发展，我国境外投资企业在资金、技术与管理经验等方面都获得了迅速提升，同时随着海外投资业务的规模和金额不断增大，海外投资中除传统的投资模式外，国际投资特许经营项目 PPP/BOT/PFI 项目融资的投资形式不断增多，同时结合国家的配套政策与资金扶持措施，境外特许经营项目的海外投资数量逐年增加，这既是我国整体海外投资政策的导向与鼓励，同时也体现了我国企业海外投资综合实力的提升。

一、PPP 模式

政府在采用 PPP 项目融资模式的初始阶段即可认为直接参与了项目建设，政府和中小企业项目融资双方，通过中小企业融资协议合理的签订等方式直接分配了中小企业项目融资双方的流动性资金和中小企业项目风险，这样也就大大降低了地方政府和国际社会中小企业资本的流动性，以及项目风险过大的结构性问题，使得项目风险的直接分配更加合理，同时也大大增加了政府和项目公司直接融资的可能性。

PPP 模式给地方政府的管理增加了经济风险和负担。政府以一定比例资金投入而介入到未来项目运行过程中，若地方各级政府对项目在技术及其职责上存在不明确的项目管理情况，则可能会对某一个项目的正常运行管理效率和安全性产生较大的影响。由于政府有资金投入，所以自身财政会具有较大压力，若在运行过程中受市场因素变动影响而蒙受较大损失，会直接导致地方政府的整体战略经济布局和决策上产生一定的结构性变化以及在政府经济上的决定性损失，对政府存在较大风险。

二、BOT 模式

BOT 模式将银行借债和还本付息的债务责任直接转移给其他社会资本，通过合同体系、担保体系来进行分配和处理。由于在项目相关的协议中对项目投资回报率的约定明确，故可有效减少地方政府和其他社会主义资本间的经济利益分配纠纷。此模式下，政府通常采取风险最优原则，以降低自身风险。由于全社会自有资本或其他个人可以自主选择采取独立的融资方式直接进行投资项目股权融资，政府并不会对其项目提供任何债务担保。

三、PFI 模式

此种模式适用于可获得经营收益的城市基础设施，以及其他非营利性的城市公益项目，具有适用范围广泛的特点，其优势主要体现在筹资方面。从各国的境外投资建设项目的成功实践案例来看，各国多领域均成功应用此种模式，为该模式的良好运行提供了印证。在海外基建项目中，该模式可有效拓宽项目投融资渠道，提供了多元化的投融资管理方式。世界银行称，各国政府投资基建项目均存在低效率问题。通过 PFI 模式引入社会资本，即实现嵌入某种竞争机制，极大提高了各国基建项目的建设效率。

第四节 资本市场的引入

近年来，中国对外承包工程企业已在工程总承包、项目融资、设计咨询、运营管理等方面为全球基础设施建设做出了巨大贡献，已由最初的土建施工迈进高附加值领域。特别是提出"一带一路"之后，中国得到众多国家响应，陆续签约大规模投资的基建项目。为此，中国还发起并组建了亚投行、丝路基金等金融机构。除了中国单方面的大量投入，还有赖于沿线国家的积极配合以及国际金融机构的参与。为弥补海外基建项目的资金缺口，各国开始尝试导入资本市场的方式进行项目融资，目前已成为推动全球基础设施建设的重要力量。

一、基础设施项目信贷市场融资新模式

（一）有效利用信贷资源，为基础设施融资提供新活力

1. 辛迪加贷款（Syndic ated Loan）

辛迪加贷款（也称银团贷款）系指主要由一家商业银行或政策性银行牵头，多家银行参加组成银行集团，按照同样的贷款协议，向借款人贷款。辛迪加贷款主要将基础设施项目的项目风险和收益向多个银行机构分散，防止资金占用量较大的基建项目严重影响到一家银行经营状况。辛迪加贷款可以用于基础设施相关公司融资或基础设施项目融资。如果项目出现违约，贷款人可以重新安排还款协议，有助于银行的资金收回。

2. 杠杆贷款（Leveraged Loan）

杠杆贷款主要是指由城市基础设施一体化项目的投资公司向商业银行直接注入部分的资金，并大额向银行举债去完成城市基础设施一体化项目的工程建设。杠杆贷款曾主要用于兼并收购等领域。由于基础设施项目建成后，运营模式比较成熟，具有较好的现金流收入，因此杠杆贷款融资成为近几年项目公司进行基础设施工程建设的一个新趋势。2015 年 7 月，杠杆贷款的市场份额超过 1000 亿美元。

（二）及时盘活存量资产，提升银行信贷资金的流动率

资产证券化以及资产支持类债券（Asset-backed Securities）可以帮助商业银行将长期基

础设施和工业项目的长期贷款资产进行打包或者分级出售，将资产的收益与其风险合理的水平相匹配。银行使用这一证券化工具的主要作用和目的之一，是将银行的长期资产支持基础设施和工业贷款资产变现，增强其贷款的能力。

二、基础设施项目债券市场融资新模式

（一）项目债券

此类债券主要是依据单独的项目债券设计开发出来的一种债券投资产品，可以通过地方政府或多边发展的金融机构的参与从而得到债券信用的增级。项目债券在公开市场上交易时，具有较高程度标准化的特点，流动性较强。流动性的增强一般会带来发行成本的降低。项目债券发行量增大有助于主要基金公司将其列入相关指数货币篮子。但是也存在不足之处，即投资者等到建造期结束后才去投资项目债券，一般不会进入项目建设的风险期。再有，期末一次性偿还债券与基建项目现金流模式不符，并引发再融资风险。投资者评估项目风险的能力有限，只能依赖外部的评级机构。与传统的期末一次性偿还本金模式不同，这种方式类似抵押贷款，每期都会归还利息和本金。这一模式吸引了大批债券投资者，德勤会计师事务所认为这个模式相当于一个7年的掉期，但期限扩大了一倍，而利率只增加4.5。

（二）绿色债券（Green Bond）

绿色债券主要包括清洁能源项目建设和融资所需要使用的项目融资公司债券、项目融资主权债券以及次项目主权融资债券。由于绿色能源类债券目前是一个新兴的债券投资品种，尚未建立有统一的规则和发行标准。绿色债券可享受政府的监管优惠和税收优惠，多边开发性金融机构也将为其提供部分担保，降低债券的发行成本。据统计，全球绿色债券发行量正在逐年增加。

（三）伊斯兰债券（Sukuk）

伊斯兰发展债券融资是按照伊斯兰债券相关法律的制定标准发行的一个伊斯兰债券融资品种。例如伊斯兰发展银行（Islamic Development Bank）一直是伊斯兰发展债券的主要融资参与者。亚洲开发银行（ADB）也鼓励发行这一债券。巴曙松等人（2009）指出，伊斯兰债券的影响力不断上升，发行币种由各国当地货币逐渐转变为美元。2014年，伊斯兰债券市场的交易量总体规模已经超过6000亿美元。2016年1月12日，中国房地产公司碧桂园在新加坡和马来西亚正式发行伊斯兰债券。在过去两年中，由于投资需求旺盛，市场上碧桂园发行的伊斯兰债券的实际融资额度和成本比新加坡发行的传统伊斯兰债券的成本要低。

三、基础设施股权市场融资新模式

（一）基础设施项目与上市公司的股权联合投资

目前基础设施公司及相关非上市公司的股票市值投资总量约占基础设施全球公司总市值的5%~6%。明晨（MSCI）世界基础设施指数（World Infrastructure Index）提供了当前范围最大的一个指数，股票总市值为2.6万亿美元左右，其中包括了发达国家的145个公司。但是基础设施上市公司指数很难完全反映出这个市场的真实情况，这是因为建造型公司市值稳定，而一些项目运营公司则有较高的波动性，容易受到商业危机的冲击。在股权投资方

面，养老基金、保险公司和 PE 公司等开始投资非上市项目的股票。其中，2012 年加拿大养老基金将 5% 的投资投向基础设施领域，预计这将起到示范效应，带领其他发达国家养老基金投资（目前，所有养老基金投资全球基础设施项目份额只有 0.5%）。很多基金并不会单独投资单个基础设施项目，投资项目数量的增多有助于分散单个项目的风险。

（二）基础设施股权投资基金为中小投资者提供投资机会

基础设施股权投资基金能够通过认购基金份额等方式募集基金，用于投资基础设施公司或项目股份。在市场上基金可以较高透明度公开交易，受到证券监管机构的监督，安全性高。但是，由于这一基金是在公开市场交易，容易受到资本市场波动的牵连，以及非理性投资的影响。

Inderst（2014）研究澳大利亚市场的基础设施项目后发现，公开交易和非公开交易的基础设施基金相比于关注其他领域的基金取得了更好的成绩。目前，将基础设施构成一个独立的投资品种还很困难。一方面由于基础设施项目的数据还比较缺乏，项目的差异较大，施工特点又各不相同。另一方面，政府监管（发放建设许可等）和环境保护要求也因项目的不同而不同。这些都增加了人们尝试建立基础设施投资品种的困难。因此，在基础设施建设领域寻求统一的国际规则、统一的 PPP 规范、寻求数据以及信息公开透明非常必要。

（三）创新型股权投资工具进一步支持基础设施建设

Yieldcos 是欧美等发达国家用于新能源产业的一种新的融资模式，主要应用于新能源公司中类似固定收益（即预期现金流稳定、标准化强）的项目上，使得投资者在相当长的时间内获得稳定收益。由于稳定的预期和标准化的设计，产品能够方便地在市场交易。这种方式可以使原先难以获得融资的一些项目以较低的成本获得融资。

业主有限合伙（Master Limited Partnership）主要是构建了一个类似公司形式的有限合伙制度，将企业收益直接记为个人收益，规避公司税。该模式在有固定回报的油气行业的中游项目应用较多。业主有限合伙企业股份可上市交易，股份流动性强。一般来说，股票市场上 MLP 股票的回报率一般要高于普通股票。据学者估计，2013 年美国 MLP 市值已经超过 4000 亿美元。

房地产投资信托（Real Estate Investment Trusts）和基础设施投资信托（Infrastructure Investment Trusts）的融资体量虽然占据中国基础设施项目融资规模总量的一半份额，相对较少，却是近年来出现的一种投融资新模式。Reits 份额可以直接上市交易，信托的主要管理者会参与信托资产的管理和运营。随着 Reits 规则的不断明确，这一模式已经广泛应用于轨道线建设、油料管道、通讯基站等基础设施项目。目前，印度等国家已经在修改 Reits 法律，允许 IITs 等模式进入基础设施融资领域。目前，IITs 份额已经能够在印度股票市场上交易。

（四）积小为大，股权投资服务平台项目融资贡献新动力

私人主要通过直接投资中小企业基础和设施的建设以及相关投资公司的发行股票，来间接投资其他基础设施项目。但是考虑到中小企业私人的整体财力和工作精力有限，设立共同的投资平台可以直接通过汇集中小企业投资者的基金，直接投资其他基础和设施项目，减少了中间环节的费用。直接投资平台模式的项目管理者大都必须具有对基础和设施项目的资产运营管理和投资的经验，能够独立地完成项目尽职风险调查、资产管理人遴选和资产管理运

营等。2012 年 Ontario Municipal Employees Retirement System 成立 GSIA 基础和设施共同的投资平台，共同设立和募集 200 多亿美元的基础和设施共同投资基金。

四、基础设施混合融资新模式

（一）夹层贷款和次级债为投资者提供高收益债券产品

夹层债和次级贷款的融资风险和收益具体情况主要处于公司的股权和高级公司的债务之间。由于公司的股权融资和项目的贷款及优先股权债务的融资份额数量相对优先，股权项目的投资者不是很愿意稀释自身的优先债务融资份额。此时，公司夹层、次级债对于公司的优先债融资和股权项目的高级公司融资都会起到较大的作用。夹层和次级债在中短期内给股权投资者提供了可靠的风险收益。

（二）可转债和优先股为投资者股权投资提供安全保障

如果科技公司股票价格下跌，投资者在清算时可将手中的科技公司股权直接转为债券，从而使投资者获得一个稳定的投资收益。目前，新型的绿色科技公司非常多人喜欢将优先股采用可转债的方式进行融资。因为相比于可转债和普通股，公司在清算时，优先股会首先得到公司的赔偿。可转债和优先股一般没有固定的投票权，项目的投资者通过发行可转债和优先股的方式融资成本低。可转债和优先股的股息一般也都会在事前的固定时间留存下来，不会直接影响基础设施项目未来的发展和利润分配。对于基础设施公司融资项目，可转债和普通优先股一般被广泛应用于基础设施公司的融资。

五、基础设施表外融资新模式

国际大型的基础设施融资租赁项目开工和建造的过程中，设备等项目已经可以通过直接的融资以及租赁的处置等方式实现向所在国表外直接的融资。通过对设备的收购以及所有权与其实际使用权的直接转让和分离，以租代买，避免大量的设备和资金占用了国际项目的设备和资金，增加了项目资本的投入和资金流动性。已全部开工建成的设备等国际大型基础和设施融资租赁项目也同样已经可以通过对融资以及租赁的直接处置，加强基础设施项目资金的合理回收。另外，通过租赁公司进行票据融资贴现、建立中外合营的融资租赁公司等多种方式，有效缓解和减少租赁公司融资压力，为进一步开拓其他的基础设施融资租赁业务渠道的广阔发展空间奠定了坚实的基础。

第五节　基建基金的设立

一、与中国基础设施研究项目相关的国际性专项投资基金

截至 2019 年 4 月，与"一带一路"相关的 23 只国际性专项投资基金，规模合计超过 1 万亿人民币，资金来源广泛。自 2007 年以来，中国陆续与非洲、东盟、拉美、欧洲、中东欧、阿拉伯国家等多个区域性金融组织成立了投融资专项基金，覆盖所有"一带一路"建设的重点区域，为各方在"一带一路"框架下的合作奠定了良好的基础。在 23 只国际性专项投资基金中，与基础设施相关的基金共有 13 项，如表 10-3 所示。

表 10-3　国际性专项投资基金中与基础设施相关的基金

基金名称	成立时间	资金规模	主要投向
丝路基金	2014年12月	400亿美元及1000亿元人民币	截至2018年5月已成功对外签约19个合资项目并承诺直接对外投资70亿美元
中非发展基金	2007年6月	100亿美元	助力中非农业、基础设施、加工设备制造、产业园区和自然资源的开发等战略性项目
中国-东盟投资合作基金	2010年	100亿美元	包括基础设施、能源和自然资源等行业和公共领域，具体投资的范围主要包括中国公共交通轨道运输、电力、可再生资源、公共事业、电信网络基础和设施、管道储运、公益性的基础设施、矿产、石油和天然气及林木等
中拉产能合作投资基金	2014年7月	一期100亿美元	主要通过发行股权、债权等多种投资方式主要定向投资于来自中国和非洲及拉美地区的重要能源与自然资源、基础与公共设施、农业、制造业、科技与产业创新、信息与电子技术、产能合作对接战略合作等多个战略产业投资基金领域
中国-欧亚经济合作基金	2014年9月	50亿美元	支持能源资源及其产品加工业、农业综合开发、物流、基础配套设施项目建设、新一代信息技术制造业等欧亚国家和地区需要优先发展的产业
中墨投资基金	2014年11月	24亿美元	用于在基础设施、工业、旅游和再生能源等战略性领域的战略投资与合作
保险投资基金	2015年6月	3000亿元人民币	支持我国棚户区新建危房改造、城市公共基础配套设施、重大的农田水利水电工程、中西部的公路交通设施等重大项目投资建设，以及积极参与一带一路和其他有关国际产能高度过剩问题合作倡议中的一些重大项目等
中非产能合作基金	2015年12月	100亿美元	通过信托基金投资股权、债权等多种战略合作项目投资和管理的方式，促进了中非"三网一化"的互联网基础的建设和中非产能合作物流一体化的战略投资合作，覆盖了中国和非洲的制造业、高新技术、农业、能源、矿产、基础配套设施和参与非洲的国际金融贸易服务合作等多个重点产业和领域
中国阿联酋共同投资基金	2015年12月	100亿美元	向来自中国、阿联酋以及其他高快速增长的国家和发达地区的投资项目，包括传统清洁能源、基础发电设施项目建设、高端装备制造业、清洁可再生能源及其他高快速增长的行业
"澜湄合作"专项基金	2016年3月	3亿美元	用于支持"澜湄"合作地区的基础设施的建设和制造业产能转移合作项目，支持六个成员国共同提出的中小型制造业合作项目
中国-中东欧基金	2016年11月	100亿欧元	包括但是暂不限于中东欧16国的所有基础通信设施、能源、电信、特殊工程技术装备制造业以及现代农业和农村金融等产业投资增长潜力巨大的新兴行业
中俄地区合作发展投资基金	2017年5月	1000亿元人民币	用于包括中国铁路、公路、电网和海上油气交通运输以及管道等在内的铁路基础配套设施投资项目的直接投资管理
广西东盟"一带一路"系列基金	2017年12月	500亿元人民币	支持来自广西和中国云南省在广西东盟"一带一路"沿线国家地区的轨道交通和公共基础配套、公共设施优质服务项目和特色产业等多个系列建设重点项目

资料来源：刘卫东等，《"一带一路"建设进展第三方评估报告》（2013～2018年）。

国际性的海外投资专项基金已经逐渐成为了中央地方政府支持和撬动"一带一路"沿线国家和地区投融资的重要政策支持工具及重要支撑政策力量。"一带一路"沿线地区及国家的基础配套设施和项目建设潜在的海外资金市场需求在数万亿美元左右，而目前整体海外投资规模不到千亿美元的中非丝路合作基金、中非产能项目合作基金等专项海外投资资金，未来将充分发挥其自身的海外资金杠杆作用。

"丝路基金"在各专项投资基金中最受关注，这个专项投资基金主要用于为中国出资、以中长期股权投资为主的多种方式开展的项目提供资金支持。目前主要签约投资对象和方式主要偏向于中长期的股权投资，例如一些项目投资期限相对较长、融资难度和数额较大的股权投资项目。目前截至 2018 年 5 月，丝路投资基金已经完成签约投资项目 19 个，分布在我国、中亚、俄罗斯、欧洲地区和东南亚国家，70% 的中长期签约股权投资资金运用在了电力运输变电站项目开发、基础配套设施项目建设、港口航运、高端制造等大型的国际战略合作项目。这主要得益于我国私募分级股权基金投资的稳定流动性和资金杠杆驱动效应，帮助股权投资者可以撬动其他的固定资金来源进入一些新的大型项目中。

二、丝路基金成立的背景

2014 年 11 月，丝路国际基金在习近平主席的重要经济工作宣告中正式在新加坡挂牌注册成立。在新加坡计划投资的基金是新加坡第一家总部位于新加坡政府和监管层面的大型国际多边合作对外投资基金。目前丝路国际对外投资基金的计划主要专注于对外的投资与建设沿线地区及周边国家的公共交通基础和重要的公共设施，并为高铁、公路等互通相关建设项目的投资建设和运营，提供了更加广阔的开展对外融资和合作的平台，加强了与中国和亚欧各国的交流以及化解工业产能和过剩的合作，提升了中国在亚欧沿线国家之中的国际影响力。丝路国际基金对外投资计划最终的资本金规模将达到 400 亿美元。通过丝路国际基金的建设和投资合作可以实现沿线的国家与中国实现更加顺畅的经济交流和战略沟通，为其加强多边合作共赢发展提供了更大的融资平台和促进合作发展提供更多可能性。

三、丝路基金的投融资模式

丝路基金的人民币股权投资管理模式可以使其股权投资的项目有别于其传统的人民币援外投资项目，即可为其创造更大的收益，并且也有助于其控制投资项目风险，提高投资项目的质量和透明度。同时，为人民币外汇投资者提供了除人民币债权以外其他的多种投资渠道和方式，实现了人民币"走出去"，为其人民币外汇国际化的进程和目标奠定了坚实的基础。丝路基金还涉及债权基金的贷款，可以带动多形式的人民币债权基金融资。

丝路基金投资有别于其他私募股权基金的最大特点之处在于丝路基金提供的私募股权基金投资的期限为中长期。由于沿线国家经济发展需要通过建设铁路和基础设施项目来满足，则沿线国家基建投资需要更长的基建基金投资期限来缓解其资金短缺的问题。因此，丝路基金投资期限一般达 15 年左右，且采用股权结合债权的投融资方式。

四、丝路基金对"一带一路"国家发展战略的支持

丝路项目基金的建设是"一带一路"建设战略成功实施的重要金融政策支持和投资平台，中国若要成功实现"一带一路"战略，就需要大规模的社会资金投入和建设来促进项目之间

实现互联互通，实现"对接原则"，单一项目依靠于传统的买方直接出口的信贷和传统的卖方直接出口的信贷，不能同时满足巨大的项目建设和资金的缺口。因此，丝路项目建设基金不仅能够起到对沿线地区和国家的基建项目直接建设和投资的社会资金直接支持的作用，而且能够充分发挥丝路基金在社会资金直接供给方面的支撑和杠杆作用，通过丝路基金对项目的直接投资作为沿线基建项目的信息源，从而引来了社会和资本的关注。如此，整合丝路基金、国际多边金融机构以及民间资本等不同资本来补充项目的资本金，满足不断增长的基建投资需要。

综上所述，中国海外的工程企业投资机构应充分利用联合国丝路投资基金对所在国相关海外投资产业的政策导向与其支持，对海外投资项目的所在国相关产业进行深入的调研，获得该国重要和优先发展的海外投资项目清单，通过联合国丝路投资基金对海外投资项目的支持和引导，吸引更多的政府和社会资本积极参与海外投资，同时通过丝路基金吸引更多的进出口银行，以及国际金融多边组织等其他机构，协同开展项目融资，充分利用好丝路基金而在沿线国家和区域承担更多基建项目建设。

第六节　资产证券化与二级市场

资产证券化是我国现代金融市场上最重要、最具有突破性和生命力的技术创新之一，始于 20 世纪 30 年代。该证券化方法以原始的资产证券化为基础进行担保，通过其他方式重组了资产的结构，改善了资金的流动性，同时通过创设了可以在我国现代金融市场上进行流通和销售的资产证券的商业经营过程。尽管资产的证券化方法具有显著宏微观的经济效益，但其中的风险尤为复杂。这是由其参与主体多、结构复杂、市场化程度高等因素造成的。

一、资产证券化的构建要素

（一）发起人

资产证券化的信托发起人一般是进行资产处置和证券化的主要双方当事人之一，一般负责创造该公司的基础资产。其需要根据证券化融资的需要，自行从资产中选择一个较为适于证券化的信托公司作为基础证券化资产或者是组成信托公司基础证券化的资产池。然后将资产采取转让或者销售的方式直接转移给信托公司特设的载体，或将信托资产直接作为信托的财产，直接将信托交由证券化的受托人自行持有。由此，信托的发起人仍然可以通过对信托公司资产的"出售"或信托，将该公司的资产从证券化的信托发起人资产负债表中全部进行剥离。

（二）特设载体（Special Purpose Vehicle，SPV）

SPV 是发起人指已经购买了发起人的所有基础资产，并依此基础资产为发起人的基础资产设计、发行的资产提供支持或者发行证券的金融机构。在对我国证券化资产的管理证券化和破产隔离表外融资的证券化结构中，SPV 一直都是证券化的重点和核心。此外破产隔离和表外融资等证券化资产管理方式的特点和优势，也只有通过一个特设的证券化载体才真正能够使证券化得以充分发挥和有效实现。对于这个特设证券化载体的所有资产的管理和其他业务的运营，应全部由其发起人或者委托其他金融服务的人员来负责进行。信托管理机构严格按照信托载体的合同约定进行第三方账户的管理和信托资金的运动。

(三) 信用增级机构

一般来说增级第三方信用的机构主要是广泛地指用于证券化资产的配置和证券化增级的机构,以及指用于证券化交易各方的外部第三方提供增级证券信用的金融服务机构和提供者。也就是说当在内部的信用第三方增级业务无法实现或者达到所需的证券发行评级时,才可能需要外部提供信用第三方增级的机构来为其提供增级信用支持。

二、资产证券化的操作流程

资产支持证券化的具体操作方式和流程如图 10-2 所示。首先,由证券化的发起人或独立的第三方评级机构组建特设载体。其次,以"出售"方式将证券化载体资产合法转让给发起人特设的载体。然后,特设机构以发起人受让固定资产或证券作为信用支撑,在经过第三方信用评级机构评级后,在已发行的资本支持证券市场上募集资金,并用募集资金的价值来购买发起人转让的资产。最后,产生的信用通过现金转交发起人给受托的管理人,再由受托的管理人向已发行资产支持证券的第三方投资者管理人支付本息。其中第三方信用支持证券提高的资金既可以由证券化的发起人自己提供,也同时可由第三方管理人提供。

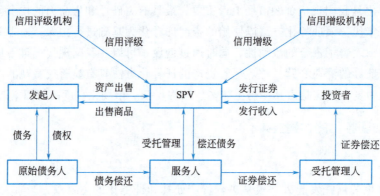

图 10-2 资产证券化流程图

第七节 资金筹备与出境

越来越多中国施工企业在"一带一路"倡议推进的背景下,顺势加入"走出去"的浪潮。然而由于外管政策的限制,资金出境以及项目融资成为了国际承包工程中的一道拦路虎。为助力中国施工企业解决"融资难"的问题,现结合市场实操经验就资金出境及项目融资常见方式进行介绍。

一、银行保函

银行机构的保函是指银行机构应根据申请人的要求,开立以特定的主体为担保受益人的一种书面担保承诺的文件。担保一旦导致申请人未按其与担保受益人间承包合同约定的条件偿还债务或申请人履行义务,则由境外银行机构履行其赔偿的责任。境内承包商在海外承包工程时，短期遭遇资金出境困难或融资难题时，可以考虑引入银行担保，从而获取资金支持。在国际承包工程中，有四种常用的保函类型可供承包方选择适用，具体详见表10-4。

表 10-4　四种常用的保函类型

保函名称	担保内容
投标保函	投标人一旦得知确认项目中标，应立即按合同约定条件要求与相关发标人签订银行合同，否则即向相关发标人依法要求承担一定经济利益损害或者赔偿保险责任
履约保函	银行担保承包方日后一定能按时、按质、按量地完成其所设计或承建的项目和工程，否则即按一定的比例向发包方或业主本人承担违约赔偿的责任
工程预付款保函	银行担保承包商在收到预付款后会按照合同约定使用款项、按时施工，否则即向业主承担赔偿责任
质量保函	银行担保在承包方对工程进行竣工验收后的保修期内若承包方发生任何工程质量的问题，承包方一定会及时予以维修，否则即由维修银行承担损失赔偿的责任

二、内保外贷

目前，内保外贷被作为是解决企业"走出去"的海外融资及资金出境受监管的及时雨，频频地出现在各大境外投资企业"走出去"的理论和实践中。内保外贷是由境外投资银行给境外投资的企业发放相应的贷款，具体流程如图10-3所示。

图 10-3　内保外贷操作流程

我国目前关于适时调整内保跨境内资担保外贷的主要监管政策和操作规范为根据国家外汇管理局2009年发布的《跨境担保外汇管理规定》（2009年财政部国家外汇局办发〔2014〕29号），其中要求外汇局对内保跨境外贷相关业务人员实行了记账登记和业务监督管理。境内融资金融机构和其他个人客户办理境外跨境内融资保外贷的金融业务，应按本条款规定的有关要求申请办理境外跨境内融资保外借放贷的客户登记。

三、跨境双向人民币资金池

跨境双向现货收付人民币交易资金池最早是出现在中国上海的自贸区。2014年，中国人民银行集团在其中国上海自贸区的总部正式成立并对外发布《关于支持中国（上海）自由贸易试验区扩大人民币跨境使用的通知》，进一步地详细明确了对中国跨境双向开放使用上海人民币境外交易资金池的具体监管政策和操作要求。自此，此项集中境外现货收付人民币交易资金池业务在中国上海自贸区资金池领域的基础上得以全面地进行规范和展开。具体架构如图10-4。

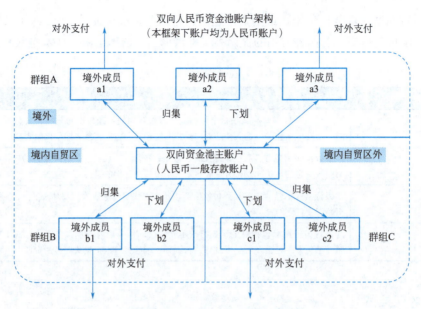

图 10-4 双向人民币资金池账户架构

① 银行集团经营主体和管理层的总部通过决议，指定在双向香港自贸区内各上市银行公司注册的其中一名银行董事会全体成员，在双向香港银行公司集团管理总部驻地开立一个双向香港人民币一般固定存款结算资金池管理账户，专门用于负责管理用于经营管理银行集团内地及跨境双向的香港人民币一般固定存款管理资金池的管理业务。此处的管理总部账户即为双向的香港人民币一般存款管理资金池主体的管理总部账户。

② 集团境外成员企业（示意图中群组 A 账户）在所在地银行（海外机构）开立人民币账户，并在跨境人民币资金池系统中签约成为主账户的境外群组账户。

③ 集团境内成员企业（示意图中群组 B、C 账户）在银行开立人民币账户，并在跨境人民币资金池系统中签约成为主账户的境内群组账户。

④ 开展上存与下划，双向归集包括资金池境内主账户归集境内资金池成员资金对外放款，以及归集境外资金池成员资金对内借入外债。

四、政策性银行贷款

相较于一般商业投资银行，政策性商业银行多以企业提供中长期海外投资贷款为主，其长期贷款具有依靠政府资金支持企业实力雄厚、政策扶持企业红利多、贷款利率低、扶持企业投资意愿强的明显特点和优势。近年伴随着大量的企业"走出去"，以国家开发银行、中国进出口银行集团为主要代表的国内多家大型政策性商业银行也纷纷响应国家政策号召，出台了大量贷款政策扶持等优惠政策。目前，为支持中国企业在海外的总承包和设备出口，国家开发银行可以提供大额、中长期的贷款支持。同时，国家开发银行以设立驻扎当地的国别工作小组的方式为中国企业提供实时的当地投资政策指引。目前，国开行对于中国企业在海外投资所提供的贷款支持多集中，贷款利率会根据客户不同情况有所差别，但总体来说贷款利率会远低于商业银行贷款。

第十一章

海外项目投资控制与现金流管理

工程项目的顺利开展必然需要有效的资金管理。有效的资金管理可帮助承包商节约项目的资金成本，为项目创造更大的价值。固定资金和流动资金是工程项目生产经营的主要资金组成。用来购置固定资产的资金为固定资金，用来购买施工所需材料、零配件以及发放工资等其他费用的主要为流动资金。这些资金会随着项目的建设过程而不断循环周转，从投入到产出，再投入到再产出。如何有效控制项目的建设成本，是需要承包商重点考虑的问题。

第一节 建设项目的成本控制

海外投建营一体化建设项目的成本控制与一般建设项目的成本控制既存在相似之处，也有差异之处。相似之处在于，工程项目的成本组成因素都包含工程直接费用、间接费等费用支出，但是海外投建营一体化建设项目应着重考虑以下成本费用：

（1）汇率成本　海外投建营一体化建设项目会在合同中约定工程的支付货币要求，当采用其他国别的货币时，往往需要承包商对付款货币与本国货币的汇率变化进行预测，合理的货币约定方案也会对项目的成本起到良好的控制作用。

（2）融资成本　海外投建营一体化建设项目的融资成本对项目有很重要的影响，主要是买方信贷和卖方信贷，特别是卖方信贷项目的还贷息差以及出口信贷保险，其占到了工程价格比例的两成左右，应该在投建营一体化建设项目中着重考虑。

（3）运输费用　运输、运输保险、报关、国外内陆运输和散货运输、空运等运输方式的运输成本比国内运输成本普遍高出200%～300%，甚至更高。

（4）其他费用　海外投建营一体化建设项目的相关保险费用、财务费用、培训、管理费用和劳动工资及津贴等均需要根据项目当地的实际情况进行计算。不同地域的规定也有所不同，通过对投建营一体化建设项目的成本进行控制，可以实现为项目提质增效的目的。

一、建立科学化的组织管理机构

科学的组织管理机构对项目的成本控制起着关键的作用。项目部是规划统筹项目具体工作的部门，科学的组织管理机构以及良好的人员配备原则都对成本控制有重要的影响。在海外投建营一体化建设项目中，项目部应设置质量、安全、进度、文明施工、劳务管理及后勤保障等相关部门。各部门的人员应具备承担本部门工作的能力，对自身工作职责以及相应要求进行熟练掌握，尤其是项目经理的选择对实现项目成功有至关重要的作用。项目经理应对项目进度、质量、成本的控制原则及关键措施进行充分掌握，对项目合同管理、财务管理及劳务管理等工作内容进行统筹协调，并建立国内外有效的沟通渠道。

二、建立完善的物资采购流程体系

海外投建营一体化建设项目的采购工作具有采购周期紧、业主要求严格及专业性强等特点，且物资采购的任何一个环节都会对项目的成本产生重要的影响，从编制采购计划到按照流程采买、运输、材料现场管理等都使承包商的采购工作难度一点一点地加大。因此，采购物资的任何一个环节都涵盖着成本控制的可能性。

（一）编制合理的采购计划

采购成功的关键在于采购计划的准确性、严密性与预见性。在制定采购计划之前，首先应明确采购工作应达到的要求，如保证交货工期、满足项目施工的进度要求，材料采购的顺序应满足工序之间配合的要求，材料及设备应达到什么样的采购标准等。

项目采购计划应为将来采购工作执行过程中计划的调整留有余地，例如，承包商要充分考虑设计部向采购部提交请购文件的时间，厂商反馈技术资料、图纸资料和本方审查的时间，施工部要求货物交付项目现场的时间等；采购进度计划的编制还要有整体性和系统性，注意与项目设计和施工工作的衔接与配合；积极与设计、施工和供应商沟通，在满足施工进度要求的前提下，适当压缩计划时间和供应商的交货周期。

（二）选择合适的供应商

1. 拓展供应商资源

采购项目物资时应注意拓展供应商资源。供应商的资源越广，承包商越有可能获得有竞争力的物资报价，选择供应商的空间也越大。因此，海外投建营一体化建设项目应尽量吸引更多的供应商参与项目，避免指定供应商直接参与项目。其次，因承包商可能会对项目所在国的供应商资源不太熟悉，所以承包商在确定供应商之前，应对项目所在国的供应商资源进行充分调查，包括当地的设备及材料供应商、物流运输服务商、检验服务商、清报关企业等。尤其一些发达国家具有较为雄厚的工业基础，承包商选择供应商的资源极为丰富。承包商也应与当地的供应商建立良好的合作关系，当项目建设过程中出现紧急情况需要快速采购物资时，良好的关系网有利于项目现场紧急工作的顺利开展。

投建营一体化建设项目开展前,承包商应与项目所在国的潜在供应商建立联系,了解其公司业务,并对其企业的财务状况、装备水平、企业实力、业务积累和履约能力等进行充分的评估。对符合条件的供应商,承包商应积极发出合作意向,增进彼此之间的业务联系。当潜在供应商对承包商发出的合作意向表示接受时,承包商应让其尽早介入项目的投标报价过程中,并鼓励供应商对项目进行实际考察,尽量在供应合同确定报价或供应合同签订前对于不明确的事项或潜在的不确定因素进行必要的澄清。

2. 考虑综合成本最优

在确定中标供应商时,不能简单地以价格作为选择供应商的标准。尤其是复杂的成套设备,一定要充分考虑供货商的交货时间、运输成本、现场服务和以往业绩等因素,力求做到采购成本的综合最优。例如某一海外炼油项目,其中循环氢压缩机处在项目关键路径上,参与投标的四家供应商都是国际知名厂商,在技术评标上都已通过,但仅有一家能满足交货期要求,且该供应商的商务报价是最高的。为满足项目进度的要求,承包商只能选择与其签约。否则项目延期的违约金,要远远高出这部分增加的采购成本支出。

3. 合理分配采购合同,切块分包

在对采购合同进行切块分包时,要注意合理搭配。例如一些小的琐碎的设备和材料往往在市场购买,价格透明、利润微薄、质量不稳定、备件采购不容易,且操作使用及维护说明书又需要逐一翻译成英文或自己编写,费事又无利润,没有厂商愿意集成,可考虑与一些主要设备一同发包。

(三)设备及材料运输

1. 交货方式的选择

采购物资的设备及材料的制造一般不是在项目现场完成。将设备及材料从制造地运至项目现场的过程中面临着诸多风险,如交货方式选择不当,包装破损和清关、报关延误等。因此,在签订投建营一体化建设项目的采购合同时,应明确界定甲乙双方的权力与义务责任,为采购物资确定合适的交货方式。

2. 约定包装标准与要求

国际工程项目中一般设备及材料的运输距离都较长,往往需要经历多种不同的运输方式才能最终到达项目现场,期间会发生多次的装卸倒运。如果设备及材料的包装质量标准和要求不高,则在运输过程中很容易发生包装破损现象,进而导致设备及材料在运给过程中出现损坏、丢失等情况。因此,投建营一体化建设项目应针对项目本身的特点,制定相应的包装、标记和运输规定,作为对供应商的约束条件。对于不符合标准的材料和设备应在出厂前进行严格控制,降低无效运输的成本,其次相关方还可以通过购买相应的海运保险以转移风险。

3. 清关、报关

项目所在地的进口清关,是整个物流运输过程中最为复杂和关键的一个环节,其相关利益方多,包括当地政府、业主、总承包商、制造商、承运人、清关代理公司等。如果清关不及时,很容易导致设备及材料滞港,造成额外的费用损失,甚至影响项目的整体进度。且每个国家与进出口清关配套的法律法规都有所区别,牵涉到材料及设备运输过程中的操作流程、税收优惠政策等。因此,在投建营一体化建设项目开工前,承包商及相关的供应商等都要对材料设备运输过程中的清关、报关手续和相关规定进行详细掌握，也可以聘请当地专业的清关代理公司，负责协调处理所有的进出口清关事宜。

三、合理组织人力资源，控制劳务成本

由于国别原因，投建营一体化建设项目中的劳务人员一般包含了项目所在地的劳务人员和国内的劳务人员。承包商在组织派驻劳务人员时，应进行合理的设计，合理设置当地劳务人员与国内劳务人员之间的比例。国内劳务人员所占比例明显高于当地劳务人员比例时，易给项目所在地政府方造成剥夺本地工作岗位的不良印象。团队的本地化程度越高，越有利于承包商与当地政府建立良好的关系，充分利用当地的资源，为项目创造良好的建设环境，实现长久的发展。智升科博士（约翰伍德集团核心成员）曾经建议中国建设企业在"一带一路"海外项目开展过程中要坚定推进本地化，充分利用项目所在地本地顾问以及职业经理人的团队。因此，在解决项目劳务问题时，应注重国内劳务人员与项目所在地当地劳务的搭配组合，既要推进本地化发展，又要实现项目建设的稳定性发展。

四、加强工程项目施工管理，控制工程成本

施工费用在项目建设总成本中占比达 35% 以上，承包商要想有效控制项目总成本，必定要做好施工管理工作，在最初进行方案设计时就充分考虑设计图纸的可施工性，并在施工过程中做好协调组织的工作来应对施工过程中的不确定性因素。

（一）通过多方会审确定最优的设计方案

业主与承包商应在海外投建营一体化建设项目施工前进行项目建设相关方的多方会审工作来确定最优的设计方案。多方会审可使项目建设的相关方了解到设计方案的难易性。建设过程中较难实现的设计部分应通过多方协商进行改进，保证工程建设的进度、质量和成本目标。

（二）优化施工方案

承包商在确定海外投建营一体化建设项目的施工方案时，首先应对多方面因素进行综合考量，包括当地的气候、地质条件、项目本身要求的进度、质量和成本目标等，并提前做出多种施工方案进行比选。其次，确定的施工方案应能满足各方统筹安排相关工作的要求，只有这样才能使确定的施工方案有效指导施工工作。

（三）强化施工现场的协调组织工作

施工现场的协调组织工作对项目的成本控制具有很重要的影响。现场的施工队伍应达到既不存在不必要的人力和物力浪费项目资源，又能够做到各个工序之间有效协调与配合的要求。

海外投建营一体化建设项目的成本控制可从技术层面予以实现，也可以利用宏观政策给予海外工程建设项目的红利进行有效的成本管理。例如大多国家常常会采取税收政策鼓励的方法引入外资，提升本国的市场活力。承包商应对这些宏观政策进行充分的分析，实现有效节约项目成本，为项目提质增效的目的。承包商对海外投建营一体化建设项目的成本控制

不仅有利于实现项目的成功,更有利于提升承包商自身的管理水平。因此,承包商应深入分析投建营一体化建设项目的成本构成,总结项目成本控制的策略,为企业发展奠定良好的基础。

第二节　海外项目资金的管理

海外投建营一体化建设项目的资金管理可以从资金流转环节入手。项目资金筹集后首先会转化为项目的储备资金,在项目建设过程中储备资金被消耗,以项目实体工程的方式存在,储备资金也随之逐步减少。直到结算阶段,已完工程部分将通过工程量审核的方式重新将实体工程中被消耗的资金转变为货币资金,实现资金回流。熟悉这些环节后,可以有针对性地对各个环节进行精细化的管理,提高项目的整体效益。

一、资金计划管理

(一) 资金需求预测

科学的资金需求预测可以帮助承包商明确海外投建营一体化建设项目不同时间段的最大资金需求值,既可以避免由于过多的储备资金闲置造成资金浪费,又可以防止较少的储备资金使项目建设运行困难耽误项目建设进度。承包商可首先根据施工经验对海外投建营一体化建设项目的资金需求额进行粗略的估计,一般来说,资金需求量为合同额的25%～30%减去工程预付款所得到的金额,且施工前期和中期相对其他阶段来说资金需求量较大。承包商在进行需求预测时,也应对照项目自身的特点进行合理预测,例如工程性质、工程规模以及工程建设地点的差异都会对资金需求量产生一定的影响。在进行资金需求预测之前,承包商首先要明确项目的工程进度计划目标及成本计划目标,以此得出项目建设各阶段的投入支出计划与资金回收计划。

(二) 资金支出计划

编制资金支出计划之前应首先确定编制的依据,通常包括项目建设完成所需要的各项材料、设备和人力投入的时间要求和量的要求,以及工程项目的成本预算。投入的资金常常包含前期费用、人工费、材料费、施工机械费、工程设备及安装费、临时设施费和其他费用等。

承包商在编制资金支出计划前,应提前依据项目的实际工期和进度需要落实设备材料采购资金使用计划以及施工过程中的资金使用计划,对各项资金需求进行明确,并对各个节点的支付币种、比例进行合理协商,以此来确定项目的资金使用计划。合理的资金使用计划能够有效避免发生先支后收的情况,一定程度上保证了项目能够按期推进。对于设备材料款项、施工分包费用、劳务费用等支出较大的费用,应提高其预测的准确性。当项目净现金流量为负或触及安全余量时,除了项目内部按照轻重缓急调整资金支付计划,重点保障优先支出(如工资、税金)外,还应按照已有预案安排资金筹集,做好资金调配和动态监控。以月为例,表11-1为月度资金支出计划表。

表 11-1 月度资金支出计划表

项目名称			合同造价				
序号	费用	付款时间（1）		付款时间（2）		付款时间（3）	合计
1	前期费用						
1.1	保函手续费	××月××日	¥0.00	××月××日	¥0.00	××月××日	¥0.00	
1.2	保险费						
1.3	管理费						
1.4	开办费						
2	临时设施费						
3	人员费用						
3.1	职工薪资						
3.2	福利、补贴						
3.3	遣散费						
4	材料采购、加工订货计划						
4.1	材料1						
4.2	材料2						
4.3	材料3						
5	工程设备及安装费						
5.1	自有设备调遣费及使用费						
5.2	新购设备费						
5.3	租赁设备费						
5.4	零配件费用						
6	专项工程分包						
6.1	专项分包工程1	¥0.00					
6.2	专项分包工程2	¥0.00					
6.3	专项分包工程3	¥0.00					
7	劳务分包计划						
7.1	劳务分包工程1	¥0.00					
7.2	劳务分包工程2	¥0.00					
7.3	劳务分包工程3	¥0.00					
8	其他费用						
9	合计						

(三)资金回收计划

资金回收计划的编制应结合合同约定价格和约定的支付条款进行合理确定,并依据项目的财务状况和资金落实情况进行适当调整。其次,资金回收计划也应结合项目的进度计划按月进行编制汇总,并确保资金回收计划与资金支出计划的时间单位保持一致。资金收入常包含以下款项:工程预付款、材料设备预付款、期中工程进度款、最终结算付款以及保留金的退还等。承包商应严格按照合同约定的方式对这些资金收入进行汇总,得出科学的资金回收计划。以月为例,表 11-2 为月度资金回收计划表。

表 11-2 月度资金回收计划表

项目名称						合同造价		
序号	费用	付款时间(1)		付款时间(2)		付款时间(3)		合计
1	工程预付款	××月××日	¥0.00	××月××日	¥0.00	××月××日	¥0.00	
2	材料设备预付款							
3	期中工程进度款							
4	最终结算付款							
5	保留金的退还							

二、货币资金管理

货币资金具有流动性强、风险大等特点,承包商应根据东道国的具体外部环境条件,建立完善的货币管理制度,进行适当的货币资金管理。对于一些金融体系较为落后、法律法规不完善及社会治安不稳定的国家,应首先加强货币资金的安全管理,减少现金丢失等情况的发生,且项目部仍应存放一部分的备用金用于海外投建营一体化建设项目的日常开支。对于货币资金的管理可从以下方面入手。

(一)加强现金安全管理

海外投建营一体化建设项目具有项目建设周期长、外部环境不稳定因素多及资金需求量大等特点,当外部环境允许的前提下,项目应尽量减少现金支出与结算的可能性,能采用银行转账等金融工具的尽量采用金融工具,降低因货币丢失等情形对项目造成的资金损失。当不可避免需要采用现金结算时,承包商应完善对于货币现金的制度管理,根据每日的日常开支大致确定现金的库存量。对于每日的支出,应由出纳做好盘点,保证库存现金账面余额与库存现金实存余额保持一致。当发生两者不一致的情形时,应及时查明原因。另外,承包商还应对放置库存现金的场所做好安全监控工作,保证现金存放的安全性。

(二)加强银行账户安全管理

海外投建营一体化建设项目在资金管理方面的另一个重要内容就是银行存款的安全管理。在项目所在地开立银行账户必须符合当地的相关政策规定,如审批政策、外汇管制政策等,避免在合法性方面出现差错。投建营一体化建设项目境外银行账户开立和使用时应注意以下事项:

① 海外投建营一体化建设项目的银行账户应根据实际需要予以开立，未经上级公司批准不得擅自开立、出租境外银行账户。

② 开设银行账户时，应严格按照当地的相关规定办理相关手续，也可咨询相关技术人员以较为便捷的方式进行办理，但无论采用什么方式，都应做到合法、安全。账户开立成功后，项目公司应及时将账户的相关信息报告上级公司，其中包含开户行、账号及户名等。

③ 海外投建营一体化建设项目的账户资金既应保证其安全性，又要满足项目经营的需要。资金限额管理是较好的一种管理方式。

④ 承包商应根据银行账户的使用情况及时进行上报，包含"银行对账单"和"银行存款日记账"等相关信息。

⑤ 开设的银行账户应在项目结束后及时进行关闭。

三、资金运作管理

（一）资金投入方式的选择

货币资金转换为项目储备资金的方式应根据海外投建营一体化建设项目所在地的建筑市场和外部环境予以确定，包含项目所在国的货币是否具有较为稳定的汇率、硬通货流通是否顺利、当地对于外汇的管制情况和工程付款方式的约定等因素。一般来说，海外投建营一体化建设项目的筹集资金为硬通货的较多。当项目所在地的市场环境较好，货币流通顺畅，外汇管制力度小时，项目的硬通货资金可直接转入银行备用，或用于偿还项目贷款。但仍存在一部分海外投建营一体化建设项目处于汇率不稳定、资金运行风险较大的发展中国家，因此，承包商应充分利用自身经验，对资金的运作方式进行合理的选择，积极采取措施防止汇率风险给项目带来的损失。承包商可从以下方面入手，做好项目资金的运作管理工作。

① 招标文件中应对工程价款支付采用的硬通货与软通货的比例进行详细的约定。硬通货的比例越高，对承包商越有利。承包商可尽量降低在海外投建营一体化建设项目中采用软通货的比例。

② 承包商应根据项目具体情况确定资金的使用用途。当合同中约定的货币大多为当地货币时，可选择将当地货币用于借贷和储备，而合同中约定的硬通货可用于购买材料和设备。

③ 当项目合同中约定的付款货币为软通货，而承包商的借贷和自有资金均为硬通货时，承包商可采用直接投入和间接投入的方式进行货币之间的转换。直接投入即为将硬通货全部转换为项目付款约定的货币，待项目结束后再将所有的货币转换为硬通货；间接投入即为将硬通货暂时抵押在银行，置换为等额的项目约定的软通货，项目结束后再将硬通货进行赎回。这两种方式都与当地银行的贷款利率和通货货币的贬值幅度有关，应由承包商在对当地的市场环境及项目资金预测后进行合理选择。

④ 选择按照工程进度进行付款的海外投建营一体化建设项目，且付款有保证时，承包商可以争取采用当地的货币进行透支信贷。

⑤ 项目资金的借贷计划应结合项目用款计划进行合理的设计，尽量降低项目的利息成本支出，控制项目资金的有效支出。

（二）节约流动资金

资金运动最显著的过程就是在工程项目的建设过程中。在这个过程中，储备的资金用于材料及设备的采购、劳务费用的支出以及分包商费用的支出,其会逐步被消耗。并且业主在支付承包商工程进度款时,还需进行工程量的审核,因此很可能会出现承包商的工程收款滞后于项目的建设进度,承包商不得已只能出现垫资开工的情形。因此,承包商应通过多种措施相结合的方法,有效控制项目的流动资金。以下为承包商的常见做法:

1. 选择最适合的材料设备供应商及其费用支付方式

承包商在选择海外投建营一体化建设项目的材料、设备供应商时,应尽可能地扩大供应商的选择范围,加大供应商之间的竞争力度,为建设项目争取最有利的材料设备及费用支付方式。

2. 零收整付材料款

这种零收整付材料款的方式特别适用于采购当地材料时,如砂、石、土、砖、水泥等材料,可以在供货合同中规定,在支付一定预付款后,由供应商每天或按订单供货到现场,在工程师确认了供货的数量和质量后,由承包商开出收条,待累积到一定金额或数量,或按一定周期凭收条一并结算并付款。

3. 有选择地租赁设备

对于使用周期较短且价格昂贵的机械设备,承包商可采用租赁方式取得设备的使用权,而不必投入大量资金购置该类设备。这样能够有效避免占用过多周转资金和资金占用时间过长的问题。

4. 一次订货、分批供应和多次付款

一次订货、分批供应和多次付款是常采用的材料采购方式,主要应用于预期价格会出现大幅上涨的材料。通过一次订货可有效避免后期采购材料时价格上涨的风险。分批供应材料可以有效降低施工现场的库存数量和承包商因维护现场材料设备而产生的成本,多次付款的结算方式可降低承包商一次支出过多工程款而出现资金运行紧张的问题。

5. 采用保留金的方法

对于采购后移交给业主的设备,除可采用信用证付款外,还可要求扣取一定比例的保留金,在业主验收并试运行后,或维修期满再退回,这样一则可以减少因设备质量问题产生的风险,二则对缓解资金压力也有一定好处。

6. 分期支付保函手续费和保险费

对于工期较长的项目,承包商可以要求银行或保险公司按季度或半年收取一次手续费,而非在开具保函时一次性支付。对于预付款保函,随着预付款逐步扣还,应相应地调低保函金额,以降低手续费。

7. 通过分包商转移资金压力

承包商可适当将不擅长的工程部分进行分包,并以此来缓解资金压力,但承包商仍应对分包工程部分的质量承担责任。

(三) 及时结算和回收资金

进度款支付及结算工程款的支付是承包商回收项目建设资金的主要方式。对于已完成的工程量,承包商应及时组织相关方进行审核,保证资金能够快速回笼,提高资金的使用效率。

1. 工程进度款结算及支付

(1) 已完工程量的确认。

及时确认已完工程量是承包商实现快速结算的重要途径。施工现场的管理人员除了应对施工工作进行组织协调外，还应及时地请工程师对已完成的工程量进行计量、审核。对于采购至现场的材料和设备，承包商应及时按照合同要求请工程师进行验收，以此申请部分的工程预付款。对于已完成的工程量，承包商应及时向工程师提出申请，进行工程量的审核和工程进度款的支付。承包商应切忌将大多工程量堆积之后请工程师进行审核确认，还应做好对已完成工程的现场保护工作。

（2）工程进度款结算账单的准备。

通常工程进度款按月结算，月结算单由承包商项目经理部的商务工作人员具体负责编制，但是需要工程技术人员的配合。首先承包商应与工程师商定月结算日，即已完工程量的统计截止日；然后由工程技术人员将结算日之前的本月已完成并经工程师签认的工程量上报至商务合同部，由商务工作人员负责汇总，并按照有关合同条款和经工程师同意的结算单格式编制月结算单。月结算单一般是在工程量表的基础上，加入各种汇总表格、工程量签认单、材料设备采购发票等各种支持证明文件，以及承包商的工程款支付申请信（Forwarding Letter）。合同中通常还会规定，只有在月结算款大于某一金额或合同价的某一比例时方可申报结算单，否则将累积到下个月，直至符合最低支付标准时才可申请支付。月工程进度款结算单主要包括以下应收款项：

① 自上次结算日至本月结算日完成的工程金额；

② 额外工程金额（包括计日工，变更项目工程款等）；

③ 工程预付款；

④ 材料设备预付款；

⑤ 合同调价款；

⑥ 有权收取的其他费用，如索赔款项等。

应扣除款项如下：

① 扣减工程预付款；

② 扣减材料设备预付款；

③ 扣减保留金，至达到合同额的 5% 为止；

④ 扣除有关税收，如增值税、所得税等；

⑤ 其他应扣除款项。

（3）月结算单的递交、审批和支付。

承包商应明确月结算单的确认程序，根据项目约定的程序安排结算单的递交、审批和支付等各个环节的完成节点，尽量避免因某一个环节发生拖延导致工程款不能如期顺利支付。其次，承包商也可以通过以下方法保证项目进度款的顺利支付：

① 加强与业主、工程师等各方的沟通。一方面，承包商应加强与业主和工程师等各方的沟通，对于有争议、有问题的工程部分应与工程师和业主进行详细汇报，寻求最佳的解决方案；另一方面，在沟通过程中，承包商仍应尊重各方的意见，尽量避免某一个争议无法解决耽误项目整体进度。

② 承包商应提高对于结算审批的重视程度，指派专人负责结算审批单的审批。

③ 承包商应合理维护自身利益，当业主未按照约定支付承包商应得的工程款时，承包商应及时向业主提出索赔，包含工期索赔和费用索赔，尽量避免出现承包商垫资建设的情况

发生，也尽量保证项目的整体效益。

2. 最终付款结算

承包商在接受到工程师颁发的工程移交证书之后，应按照相应的时间要求向工程师递交工程竣工报表。竣工报表应对项目的整体建设情况及工程建设过程中发生问题的解决情况予以汇报，具体应包含工程已完工程量的审核以及工程进度款的支付情况、预付款的扣回情况、发生的变更、索赔事项等。

3. 保留金的退还

一般来说，工程保留金会在业主向承包商颁发工程移交证书时退回承包商40%～50%，另一部分会在缺陷责任期满，工程并未出现质量问题时将剩余部分退回承包商。海外投建营一体化建设项目仍属于国际工程项目，工程保留金的数额相对来说仍较大，不排除业主在缺陷通知期满时，通过各种借口扣留承包商的保留金，损害承包商的自身权益。为此，承包商可在竣工验收时向业主提供同等金额的保留金保函，以退还另一部分保留金。

4. 最终报表

最终报表是承包商在业主发出履约证书之后的一定期限内，向工程师递交的报表。其中包含了承包商在海外投建营一体化建设项目的缺陷责任期内完成的新增工程的支付情况、原来未完成工程项目的支付情况以及承包商对于项目建设过程中的索赔款的支付情况。对于双方无法达成一致的部分，承包商应及时与业主进行沟通，寻找对双方均最有利的解决方案，使项目尽早顺利完成。

第三节　资金使用与项目进度控制

海外投建营一体化建设项目具有涉及合同金额大、支付币种多、周期长等特点，与国内大型工程项目相比，海外投建营一体化建设项目的支付币种有较多的选择，合同模式选择也较为多样，因此，做好项目的资金安排和收支管理工作对保证项目成功具有至关重要的作用。

承包商若要保证项目按照预期计划执行，有效控制项目进度，必定要对项目进行全过程的资金管理，有效识别项目建设过程中可能出现的资金风险，与项目自身的特点相匹配，才能做好项目的税务筹划、外汇管理等工作，提高资金运行的效益，推动项目如期进行。

有利的合同计价币种和结算、支付条款是承包商做好资金管理工作的第一步。此外，承包商还应做好项目的收支预测工作，合理预测未来的收支、盈亏状况。项目建设各个阶段的资金预测均应预留出一定的不可预见的费用，避免出现意外时资金短缺影响项目的推进进度，尤其是采购和施工过程中出现不可预见风险的可能性较大，应慎重做好资金管理。对于可能会出现的资金缺口，承包商应提前制定应对方案，缺口出现时能够迅速响应予以解决。

海外投建营一体化建设项目可以避免设计、采购和施工等环节之间相互制约和脱节的矛盾，有效提高了项目的执行效率和效益。承包商应做好统筹规划的工作，从多方面控制项目成本，包括设计、采购和施工等方面，实现资金的良性循环。其次，承包商可通过事前准确预算、事中高效控制和事后严格考核的方法持续优化项目的成本支出，提高项目效益。

第四节　项目的现金流与外汇管理

对投建营一体化建设项目的外汇管理应贯穿项目建设的全过程，包含项目投标开始，到项目的竣工、运营的各个阶段。投建营一体化建设项目的币种选择与国际工程项目类似，大多以外币为主，比较常见的是以项目所在国货币和美元等国际通用货币组成。与此同时，由于投建营一体化建设项目的建设周期较长，有的达到3~5年甚至更长，这期间的汇率风险会对项目整体造成很大的影响。做好项目的外汇管理工作，则能够有效提高项目的整体收益。反之，也可能会给项目带来巨大的损失。

在对项目进行全过程的汇率风险管理工作过程中，应加强对于汇率风险相关信息的收集和分析工作，做好汇率风险监测及预警，必要时要制定规避汇率风险方案，包括套期保值额度、交易品种、期限等。以下为项目建设过程中各个阶段汇率管理的要点。

（1）项目投标阶段　在项目投标报价阶段，要充分考虑汇率变化风险，把汇率变动纳入项目评价体系，对项目结算货币汇率波动情况进行深入研究，充分考虑汇率变化历史走势和未来趋势，进行敏感性分析，充分考虑汇率变化对项目成本和盈利能力的影响，必要时应预留一定比例的汇率风险补偿准备金。

（2）合同谈判阶段　在合同谈判、签署过程中，要提前规划收支比重，积极争取采用有利的币种计价结算。特别是在汇率变动较大的国家和地区，要增加保护性条款，明确货币保值、均摊损益、价格和汇率调整等方面的条款。对于设计服务、进口设备及材料、国际施工分包等费用可采用美元或欧元等硬通货与业主进行结算；对于发生在项目所在国当地的业务，可与业主约定使用当地货币进行结算。对于汇率出现大幅贬值的国家，可以按照"收硬付软"原则，争取提高硬通货（如美元）计价结算比例，也可以考虑在签订合同时增加汇率风险补偿、合同价格调价公式、重新谈判定价等条款控制汇率风险。

（3）项目执行阶段　在项目执行阶段，要动态跟踪与汇率变动相关的因素，比如地缘政治冲突、国际金融制裁、项目所在国外汇管理、利率汇率及金融政策变动等，分析研判这些因素对汇率走势的影响，发生重大变化时及时采取应对措施。同时，要统筹安排资金收支，尽量保持同币种资金收支匹配，通过不同币种收付的合理匹配，规避汇率波动造成汇兑损失的风险。当地币种部分的合同价款尽量选择当地分包商及材料供应商，支付当地货币。同时，应合理控制货币性资产存量，对于当地币种，可根据结算需求保留一定的周转需求资金。盈余资金兑换为币值相对稳定的美元、欧元等硬货币，规避汇率波动风险。

（4）项目后期　在项目建设的后期，要根据汇率变化形势，对项目留存的收益及时分配使用，适时进行分红或汇回，减少未分配利润规模，降低汇率波动风险。以下以一个案例说明现金流管理的重要性。

案例背景分析：一带一路战略的不断推进，使我国承包企业看到了"一带一路"为建筑行业带来的红利，承包商走出去的步伐日渐加快。承包商在承接国际投建营一体化建设项目时，常面临市场环境不一致，文化习俗差异较大及现金流管理水平不高等问题。例如我国某大型承包商在某国家承接的一个国际工程项目，就说明投建营一体化建设项目中现金流管理及外汇管理的重要性。

项目现金流管理现状：在此项目中，合同双方约定，承包商在承接工程后短期内可获得

40%～50% 的合同预付款。相对其他项目来说，本项目的前期资金较为充足，资金压力小，因此承包商对于资金管理工作的重视程度有所下降，使用资金随意，常发生承包商擅自挪用项目建设资金、资金低效使用、浪费的情况，以至于项目建设后期，运行资金短缺的风险大大提高，降低了项目的推进进度。此类事件应充分引起"走出去"承包企业的高度重视，需不断完善项目的现金流及外汇管理办法。

"走出去"企业可采取的现金管理策略：

① 提高现金管理意识。现金流管理意识是企业进行有效现金流管控的重要前提。因此，企业高层管理者应定期提出现金流分析报告，预测现金流，并不断强化企业内部成员对现金流管理的重要性意识。

② 建立完善的现金流入流出内控制度。"走出去"企业应有完善的现金流管理的系统控制方法以提高企业的风险抵抗力。其次，项目建设过程中发生的每一项工作所消耗的资金都应详细记录在财务报表中，以便管理者能够及时看出项目资金的变化，及时采取应对的措施。

③ 现金流预算管理。做好现金流预算编制工作，拟定现金流方案，并做好现金预算的执行和检查工作。

④ 尽量保证项目的现金流在预期的稳定状态，避免合同外风险的发生。当出现预期之外的状况时，管理人员应及时采取措施予以应对。

⑤ 提高项目本地化的程度。

⑥ 资金集中管理，统收统支。

第十二章

海外项目的税务筹划

第一节 海外税务筹划的重要性

随着全世界各地经济的飞速发展,越来越多的国内企业开拓国家市场,发展海外业务。但复杂多变的国际大环境也给企业的发展带来了较大挑战。由于税收是国内企业投资项目必不可少的一笔较大支出,其也重点受到企业关注。深入了解国际税收制度,合法合规地减少税负,为企业保住利润也是企业提高在海外竞争力,以及有效生产发展的关键路径。

第二节 我国企业海外项目税务管理

虽然我国建筑企业所实施的跨国经营战略在一定程度上有效地促进了我国企业的发展,但就针对当前企业实施的财务管理实践而言,其税务管理与国外同行还相差较远,这在一定程度上降低了中国企业在海外项目的核心竞争力。故应不断地注重企业的海外税务风险管理,进而有效地提高我国企业的竞争优势,以此来不断地促进我国企业实施海外项目长期稳定发展。以某建筑集团公司为例,2017年海外工程施工合同金额合计220亿元,项目遍及亚洲、非洲、美洲等国家,在手合同有力支撑公司未来业绩的持续提升,近几年公司海外市场快速扩张,每年新签合同额在60亿元左右,海外发展空间巨大,同时也面临海外项目效益同比下降,财务监管和税收筹划的挑战。

一、我国企业海外项目税务管理的工作现状及面临的风险

(一) 外部客观原因

1. 复杂经营环境带来的风险

目前随着"一带一路"的发展，我国建筑企业在海外的投资项目日趋增多，尤其在一些经济欠发达地区。通常情况下，这些地区的法律法规有待完善，甚至一些政府和领导人会根据自己的意愿来对宪法进行修改，这样就会增加海外工程项目税务筹划的风险。同时，部分国家的居民文化程度相对比较低，缺乏系统化、规范化的工作意识，从而导致企业管理困难，经济效益较低。

2. 税制结构差异带来的风险

如今，不同国家所采用的税制结构存在一定的差异，并且税率的设定、税种的设置以及税收征管各不相同。例如，美国未设置增值税，但沙特阿拉伯税率是20%，并且多为宗教税，同时国际中大多数选择的所得税在沙特占比是2.5%。这些税制结构差异将会导致海外工程项目税务筹划面临较大的风险。

(二) 企业内部原因

1. 管理者税务风险防范意识有待加强

一些企业管理者为了片面追求经济效益而人为地出现了偷税、漏税行为，不管是国内还是国外，偷税、漏税现象都会得到严厉打击。但是有些海外工程项目管理者缺乏税务筹划意识，从而诱发了不必要的经济损失。

2. 企业内部管理体制有待完善

因为海外工程项目的机构相对较为复杂，大多项目实行内外账管理，无形之中增加了企业内部管理的难度，如果企业无法制定系统、完善的内部管控体制，将会无法有效防范项目税务筹划风险的发生。

二、我国企业海外项目税务管理与风险防范对策

(一) 健全风险控制机构

为了有效降低企业的实施项目风险，对纳税义务进行充分、全面的筹划，这样才可以不间断提升企业在海外发展的社会经济效益。在此基础上，首先要建立全面完整的税务风险岗位控制机制，这样才可以更为有效促进相关项目税务筹划工作的有效展开。在开展相应的税务筹划工作时，应设定相应的机构来不断地保证整个工作开展的连续性，这样才能不断促进项目实施全过程可控。

(二) 做好识别税务风险以及评估工作

不断做好税务风险的识别和评估工作，可以有效降低企业的海外项目实施风险，同时能够连续保证企业海外项目的长期健康的发展。由上述可知，应首先深入了解税务以及金融的大环境，明确目标市场的政策，这样才能为相关识别和评估工作的展开提供一定的保障，从而更加合法合理地开展工作。

(三）建立风险管控应对机制

一个较好的风险管理体系，不仅可以有效促进相关税收筹划工作的展开，而且还能在一定程度上不断提高工作质量。因此需要在建立完善的资金财务管理机制的基础上，充分建立健全风险管控应对体系，这样就能不断地降低企业实施海外工程项目的风险，从而有效地为企业的发展赢取利益。

第三节 海外投资的税务筹划原则

国际上海外投资项目的税收筹划的原则是指导性思想，是一定要合理遵循的，海外投资公司应匹配到相应的原则来优化设计税收筹划的方案以及做出最后的价值最大化的选择。

一、合法性原则

海外投资项目公司国际上的税收策略首要遵循的准则即为合法性原则。深入性认识包含两大方面：一方面是海外投资项目企业的税收筹划，保证依据且不得违背国际上各国现行的税收筹划相关法律法规；另一方面，海外投资项目企业的税收策略一定要遵守税收法律之立法精神。

政府必须通过强制征税保证其日常的运行。市场经济国家关于税收的普遍原则即为纳税义务的法定性，一旦发生纳税义务，就必须按规定向国家缴纳税款，这同时也显示出税收的刚性。故海外投资项目企业在合理进行有关国家税收筹划事项时，进行税收筹划方案的设计以及优选工作必须要遵循合法性原则，不然不仅不能获利，还会由于违法而受到处罚。对于税收的合法性原则的遵从是海外投资项目企业开展税务筹划工作的前提以及基础，同时也根本保障了企业自身的合法地位。

二、利益最大化原则

为了保证海外投资项目企业的税收筹划达到终极目标，所必须遵循的原则是利益最大化原则。税收筹划属于海外投资项目企业的一种财务活动，可根据此项财务活动来减少公司税负，实现公司的价值最大化。企业的税收策略围绕这个目标一直运行。海外投资项目企业的税收策略是保证整个公司减少税负，而不仅是减少一两个税种抑或是某一下属相关机构的税负。这是由于各个税种、各个生产环节是相互联系的，某一个税负的降低可能会带来其他税负的升高。因此，税收筹划需要同时考虑直接以及间接税负影响因素；也许某种税收筹划方案能最大程度地降低整个企业的税负，但是其并不是最优方案，这个方案可能会造成整个公司总体利益的下降。故海外投资项目企业的税收策略应遵循利益最大化原则，保证公司或股东的利益价值的最大化。税负问题虽然是海外投资项目公司的一项重要经济指标，但不是公司全部经济利益。税收的减少不一定就意味着公司利益的最大化。海外投资项目企业还应通过形象、财务运行状况、战略目标多方面考虑。

三、谨慎性原则

税收筹划的谨慎性原则同样是海外投资项目企业税收策略所遵循的原则之一，即公司在事前设计选取税收策略时，要考虑到因为筹划而带来的涉税及非税风险。

海外投资项目企业之税收策略，应进行全方位各个角度综合性的分析，分析不同国家的经济状况、社会行业背景以及税收法律发展趋势，从而进行可预知性的判断，最终选择最优的筹划方案。同时大量实际经验表明未来是包含不确定性的，海外投资项目企业对未来做出的判断，如税收优惠政策、国家经济发展形势等，跟随时间变化，不确定性因素的改变均可能直接影响项目之前的税收筹划方案效果，甚至会给公司带来风险。因此，海外投资项目企业在策划、选择税收筹划方案时，尤其是从战略长远的角度为海外投资项目公司策划和选择方案时，必须遵循这一谨慎性的原则，充分权衡利弊，尽最大可能减小风险，达到海外投资项目企业利益的最大化。

四、超前性原则

税收筹划的超前性原则指海外投资项目公司在进行税收筹划时，需要在投融资、利润分配、企业并购重组这些业务发生之前进行，这是由于税收筹划策略没有办法改变已发生的纳税行为。

超前性原则具有深层次的两大方面。一方面，海外投资项目企业的纳税义务是法定的，当企业运行中已发生相关纳税义务，则不可以进行更改，不然是违法行为。因而要求海外投资项目企业应具有超前性来设计与优选筹划方案，同时根据自身企业的财务经营状况以及长远战略，事先预判项目所在国的经济状况和税收政策，最终进行最佳税收筹划的策略选择。另一方面，海外投资项目企业必须杜绝有关涉税事务的事后行为，一旦被税务机关查出，将会面临严重严肃的法律惩罚，同时将带来企业自身损失。

第四节　国际会计准则

纵观世界上各个国家的会计准则，国际财务报告准则（IFRS）与美国会计准则（US GAAP）这两种会计准应该是最成熟的。通过全球性的金融危机以及次贷危机，全世界经济和金融一体化的程度进一步加剧，不同国家经济上的往来和相关交流日益加大。上述所说两种会计准则之间的差异在不同国家中解释与应用也不尽相同，这也使对比财务报告这一工作产生了一定程度的影响。2010年2月，美国证券交易委员会通过投票的形式，全票一致通过同意美国制定并推出一套和全球相接轨之会计准则的决议。2000年欧盟正式发布的相关报告里面也同样开展进行了与国际上的趋同发展战略的一些相关研究和部署，日本、澳大利亚、巴西这些国家也相继开始走上了和国际上趋同的发展道路。因此世界各国（以美国与欧盟为其代表）虽然是步伐不尽一致、程度各异、方式不尽相同，但都在逐渐国际化的大背景下努力进行会计准则的国际趋同。

国际上的不同国家中不尽相同之会计准则的发展趋势也是必然不相同的。即使许多与会计准则研究相关的学者开展了很对关于趋同发展的相关研究，但因为国家和地区以及经济上的各种差异，对于国家会计准则的趋同研究以及实现仍然需要各个国家的学者和会计准则的制定与研究机构进行进一步的努力。权威人士指出：每一位相关学者对于会计准则的发展趋同化进行不同的研究，目的是将国际会计准则趋同的影响范围进行加强和扩大。2016年就已经有139个国家（其中包含149个地区）进行或允许或承诺优先采用IFRS。

在投建营税务筹划上，企业可利用"互联网+"技术，实现 F（融资）、E（设计）、P（采购）、C（施工）、O（运营）、M（维护）无缝聚合，不受地域时空等约束，融合国际语言、国际会计准则，从而进行多组织多投资工程项目的协调管理。比如说能够在中国央企的总部之中建立中央的控制室，针对国际会计准则进而进行税务筹划，同时能够和国际中国外的多于几十个办事处或分公司等相关机构进行联系，建立监督与指挥的系统，国内公司总部也可以任意时间来看待每个分支机构的动态，那么总部能够利用这个总控机构中心来开展国际各个分支的会议。

第五节　所在国税务制度

一、各国税收制度方面差异

（一）各国行使税收管辖权差异

税收管辖权事实上是被国际法所公认的，其主权国家依据相关法律而拥有的以及可以行使的一种征税权力。一般能够划分成三种形式类型，即居民管辖权、公民管辖权以及地域管辖权。

国际上的不同国家都有自身行事管辖权的方式，单一的地域管辖权限的行使方式的国家包括巴西、法国、厄瓜多尔、文莱、委内瑞拉、荷兰、尼加拉瓜、玻利维亚、多米尼加、巴拿马等，进行居民管辖权和地域管辖权的行使方式的国家包括中国、印度、日本、新加坡、巴基斯坦、印度尼西亚、德国、瑞典、斐济、芬兰等。目前世界各国对于纳税这一义务的确定标准有所不一：对于公民自身身份的认定，均根据公民是否已经拥有某个国家的国籍；但是对于收入来源地、居民的判定标准则往往存在比较高的差异。例如判断居民的身份根据总机构的所在地是中国，根据注册地是美国。海外投资企业在其对外的投资建设经营活动中可以充分利用该差异来规避国际的纳税义务。

（二）税收优惠政策上的差异

政府进行税收优惠这一政策实行的主要目的则为达到一定时期内这一国家的政治以及经济的相关发展目标，在税收方面采取的激励和照顾措施，它的实施能使实际利率远低于名义利率。并且不同国家也需要国外资金与技术的支持，提高自身在税收优惠上的竞争优势，无疑能对对外投资的企业提供税收庇护，进行有效税务筹划。

（三）各国税率、税基的差异

税率是计算应缴纳税额的比率，能够衡量税负轻重。各个国家的税率不同，一些地方税率很低，一些地方税率很高，税率一般高达 60% 以上。税率的差异则为相对客观性之存在，其包含相对较大之确定性，海外投资项目的相关企业能够通过充分利用其税率的差异从而匹配其直接地节减其税收的一大目标。税基则为某一特定税种课税的相关依据，当税率是一定时，税负的轻重是被税基的多少来决定的。如费用的确认和分配、资产计价项目的规定、存货计价方法等都存在很大差别。

二、熟练掌握各所在国的税收制度

BEPS（即税基侵蚀和利润转移）这一行动计划实际表现是国际上的再分配税收收益，是各个国家在税源上的竞争，其必然引发发达国家与发展中国家的长期博弈，国家之间的税制差异、各国为吸引外资推出的各项税收优惠政策均不可能因 BEPS 计划而消失，跨国企业未来在合理税收筹划方面空间仍然很大。中国企业应努力提高集团整体税务筹划能力，掌握投资目的国的税收政策，选择合适的税务筹划模式，力争在国际市场占据优势。

2015 年我国开始发展 "一带一路"，进而我国的企业也纷纷开始加入，提高对中国沿线相关国家的项目投资，惠及沿线国家和地区达 60 多个。中国企业在 "一带一路" 进程中会遇到 "重复征税、歧视待遇、税收抵免、转让定价、反避税调查" 等风险，由于在项目开展过程中需要减少高额甚至巨大的税负费用、需要降低以及有效避免声誉损失，企业十分有必要深入掌握沿线国家税收政策，事前有针对性地进行税务筹划。具体掌握方式，本书将从沿线国家所得税税率、转让定价、资本利得规定、税收抵免规定及资本弱化规则这些方面进行合理建议：

（一）掌握 "一带一路" 沿线国家的所得税相关规定

国际上不同的国家对于跨国企业收回投资通常根据特许权使用费、技术费、利息和支付股息等方式，均能够征收预提税，如新加坡、蒙古、文莱、老挝与中国签订协定的股息预提税为 5%，若其单一的比例税率是 21% 时，跨国企业实际经营税负为 24.95%；预提税为 10% 的国家，单一比例税率为 10% 时，跨国企业实际经营税负为 25.30%，相当于国内经营税负 25%。因此中国企业选择单一比例税率小于 17% 的国家进行投资，未来境外的经营税负将比境内的经营税负低；若其单一投资比例的税率为大于 21% 时，境外未来的经营税负将是高于境内的经营税负。并且境外的经营税负还可能受到境外投资目的地国的相关税收的优惠政策的影响，有减免税待遇、税收双边协定的国家应纳入筹划范围。

（二）掌握 "一带一路" 沿线国家的转让定价相关规定

我国相关企业若决定投资于对转让定价无要求的沿线国家，应尽量运用转让定价方法降低境外税负；我国相关企业若决定投资于可预约定价的沿线国家，签订相关预约定价可一定程度上进行不确定性还有税收的风险的减少，需要签订预约定价，这一般是和其税务有关部门进行洽谈；我国相关企业若决定投资于有转让定价规则、无转让定价规则但有公平交易原则或有相应规定要求的沿线国家，需要顺从投资所在国的税法规定，从而有效规避投资所在国的反避税调查。

（三）掌握 "一带一路" 沿线国家资本利得的相关规定

资本利得指的是纳税人进行房屋、设备、股票、债券、无形资产等资本项目的出售之后的净所得。我国相关企业若决定投资于对资本利得免征公司所得税和资本利得税（即在该国进行企业公司注册之后转让境内境外的股权都不需在该国进行纳税）的沿线国家，我国相关企业将持有股权进行合理转让同时把所得汇回我国这一过程中也不需进行预提税的缴纳；我国相关企业若决定投资于视同经营所得正常纳税的沿线国家，我国相关企业则需要严格遵循税法规定；我国相关企业若决定投资于有特殊规定和部分免税政策的沿线国家，我国相关企业可选择对企业发展有利的投资方式，尽量享受到投资目的国的税收优惠。

（四）掌握"一带一路"沿线国家外国税收抵免的相关规定

目前"一带一路"倡议下沿线有关的国家通常多数使用的是免税法以及抵免法，目的是避免在国际上重复多次征税。蒙古、阿尔巴尼亚和巴林等对投资企业境外收入已纳外国税收实施全额抵免；大部分国家实行限额抵免；叙利亚、阿联酋等国家对境外已纳税额不能抵免，在这些国家投资税负将非常重。我国相关企业的投资国家规定的境外税收抵免程度相对更加充分时，我国相关企业的跨境经营的税负就相对更低，具体见表12-1。

表12-1 "一带一路"沿线国家境外收入已纳外国税收抵免规则及相关规定

规则	各国规定
限额抵免	波黑、波兰、印尼、俄罗斯、印度尼西亚、格鲁吉亚、马其顿、阿曼、克罗地亚、埃及、巴基斯坦、菲律宾、韩国、黑山、孟加拉国、新加坡、越南
限额抵免，且有免税规定或其他要求	泰国，境外纳税高于15%，国内免税；阿塞拜疆，参股免税；希腊，参股免税； 土耳其，境外纳税高于15%，国内免税；拉脱维亚，来源于非黑名单国家股息免税； 斯洛伐克，限额抵免或协定免税；白俄罗斯，需境外税务认定； 罗马尼亚，欧盟或协定国免税（持股10%以上且连续超1年）； 马来西亚，来源于非协定国，抵免外国税款的50%；乌克兰，参股20%免税； 立陶宛，参股10%以上且持股12个月以上免税； 斯洛文尼亚，来源于非黑名单国家股息免税
可抵免，且有免税规定	匈牙利，参股免税（持股10%以上且连续超1年）；保加利亚，取得欧洲股息免税；爱沙尼亚，持欧盟和瑞士公司10%以上免税；哈萨克斯坦，有条件免税
可抵免，且有其他要求	文莱，抵免额小，超过国内应税所得50%；乌兹别克斯坦，需税务证明；日本，有条件抵免；以色列，直接抵免和间接抵免；土库曼斯坦，需提供资料证明在境外确实已纳税
协定国可抵免	斯里兰卡，来源于非协定国，列为费用在税前扣除；捷克，来源于非协定国的列为费用；吉尔吉斯斯坦，来源于协定国，限额抵免
可抵免	塞浦路斯、蒙古、阿尔巴尼亚、巴林
不可抵免	叙利亚、沙特阿拉伯、阿联酋、科威特、卡塔尔

第六节 主要税种和涉税内容

世界各国税种、税率和征收管理上的差异虽为国际工程税务管理增添了难度，同时也为海外工程项目的税务筹划提供了客观基础。

精准理解各国税种征税对象、税率等影响因素对税务成本的测算结果准确性至关重要。在预算企业所得税的具体成本时，在税率、计算方式和相应的体系等方面都相差很远。例如印度对所得税税率的计算是按照具体收入来进行的。再比如增值税的计算，虽然一般来说，增值税具有可抵扣性，但是抵扣的条件在各国也存在差异，并且由于境外工程项目的复杂性，在多个环节都会涉及增值税，企业应该对其加以注重，避免增加不必要的增值税成本。

从税率差异来看，同样的工程项目，在税率相对较低的国家缴纳税款，就可享受到实际的经济效益，税务筹划的效果立刻显现出来。先以所得税为例，根据美国著名税收研究智库——税收基金会发布的《2018年全球企业所得税税率分析报告》，法定企业所得税率最高的20个国家税率均高于33%，如阿拉伯联合酋长国（55%）、科摩罗（50%）、波多黎各（39%）、委内瑞拉（34%）、法国（33.33%）、留尼汪（33.33%）、喀麦隆（33%）等。而全球法定企业所得税税率最低的 20 个管辖区的税率均低于 15%，例如爱尔兰以其 12.5% 的低税率而闻名，并且 2003 年就已经开始投入运行。此外，2017 年匈牙利的企业所得税的税率有所降低，之前是 19%，后来降低为 9%。在接受调查的 208 个管辖区中，有 12 个目前没有征收一般企业所得税，其中大多数国家都是小岛国家，如开曼群岛和百慕大，因不征收企业所得税而闻名。这么一比较，就会发现税务筹划的潜力巨大。再来看看关税，很多非洲国家以前是欧洲部分国家的殖民地，而今彼此之间经济联系紧密，存在许多关税互免协定，例如阿尔及利亚和欧盟就有关税互免协定，因此，承包商从欧洲进口物资将会节省很多关税。

税收征管通常所指的内容包括有关税务的登记、账簿以及纳税凭证的管理、纳税信息的申报、税款的征收、税务的检查以及其相关所包含的法律责任。如企业未能按照规定的程序履行纳税义务，将可能是会导致面临进行补缴相关税款，缴纳一定数额滞纳金或进行罚款等相关行政性质的处罚等严重后果。比如说越南这一国家明确规定了无论外商投资企业还是国内企业，在取得了营业执照、经营管理许可证或投资的许可证之后的十个工作日内，应前往税务的有关部门进行税务登记这一程序的办理工作，没有办理税务登记或者逾期办理的，将有可能面临纳税评估，并承担不利的评估后果。

第七节　纳税主体选择

成立何种法律形式的海外工程项目主体可以说是整个海外工程项目投标的关键核心，不同的法律主体面临不同的纳税义务，进而对项目结构搭建、项目合同结构甚至合同表述方式等都会有影响。反过来也可以说，不同纳税义务会对海外工程项目主体法律形式的选择产生重大影响。

海外投资中一般有三种项目主体形式，即非常设机构、分公司和子公司。

非常设机构通常是指海外投资东道国能够采用国内总部的名义进而展开相关业务，不能够成立分公司或子公司。相关国家若已经与中国政府进行签订了避免双重征税的相关税收协定，展开相关项目工程持续的时间没有超过一定的期限——通常情况是 6 个月，不构成常设机构不缴纳所得税，利润汇出也可享受免税；相关国家若没有签订税收相关协定非常设机构需由业主代扣代缴预扣税。

海外投资项目分公司和子公司税收待遇等方面差异相对较多，可从几大方面对二者进行比较，详见表 12-2。

表 12-2　海外投资项目分公司和子公司税收待遇等方面差异对比表

项目	子公司	分公司
法律责任承担	独立法人主体，独立承担法律责任	非独立法人主体，公司总部承担法律责任
纳税主体身份	按照项目所在地国家法规设立，一般可享有居民纳税人身份，就全球所得向项目所在地国家纳税，能够享受相关税收优惠政策的待遇（含免税期）	属于外资企业的一部分，并未享有居民纳税人这一身份，就项目所在国所得纳税，往往无法享受税收优惠待遇

续表

项目	子公司	分公司
利润汇回	海外项目子公司的利润等同于母公司投资所得及资本利得，很多的国外情况是使用了减征或免征的预提所得税这一政策的方式来使子公司向母公司相应支付的股息	一般情况下分公司应支付给总公司的利润，不需要进行预提税缴纳
亏损、利润处理	子公司的利润可以留在子公司，获得额外的税收利益	分公司流转税需要在项目所在地进行缴纳，利润则是在公司总部来进行合并纳税，亏损可以将总公司的利润进行相关冲抵，因而能够使税收的负担降低
权益及资产转售	母公司转售其境外的子公司的股份所增值的部分，一般能够享受免税优惠	

海外项目企业在选择时，不能简单地认为哪一种纳税法律形式最好，应结合项目实际情况进行选择。若相关国家已经同中国进行签订双边税收协定，则工程项目进行开展时总工期可以达到最低限制，并且运用总部名义即可进行业务开展，能够免除税负，那么相关企业这时可以不设立常设机构。若没有达到以上所述要求，那么相关企业应首先进行综合对比，比较子公司和分公司所得税率以及利润汇出类税金，最终择优处理。甚至可以结合税收协定网络、税收差异等因素进行多层级的架构搭建。

第十三章

项目建设阶段价值最大化

第一节 价值工程与投资收益

价值功能是一项创造性的活动，它通过分析产品、作业的功能，提出多种可实施的方案，来追求以最低的全生命周期的成本实现最大的产品价值，同时，此产品价值应以能够满足产品的最基本功能为前提。

价值工程理论是适用于多个行业、领域的技术方法，美国工程师麦尔斯于1947年提出的"价值分析"是价值工程理论的最初起源点。它是一门具有系统性与交叉性的管理科学技术。管理者在运用价值工程理论时，应首先对项目产品的设定功能、预期成本和价值优化方向进行明确。在这些问题确定后，管理者应找出本研究问题中存在的可重点改造的研究对象，对这些研究对象进行成本与功能上的优化，实现提升项目总体价值的目标。管理者在分析项目的功能与成本时，应注意要区分项目的必要功能和不必要功能，减少不必要功能的成本支出，有效提高项目的总体价值。

价值工程理论是工程项目管理者进行项目成本优化、功能优化的最佳视角，可以在工程建设领域发挥较大的作用。项目管理者可综合考虑项目参与各方的综合利益，采用科学的手段分析各方需求，对工程设计方案与施工方案做出合理的优化，有效降低项目建设成本，提高项目整体价值。例如，在工程项目建设的全生命周期中，前期决策阶段与设计阶段对项目的成本影响最大（图13-1），这阶段工程建设功能与成本优化的空间也最大，管理者应在这两个阶段做好充分的调研工作，明确各方的利益需求以及项目的功能需求，通过设计优化或设计管理等手段，做出多方案的比选供决策者选择，确定最优方案。一般来说，到项目的施工阶段，工程项目整体的优化空间会大大下降，管理者只能在限制条件内做出小范围的改动来优化施工过程中发现的问题。

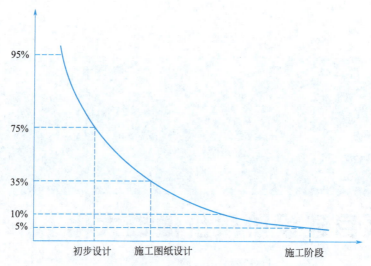

图 13-1　建设工程项目各阶段对工程成本的影响可能性

根据价值工程的定义公式，提升项目整体价值包含五种方法：成本缩减型、机能提高型、复合型、扩大成长型和衰退型，如表 13-1 所示。

表 13-1　价值工程类型分析

分类	表现	示例
1. 成本缩减型	成本降低，功能不变	C↓，F→
2. 机能提高型	成本不变，功能提高	C→，F↑
3. 复合型	成本降低，功能提高	C↓，F↑
4. 扩大成长型	成本略有提高，功能显著提高	C↑，F↑↑
5. 衰退型	成本显著下降，功能略有下降	F↓，C↓↓

第二节　设计方案比选

方案比选是为实现项目效益最大化，将提出的多种方案进行筛选确定一种最佳方案的常用的技术经济评价方法。人们最初运用方案比选的方法时，考虑到的影响因素都较为片面，且受认知能力的限制，提出的方案多较为简单，方案优化的空间仍较大。随着现代科技的发展以及研究方法的不断完善，人们看待事物的角度也逐渐全面化，管理者及决策者不应只看到项目本身所带来的收益，仍应重视项目为整个市场环境、社会环境带来的效益和影响。因此，方案比选也由少量方案单一目标逐步优化到了多方案多目标的决策中来。由此应认识到，科学研究方法的完善与项目的发展是相辅相成的。科学研究方法的不断深入能够提高工程项目应用研究方法时的先进性和数据分析的准确性，项目的发展壮大也可以为科学研究方法的发展提供实践经验，提高研究方法的成熟度。

对于海外投建营一体化建设项目这类大型的国际工程项目，其自身具有的建设周期长、建设环境复杂多变、方案设计对项目后期建设影响巨大的特点，使管理者和决策者必须采用多方案多目标的决策观点予以应对。管理者需要对每个方案的技术经济指标进行充分的分析、评价与论证。方案的数量、方案的深度以及对技术经济指标分析的准确性以及方案的合理性会在很大程度上影响项目的建设成本。

一、评价指标体系的建立

指标评价体系是决策者选择和评价设计方案的基础，是衡量方案优劣的标准，建立科学、客观的方案指标评价体系有助于决策者选出最优方案实现项目价值最大化。在建立评价指标体系时，应遵守如下原则：

1. 全面性与科学性

评价指标体系中的各项指标概念要科学、确切，应尽可能全面、合理、真实地反映施工方案涉及的基本内容，尽可能减少评价人员的主观性，增加客观性。指标设定应尽可能采用先进的理论，并广泛征求专家意见。

2. 核心指标选择的准确性

指标评价指标可以多种多样，但应以核心指标为主考评项目价值的优劣。因此，在建立评价指标体系时，应根据每个项目的特点，准确选择核心评价指标。

3. 系统优化

构建的评价指标体系必须保证层次清晰，结构合理，在满足能够较为全面反映设计方案的基本内容的前提下，尽量简洁。管理者应对评价指标体系进行不断的优化，冗余繁杂的评价指标体系既不能对设计方案做出准确的评价，又不能清晰反映方案评价的侧重点，易使管理者做出错误的决策。

4. 定性分析与定量分析相结合

为多目标评价决策做支撑的评价指标体系应不断提高评价指标的可测量程度，即可定量描述的程度。定性的指标往往只能得出是或否的结论，但并不能将这个选择的倾向程度做出准确的描述。定量的指标越多，对于方案评价的准确性也越高。

5. 可行性和可操作性

评价指标体系中的指标应具有可行性、可操作性、针对性及规范性。首先，应用于海外投建营一体化建设项目中的评价指标应能够实现。如果指标在项目中无法找到对应的依据就丧失了可利用的性能。其次，每个项目的评价指标体系应具有针对性，准确反映每一种方案的优势与劣势，为管理者决策提供参考。在对各个指标进行赋值评价时，评价的标准应符合建筑行业的实际情况，不能片面地限定某一个指标的要求。

6. 灵活性

评价指标体系的设定应预留出一定的灵活度。当针对不同的项目时，或者针对一个项目中不同的分部工程时，应能够对评价指标体系做出合理的修改和拓展。且不同的指标可能在不同的方案比选中的重要程度会有所不同，管理者应看到评价指标体系中指标对比选方案的重要程度，对方案进行准确的评价分析。

7. 目标导向

评价指标体系由各个评价指标组成，所以评价体系中的每一个评价指标的选择都应以服务于评价目标为原则进行组合，以目标为导向，才能保证评价指标体系的适用性。

二、方案比选的方法

方案比选包含有传统的比选方法和现代方法两种。传统的比选方法较为简单、直观，更侧重于定性分析，例如有经验判断法、方案评分法和经济计算法等。现代方法则大多运用了一些数学评价方法，侧重于对比选方案的定量评价，评价结果更加准确，常见的现代方法有层次分析法、目标规划法、灰色理论分析法、模糊数学综合评价法和人工神经网络法等。管理者及决策者在进行方案比选时，可将多种研究方法进行组合，寻找最佳的比选方法，以此确定最优的设计方案。

1. 传统方法

（1）经验判断法

经验判断法是一种较为简单的评价方法，主要依靠评价者的自身知识素养和积累的经验对方案进行评价，常见的有德尔菲法和优缺点列举法等。这种方法较为直观、简单，适用于一些信息不充分，指标难以定量测算的项目的方案比选。但是这类方法的主观性较强，且容易受评价者的自身水平的限制，评价结果易出现偏颇。

（2）方案评分法

方案评分法与经验判断法的区别就是实现了一定程度上的定性评价与定量评价相结合。它需要评价者对不同方案的重要程度、能实现的贡献的大小、适用性等指标进行详细的打分评价，避免了之前的经验判断法中笼统直观地将方案定性为"好"或者"不好"的问题。常见的方案评分法有综合价值系数法、加法评分法和乘法评分法等。虽然这种方法仍具有一定程度上的主观性，但较经验评分法来说，仍实现了很大程度上的进步。

（3）经济计算法

经济效益是投资者和承包商在建设项目时极为关注的指标，而经济计算法侧重于对比选方案的经济效益的计算。通过评价比选方案的成本和效益值，为决策者提供决策依据，是一种较为准确的评价方法。

2. 现代方法

（1）层次分析法

层次分析法（Analytic Hierarchy Process，简称AHP）是一种层次权重决策分析方法，它将对决策有影响的各个因素分解到了方案层、准则层和目标层，通过定量分析与定性分析相结合的方法得到权重向量，并进行一致性检验。这种方法适用于定量信息较少的方案比选问题，但是层次分析法并未实现完全意义上的定量分析，仍具有较多的定性因素。

（2）目标规划法

目标规划法包含有单目标规划法和多目标规划法，它是在线性规划基础上演变出来的一种科学方法。管理者首先确定项目期望的各个目标，并将其进行排序，通过目标规划对不同方案进行比选，得出最佳的项目方案。这种方法已应用于各个研究领域，包含国民经济、企业发展等多个研究内容。

（3）灰色理论分析法

灰色理论分析法是一种常用的数学方法，它通过削弱目标的自身属性使各个目标之间产生对比性，然后对其进行分析。这种研究方法在解决多目标归一化的问题时具有较大的优势，且定量化极强，很大程度上避免了由于主观判断给方案比选结果带来的误差。

（4）模糊数学综合评价法

工程项目的目标往往受多个因素共同作用，且每个因素对工程目标的影响程度会有所不同。模糊数学综合评价法是一种多因素决策法，它可以结合各个因素对不同的方案作出全面的评价。

（5）人工神经网络法

人工神经网络法常用于处理方案比选中一些较为复杂的技术经济指标。网络模型是人工神经网络法分析数据的重要工具，其包含了输入层、输出层和隐含层。各个层之间的连接权值通过反向传播算法进行计算。

第三节　设计优化

一、设计优化 – 价值工程程序

将投建营一体化建设项目总设计公司定义为设计公司 A，而将优化设计公司命名为设计公司 B（有时 A 与 B 可以为同一家设计公司），假定这是两家不同的设计公司。价值工程的全过程应与投建营一体化建设项目设计过程同时穿插进行，可将其分为初步优化设计与详细优化设计两个阶段，过程如下：

1. 初步优化阶段

在设计公司 A 的图纸进行到初步设计阶段末期或结束后，总承包商聘请一家有资质的设计公司 B 作为优化设计公司，总承包商与 B 一起商讨优化方案，由 B 将初始优化设计方案上报总承包商，由承包商审核后，将优化的建议反馈给 A。A 根据总承包商提供的优化建议，修改设计图纸，将修改后的图纸上报总承包商，这就是初步优化阶段价值工程方法的应用。

2. 详细优化阶段

设计公司 A 继续下一个阶段的详细优化设计。在设计进行到详细设计阶段末期或初步设计结束后，总承包商可再次与设计公司 B 对 A 完成的详细设计图纸进行审查，对于不合理的部分设计公司 B 可提出意见与业主进行交流，最终可由 A 设计公司将此部分建议融入到设计图纸中。完成后的设计图纸应递交政府部门进行审批，设计图纸经过政府部门审核成功之后，总承包商应尽快将图纸发送给施工部门开展现场施工工作。对于不需要政府部门批准的设计图纸，可由总承包商直接将最终设计图上报业主备案并发送现场施工。这就是详细优化阶段价值工程方法的应用。

二、设计优化案例

孟加拉污水处理厂项目为习近平主席见证签署的"一带一路"重点项目，由本项目的顾问公司与达卡市水务局于 2015 年通过议标的方式签订合同。项目的合同金额达 2.8 亿美元，其中永久设备不含税。项目的资金来源为中国进出口银行，项目的贷款享有一定的优惠政策。本项目的建设内容包含了污水处理厂、污水输送管道和污水提升泵站等。

该项目属于"一带一路"的重点建设项目，具有战略性的意义，如何保证项目的成功成为了参建各方重点关注的问题。本项目的咨询顾问公司在对项目所在地的外部市场环境进行考察和对原方案进行工程量审核之后发现，如果按照原方案实施，后期可能会出现技术上的问题，且很大几率上会给参建各方带来较大的亏损风险，必须采取一定的措施对原方案进行改进才可能使项目成功运行。

1. 设计优化的依据

① 必须在项目的征地红线范围内设计所有的构筑物，不得要求继续征用新地。

② 污水厂的用电总负荷不得超过 10 MW。

2. 设计优化总原则

占地更少、技术更优、运维更简单和成本更低。

3. 设计优化内容

（1）工艺系统方案的优化

顾问公司通过对项目合同进行分析发现，原合同中规定的项目工艺系统方案仍存在优化的空间。例如，原方案中未对旱季和雨季对应的平均水量和水质进行规定，且污水处理厂的防洪方案的安全性也有待提高。因此，顾问公司向业主建议，根据合同条款对旱季和雨季的平均水量和设计水质进行明确，并将进出水指标中总氮列为需考虑去除的指标。为提升污水处理厂的防洪安全性，顾问公司将原来的"低场平 + 尾水及雨水提升排放"的设计方案优化为了"高场平 + 尾水及雨水重力排放"。通过这一系列的设计优化，既保证了构筑物、建筑物能够布置在红线范围内，又节约了业主的投资成本。

（2）结构桩基的优化

顾问公司对原合同的土建成本进行了分析，并对当地的市场进行了调研，发现当地的骨料供应商极不稳定，供应商及可供应的材料数量较少，且价格相对其他可替换材料来说偏高。因此顾问公司向业主提出建议，可将本项目的桩基形式进行改进，放弃采用原方案中约定的长螺旋钻孔灌注桩，换为较易实施的沉管灌注桩基础。

（3）污泥焚烧方案的优化

污泥焚烧方案是本项目的一个重要部分。合同中的原方案采用"板框压滤脱水 + 流化床干化焚烧"的焚烧方式。但国内对此技术并不熟练。设计团队调研了国内石洞口的污泥焚烧厂以及其他国家的污水处理厂以作参考。经调研发现，原合同约定的预算远不能满足此技术方案的要求，且国内对此技术并不能完全掌握，若咨询国外公司，则项目的实施成本将难以控制，设计团队只能寻找其他较优的可替代方案，最终选定了清华大学自主研发的"喷雾干化 + 回转窑焚烧"技术。经过各方交流发现，此方案与原方案相比，其运行效率、运维成本及熟练程度都更为适合，且此方案所需的设备均能够在国内进行采购，很大程度上使成本得以有效控制。

（4）设备配置的优化

顾问公司对工艺系统方案、结构桩基和污泥焚烧方案等进行多方面的优化之后，项目所需的设备配置也有所变化。大多原来要通过进口才能采购的设备在方案优化之后可选择国产设备予以代替，既满足了项目的建设要求，又能够有效控制项目的成本。

（5）电气系统的优化

通过与当地的供电部门进行沟通，顾问公司对本项目的电源方案进行优化，放弃了原来采用的 2 回 11 kV 市政电源、备用 7200 kW 柴油发电机容量的方案，而选择采用 2 回独立的高等级 33 kV 市政用电。经过优化之后的方案，有效的电源回数由原来的 1.5 变为了 2.15，供电保障率和安全性也有所提高。表 13-2 为原合同电源方案与优化电源方案对比表。

表 13-2 原合同电源方案与优化电源方案对比表

项目	原合同电源方案	优化电源方案
供电电源	11 kV（50%）+11 kV 市电（50%）+7200 kW 柴油机安全负荷（15%）	33 kV（100%）+33 kV 市电（100%）+柴油机安全负荷（15%）
有效电源回数	1.5	2.15
供电保障率	较低	高
安全性	不高	高

孟加拉污水处理厂项目的原设计方案成熟度有所欠缺，且大多施工技术采用的是国外的技术，项目成本难以控制，而本项目聘请的顾问公司在接到项目之后，对项目所在地的市场进行了充分调研，并对项目合同进行了深入的分析，提出了诸多项目设计优化的要点，对项目的成本控制起到了重要的作用，既保证了项目的顺利运行，也为项目参建各方创造了良好的收益。

第四节　施工阶段价值最大化

施工阶段是将设计图纸通过施工活动落实到实际生产过程的阶段。在这一阶段，大量的资金被消耗转换为实体工程。随之而来的可能就是一部分在设计图纸中没有发现的问题会在施工的时候显露出来。因此施工方在这一过程中应及时与总承包商沟通现场施工遇到的问题，协商提出解决方案，对设计图纸或施工方案进行调整。虽然施工阶段对项目投资的影响并非像决策阶段和设计阶段的影响幅度那么大，但施工方及总承包商仍应及时关注现场施工的情况，尽可能避免不合理成本的浪费。

一、优化施工现场管理

只有不断的实践与更深层次的认知，才可能实现一步步的优化升级。施工现场管理是更高效的施工办法、更优的施工工艺诞生的"摇篮"。海外投建营一体化建设项目的建设地点不在国内，有时施工现场很容易发生秩序混乱、资源调配不合理等问题。承包商可借鉴国际工程项目较好的施工现场管理的方法来降低不合理现象发生的可能性，例如材料多次搬运、人力资源浪费、机械利用率降低等问题。

二、强化施工质量控制

良好的施工现场秩序为施工质量的管控提供了较好的外部环境，承包商及驻扎在现场的项目部都应对施工的质量进行严格的控制，保证最终工程实体能够满足功能需求，这也是实现项目施工价值最大化很重要的一个方面。如建立完善的交接验收制度与开工前交底制度配合实行、严格的工序把控等都可对管控项目施工质量起到较好的作用。

1. 建立完善的交接验收制度

承包商及施工单位应统筹管理好施工现场的制度建设工作，建立完善的开工前技术交底工作制度、工程交接验收制度等相关制度。制度越完善，各方人员执行工作的程序就越规范，这有利于提高工程产品质量的合格率以及现场资源调配运行的效率。制度越规范，责任越明确，越有利于降低现场各方纠纷矛盾的发生机率。

2. 确定严格的审查制度，保证一切工作顺利

施工过程中的任何一项工作都应进行严格的审查，投建营一体化建设单位应拟定严格的审查制度。这不仅包括对于施工原材料的审查，还包括施工过程记录、施工产品等的严格审查，尽力避免一切返工工作，保证工程质量，提升自身企业信誉与外界形象。

三、切实可行的进度计划，保证工程按期或提前完成

工程项目能够按期或提前完成是施工阶段提升项目价值的另一个重要手段。科学合理、切实可行的进度计划安排是施工过程中的"行动指南"。翔实的总体进度计划、各分部分项工程实施进度计划可保证总体目标的按期完成，一旦发生不可抗力等不可预见的事情之时，也可根据计划进行及时调整。因此，用科学的动态控制方法编制总进度计划是关键任务。

海外投建营一体化建设项目的进度控制对项目参与各方都是极为重要的控制要点。承包商可将目标管理的思想融入到工期控制的工作中。通过经验可以证明，如果承包商只重视最终工期目标而忽视过程工期节点目标，一旦施工过程中出现问题延误了施工进度，项目后期很难弥补错失的工期。因此，承包商可对施工单位设置过程工期节点目标，当施工方完成约定目标时，对其予以奖励，当未完成预期过程工期节点目标时，承包商应要求施工单位及时出具弥补工期的解决方案。

第十四章

投建营项目的运营管理

第一节　产业园区运营管理

运营管理是投建营一体化的重要组成部分,也是对外承包商较为薄弱的一环。运营团队组织以及运营模式的选择需要根据项目类别和规模来定,范围较为广泛,因此本章节主要介绍园区的运营管理,以投后管理、中国标准输出为例进行运营管理的举例说明。

结合产业园区实际情况,以专业分工和扁平化形式设置园区采用管理制度。产业园区可以有东道主国家、中国政府、中国相关企业、东道主国家相关企业以及开发主导企业组成产园开发公司并组建董事会。产业园区运营是由运营方运营管理的,因此园区的总经理由运营公司派员工出任,负责园区实际的经营管理以及对下一级的聘任、管理和任用,并定期向董事会汇报产业园区情况以及遇到重大事件和问题求取各种形式的帮助。对于副总经理来讲,其工作在于听从总经理安排,辅助总经理工作,依照总经理指示来对园区内部各项工作进行管理,进而使得园区能够实现良好运营。产业园区运营管理组织结构见图14-1。对于综合管理部门来讲,其工作主要是集中于园区日常工作的管理,具体包含人力、工会、培训、咨询等各个方面。对于物业管理来讲,其属于后勤部门,主要对园区日常事务进行管理,为产业园区内部企业提供优质化服务,工作涵盖加油、卫生、安全、住宿、配送等诸多方面。业务部包括招商、仓储、运输、运营四个部门。招商部相当于销售部门,具体来讲,就是对园区进行推广,吸引更多企业入驻园区。对于仓储部门而言,其工作就是对园区内部的仓库进行管理。运输部门则集中于对道路、车辆方面的管理,确保货物运输通畅性。运营部门需对园区运营进行维护,确保园区运营的稳定性。

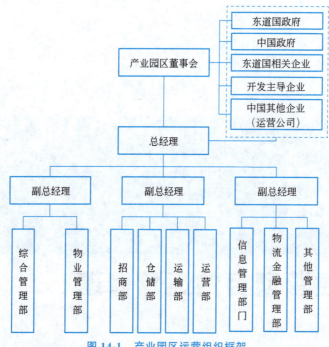

图 14-1 产业园区运营组织框架

用发展的眼光看未来海外产业园区的市场运作模式，企业管理型或是政府－企业混合管理型的运营管理模式较为有发展潜力。由开发主导企业联合社会资本，成立园区开发运营管理公司，开发运营公司负责产业园区的开发、建设和运营工作；或是由开发主导企业联合社会资本、中国政府以及东道国政府成立园区的管理委员会，由管理委员会负责园区的社会事业，管理委员会下设运营公司负责园区的开发、建设、运营和日常管理等工作，其运营管理模式如图 14-2 所示。

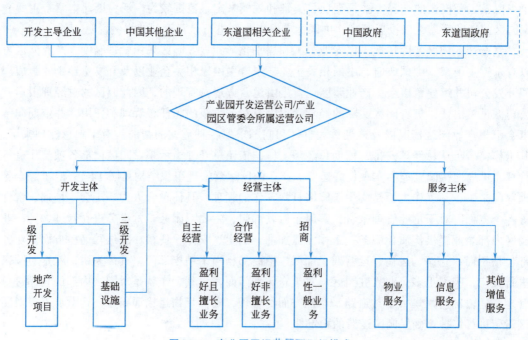

图 14-2 产业园区运营管理组织模式

第二节　海外铁路项目的运营管理

一、埃塞俄比亚——吉布提铁路项目

（一）项目概况

埃塞俄比亚铁路又称亚吉铁路，西起埃塞首都亚的斯亚贝巴，东到吉布提港，全线长约 756 公里，由中国铁路集团二局和中土集团分三段签约并共同承建。亚吉铁路建设标准采用的是中国二级电气化标准，客车设计速度为 120km/h，货车的设计速度为 80km/h，共计投资 43 亿美元左右。

（二）运营情况

自 2018 年 1 月 1 日亚吉铁路开始运营至 2018 年 12 月 31 日，仅仅一年时间，亚吉铁路国际客车和货运车共计开行 1103 列，旅客运输量达 12.5 万人次，货物运输量 138 万吨。

根据统计的亚吉铁路 2018 年运输数据进行推算，亚吉铁路欲达到现金流平衡，其每年货物运输量需到达 400 万吨，欲想达到盈亏平衡则每年货物运输量需达到 800 万吨。吉布提多哈雷港口的开通，使得吉布提港口年进出口量达到 3500 万吨，巨大的商贸物流和运输需求给吉布提铁路沿线带来巨大的商机。商业运营的开通也给运营团队带来了挑战，运营团队面临着"两家公司间磨合、两个国家间协调、电气化配套不到位"等挑战，但是他们以积极的状态进入工作，克服了组建团队难度大、业主预算不到位、沿线安保问题、水电问题等各种问题，并且他们持续地改进运营效果使客运量和货运量持续稳步的上升。

（三）经验借鉴

亚吉铁路的建设，受到了中、吉、埃三国领导和社会的广泛关注及称赞。埃塞俄比亚、吉布提两国经济在亚吉铁路建成及运营后持续增长，成功拉动了两国经济发展，带动了当地就业，为两国经济快速发展，乃至为两国乃至整个中非地区进一步发展起到重要作用。

1. "全产业链"综合服务是"走出去"的首选方案

在海外铁路建设之前，就要提前将后期铁路项目的运营维护管理、铁路沿线开发经营考虑进来。在角色定位上，要从单纯的承包商角色转变为兼任海外投资运营为一体的综合型开发商；从业务定位上，从原来单纯的项目建设转变为积极参与到东道国当地的经济开发以及带动国际产能合作的转变。这样的转变既能够延长产业链又能解决东道国远期还款问题。亚吉铁路、肯尼亚铁路等都是我国中资企业主导运营，这样既能保证铁路效益的发挥又能参与到铁路运营，从而带动铁路沿线商业经济带的开发，促进当地经济发展。

2. 项目投融资支持是"走出去"的保障

企业充分利用政府资助资金、贷款以及自有资金等多种渠道进行项目融资，推动多元化项目投融资与项目建设融合的运作模式是企业能够成功"走出去"的保障。

3. 人才培养是"走出去"的基石

人是一切商业活动的核心要素。中资企业要想扩宽海外市场走向世界舞台，就需要能够既精通外语又熟悉业务的集谈判能力与技术于一身的综合性人才，与海外政府进行有效沟通。此外，还需要投融资、财务、法律等各类人才来合力拓宽海外市场。海外市场的属地化

经营也是中资企业应该注意的地方。

二、沙特阿拉伯麦加轻轨项目

(一) 项目概况

麦加轻轨项目由中国铁建负责设计、采购、施工和运营，建设期为三年，合同总额17.7亿美元。项目工期分两个阶段，分别为：第一阶段，完成大部分土建、安装工程，并保证2010年11月达到34%的运能要求，工期22个月；第二阶段，完成剩余土建、安装工程，并供应全部车辆同时完成试运营及系统调试工作，运能100%达到设计值，即达到72000人/h的高峰运输能力。麦加轻轨项目是目前世界同类轻轨建设史上建设周期最短、客运能力最强的项目。

(二) 运营管理模式

运营管理模式简化了劳务派遣模式，沙特阿拉伯政府与项目总承包商中国铁建签定铁路运营分包合同。中国铁建根据项目的实际需要，进行人员安排及劳务派遣工作。

(三) 经验借鉴

1. 有效规避经营风险，获得经济效益

在麦加轻轨项目中，总承包商中国铁建将运营管理、项目维护外包给北京铁路局，并按照双方约定，项目运营的盈亏完全由中国铁建公司承担，北京铁路局不存在因项目盈亏而承担经营风险的问题。此外，由项目运营安全问题而导致的项目运营经济损失同样由中国铁建承担。由此看出，这是一种有效规避运营风险的运营管理模式，其成功的运营实践说明，中国铁路比较适合此种模式，值得其他企业参考。

2. 加强内部的管理，增强团队战斗力和凝聚力

后勤保障以及人员内部管理是海外项目运营工作重点之一。在后勤保障方面，要重点关注工作人员的吃、住以及医疗等实际生活问题，尽可能地提供周到细致的后勤服务，让工作人员在海外也能感受到在国内一样的便利和温暖。此外，如果条件允许，尽量丰富工作人员的娱乐生活。在人员内部管理方面，要结合当地工作环境，建立健全的人员管理体系，保证工作人员的安全。

三、蒙内铁路项目

(一) 项目概况

蒙内铁路位于肯尼亚境内，连接了首都内罗毕和蒙巴萨，其中蒙巴萨是东非最大的港口城市。蒙内铁路全长472km，设计标准执行中国铁路Ⅰ级标准，客运的设计速度为120km/h，货运设计速度为80km/h。采用中国技术和标准对蒙内铁路进行线下线上设备施工，使用的机动车辆来自中国制造，以EPC模式由中国路桥进行实施。肯尼亚近100年来修建的第一条铁路是蒙内铁路，也有友谊之路的美称，还被赞誉为"繁荣发展之路、合作共赢之路、生态环保之路"。

(二) 运营管理模式

蒙内铁路采用联合运营的管理模式，铁路的所有权归肯尼亚铁路公司，最初5年的运营

委托中国路桥执行。中国路桥成立蒙内铁路运维公司（以下简称"运维公司"），以项目分包的形式将铁路技术设备管理、维修养护和客货运输业务的具体任务转包给中交隧道工程局运维项目部（以下简称"运维项目部"）具体实施。合同约定蒙内铁路于 2017 年 3 月试运营，2017 年 6 月正式运营。运维公司采用"运维公司 – 中心站 / 车间"的两级管理模式。因企业战略调整，目前拟将运维公司整合为"非洲之星铁路运营公司"。

第三节　中国标准的输出

我国拥有世界最大的建筑工地和建筑市场，每年会将 GDP 总量的 40%～50% 投入到基础设施建设中。经过多年发展，我国经济及技术实力逐步增强，已探索和总结出较为完整工程建设技术标准体系，工程建设国家标准、行业标准和地方标准已突破七千余项，涵盖城乡规划、建设、管理各环节，为国家数万亿固定资产建设保驾护航。

各国基础设施互联互通是贸易通、民心通的基础，是我国"一带一路"建设中的重点优先工程，更是全球化发展下的大趋势。工程建设标准是保障基础设施质量、规范互联互通、推动产能合作的基础，对"一带一路"建设的推动有重大意义。中资企业应从发展中国家入手，大力推荐中国标准，使其在国际上逐步得到认可。

我国地域、自然环境条件、资源环境基础、经济与政治社会发展条件大不相同，因此工程技术涉及面较广、适用性较强、经济性很高，帮助很多发展中国家实现了建造水平大幅度的提升。在交通基础设施领域，蒙内铁路由我国企业承建并完全采用我国铁路标准。在房建领域，目前已在马来西亚、印度尼西亚、泰国等东南亚国家进行推广尝试，中国生产的成品房已出口应用到巴西、苏里南等南美洲国家。

一、依托援建项目应用中国标准

2016 年 12 月，国务院发布的《发展权：中国的理念、实践于贡献》白皮书中写到，60 多年来，我国已向 166 个国家和国际组织提供了近 4000 亿元人民币的援助。据相关数据显示，2012 年至 2015 年中国对外援助金额逐步增长，各年决算数分别为 166.91 亿元、170.49 亿元、184.57 亿元和 193.87 亿元。根据最近一次商务部发布的《中国的对外援助（2014）》白皮书，成套项目建设和物资援助是主要援助方式。

对外援助持续稳步增长是中国在国际社会中承担更大责任和更多义务的实践体现，也为中国标准在各类对外援助项目中发挥基础性、建设性作用奠定了坚实基础。根据《对外援助成套项目管理办法（试行）》（中华人民共和国商务部令 2008 年第 18 号）中的要求，在中国提供无偿援助、无息贷款或低息贷款时，工程项目在工程勘察、设计、施工各阶段中均应使用中国标准。新版《对外援助成套项目管理办法（试行）》（中华人民共和国商务部令 2015 年第 3 号）实施，规定只有中方代建项目在工程勘察阶段，在结合受援国特殊要求或规定前提下，才采用中国相关标准。

对外援助项目的实施是中国标准海外应用的有力抓手，首先体现在前述管理办法为使用中国标准"开绿灯"，签订国际工程项目合同时纳入中国标准，减少后续因采用标准不明确引起的纠纷及损失。其次，随着大量工程项目海外落地，中国高铁、公路、房建等工程建设标准逐步走上了国际大舞台，让世界逐步了解中国工程背后的中国标准，打破欧美等发达地区标准长期垄断国际工程市场的状况。再次，援外工程不仅搭建了应用中国工程建设标准的平台，也为后续"走出去"企业深入参与国际竞争、建立销售售后服务体系、提升企业国际竞争力打下了基础。

二、针对不同国家应用中国标准

"一带一路"沿线国家的基础设施标准体系各不相同，有些国家尚未形成完整的标准体系，有些国家则受到欧美等发达国家标准体系的影响，因此，在与沿线各国进行标准对接、推动标准互通的过程中，中国面临巨大挑战，致使中国标准的"走出去"任重而道远。

由于长期以来，欧美国家标准体系已经形成自然垄断，中国标准"走出去"则必须打破这种垄断局面，而即使是在缺失自己独立标准体系的非洲及拉美国家，大多倾向于欧美等发达国家所提供的设计、监理等服务，因此中国标准和技术资质很难得到国际认可，尤其是工程设计及规划阶段的标准。要符合国外标准意味着我国企业成本的剧增，主要体现在：一是欧美国家和中国技术标准有差异，需要额外投入资金、人力、研发，改造中国的生产设备、施工工艺流程等以符合欧美标准；二是符合国外标准要进行专业认证，认证费用高昂、周期长，即便使用中国设计标准，往往需要依据欧美标准进行设计转化，并经项目所在国认证，增加了项目周期和成本。

我国在"一带一路"沿线国家实施的交通工程项目中，巴基斯坦和孟加拉国一半以上的工程采用了我国标准，其他大部分国家多采用本国标准或欧美标准。例如：中铁建公司承接的土耳其安伊高铁土建项目，在中国提供优惠贷款支持下，中国高铁的产品从装备信号、机车、钢轨、水泥、橡胶垫片、紧固等器件、材料以及设计规范、工艺流程等都要与欧洲铁路标准保持一致。

在此背景下，在标准体系缺失或不健全，且欧美标准体系涉足未深的国家和地区，应用中国标准概率更大。此外，中国企业参与的蒙内铁路、尼日利亚沿海铁路项目等都已采用中国标准并得到成功的应用，足以证明中国标准在国际市场上具有很强的竞争性、可复制性以及先进性。

三、依托技术优势应用中国标准

管理科学和技术科学是中国标准化的理论基础，技术创新是标准的核心，技术创新是标准的实质性内容。随着我国技术经济实力的增强，我国在各个领域越来越多地取得突破成果，先进技术成为我国标准走出去的核心竞争力。

由于中国的重大工程技术标准取得了长足发展，与发达国家的标准差距越来越小，我国在风能发电、铁路、电力水电、桥梁等重大工程技术标准领域已经达到世界领先水平，并且逐步形成了完整的国家标准技术体系。因此，依托目前我国先进工程技术研发水平，能够"有底气"地直接带动中国企业的高标准走出去。例如，中国主导制定的新能源水电接入、特高压等多项国际标准在全球范围内推广，得到了广泛认可。国家电网公司去年依靠采用特高压直流领先供电技术，成功获批中标巴西两个地区特高压直流供电工程，并且大量项目采用了中国直流标准。

再以中国铁路标准为例，中国具有现在世界上最先进的集成、施工、装备制造以及运营管理技术，并且中国铁路具有较为完整的铁路上下游产业链。中国铁路施工效率高，能达到国外效率的一倍以上，因此，具有较强的铁路项目成本控制能力。亚吉铁路作为埃塞俄比亚重点民生基础工程之一，由我国中铁建设集团和中国中铁集团两家央企共同承建，并且铁路项目全程使用中国标准和中国装备。该条铁路的成功建设，积极拉动了非洲，尤其是东非的经济发展。此条铁路是埃塞俄比亚和中非中心地区交通运输及物资出口的主干道，带动了沿线国家及地区交通、物流贸易效率和经济的发展。因此，非洲媒体称赞此条铁路为"非洲经济发展新引擎"。正如李克强总理所表示的"中国高铁技术先进、安全可靠，成本具有竞争优势"。我国依托技术优势，制定高速铁路标准高达百余项，且其安全性指标基本与欧洲标准达到一致，甚至在钢筋、水泥等材料等级和用量方面标准更高。中国高铁技术的全面自主化、标准化和系列化，极大增强了中国高铁的海外核心竞争力。

四、依靠资金优势输出中国标准

世界银行等国际金融组织在提供贷款时，对项目技术标准使用均提出约束条件（一般要求必须采用英标或美标），中国出口信贷和投资类项目，也可通过银行提出标准使用条件，强力推进中国标准走出去。

第四节 企业的国际社会责任

一、加强文化建设，提高竞争力和影响力

境外企业人员应严格遵守所在国法律法规，严格履行社会责任义务，努力为当地提供最好的商品和服务，促进所在国的经济发展和社会繁荣。积极参与当地的公益环保事业，注重资源节约和保护，将企业经营活动所可能产生的污染和危害降到最低。积极为当地培养企业管理和技术型人才，促进当地就业，带动当地经济。此外，企业应将企业所在国的经营管理与所在国的社会发展结合起来，努力融入所在国（地区）的社会及经济环境，尊重当地的风俗习惯和宗教信仰，积极推动中外文化友好交流，与当地群众和谐共处。积极探索能够适应国际化经营的文化、信仰以及生活习俗和管理理念，最大限度地降低海外经营中的价值冲突。

二、树立环保理念，依法履行环保责任

随着全球经济一体化快速发展，国际投资与环境保护的关系逐步成为全球关注的焦点。中国企业"走出去"要充分尊重东道国的宗教信仰、风俗习惯同时要保障工人的合法权益，树立企业环保理念，积极履行应当承担的环境保护责任，争取能够在互利共赢的基础上进一步开展合作，实现企业利益与环境保护的双赢。为此，企业应高度重视和建立环境社会责任沟通和宣传机制，积极与东道国政府机构、相关社会利益团体以及所在区域的负责人沟通。及时主动公开企业环保相关信息，积极参与东道国组织的环境保护活动中，及时了解企业运作过程中存在的环保问题并及时采取应对措施进行改正，避免由于公众不了解企业环境保护信息而对企业投资进行抵制等投资风险问题。企业还应研究并吸取国际组织所采用的环保原则、标准和惯例。

三、保护国内外员工合法权益，构建和谐劳资关系

《对外承包工程管理条例》对对外承包企业招用外派人员、订立劳动合同等，相关权益进行了规定。随着中国企业的不断走出，企业雇佣东道国当地人员的比例不断增大。一方面，企业为东道国劳工提供了大量就业机会带动了当地的经济发展，为改善当地民生作出贡献；另一方面，由于中国企业海外运营经验有限或不熟悉东道国当地法律法规等原因，企业与聘用的当地劳工间劳动纠纷和摩擦时有发生，在一定程度上影响了企业的正常运行，同时对企业对外投资合作可持续发展产生不利影响。中国企业在海外做好企业员工管理和构建和谐的劳资关系有助于企业营造良好的"走出去"的外部环境，这对企业对外投资可持续发展，融入东道国社会具有现实意义。

第五节 海外项目安全与突发事件管理

随着中国企业进一步实施"走出去"国际化经营战略，遭遇境外突发事件的几率和频率也在不断增加。

近年来，海外频频有突发事件发生，安全保护问题形势严峻。"走出去"的企业应高度重视突发事件应急工作的管理，制定突发事件应急管理体系。海外项目突发事件发生在国外，诱发因素及情况复杂。本书以突发事件本身为节点进行海外突发事件应急管理的划分，分为事前、事中和事后工作来对其工作重心进行阐述，其工作重心分别为应急准备、应急处置和利益保护，下面将进行详细阐述。应急管理策略如图 14-3 所示。

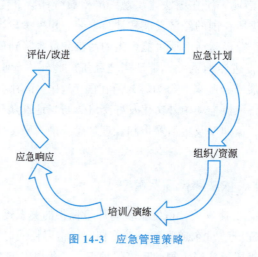

图 14-3　应急管理策略

一、事前控制

（一）应急管理体系

完善的企业应急风险管理体系建设是有效地处置各类突发事件的一个基本前提，是外部风险管理与内部风险控制建立和落地的一个重要途径。保障企业的应急风险管理体系建设的构成包括：完善的应急风险管理制度建设体系、应急预案与管理体系、应急管理与组织建设体系、应急管理队伍的建设与管理体系、应急培训演练与管理体系、应急保障体系等。

1. 应急风险管理制度建设体系

应急管理制度体系是现代企业的内控管理制度的一部分，通过加强应急制度建设，使企业应急管理规范化、体统化、制度化，形成了严密控制的机制，使企业对应急的处置方式和其响应的流程更加切合实际，具有很强的实际可操作性。

2. 应急预案与管理体系

应急预案体系由国家总体制定的应急预案、专项火灾综合应急风险管理预案和现场安全危险处置应急方案三个层次的预案体系组成。

第一，以总体应急预案作为公司应急预案工作的总纲，是专项应急工作总体管理的重要规范性的文件和管理制度，为企业专项和总体的应急预案的组织编制和实施提供指导性的原则和应急总体管理理论框架。

第二，专项公司应急预案管理是按照企业规定管理某一类或某一种企业突发事件的应急预案管理和规范，着重用于解决企业特定性质的突发事件，是对总体应急预案的指导和支持性决策文件。对于企业公司所属企业的总体应急预案和专项公司应急预案则针对各分公司所属企业突发事件的应急预案管理，是与所属企业各分公司所属企业突发事件的应急预案相互衔接、相互配合的公司应急预案管理规范。

第三，现场处置方案是集团公司总部和所属企业办公、生产、施工现场应急管理的具体操作规定，必须符合实际、科学制定、不断优化，具有针对性、可操作性和时效性。

针对境外的突发事件，应研究制定海外企业《境外突发事件专项应急预案》，各海外企业有关单位和部门应研究制定现场应急处置的方案，明确以下的重点：建立应急风险评估和应急预警的机制，现场应急指挥员具有启动应急预案、调动工作人员或者搬运物资、避险或紧急撤离等的权限，紧急工作人员避险的场所，撤离的路径，应急避险资金的使用管理，交通工具应急资金获得的方式，紧急情况工作人员寻求应急援助的方式，应急情况通讯的方式及应急联系人，重要的资料、物资的保护等。

3. 应急管理与组织建设体系

各海外的单位应当及时建立应急救援的组织，生产企业规模较小或因故停产而不能及时建立兼职应急救援组织的境外单位，应及时指定兼职的应急救援机构及人员。兼职应急救援机构及协助组织成员单位应按以下的原则进行组织设置。

第一，精简。机构简单清爽，责任分工明确。

第二，合理。应急组织机构负责人应具有足够的组织、协调权限，能调动人员及资源落实应急处置。

第三，有效。应急组织与其他机构的通讯必须畅通，负责人尽可能随时能够与负责人保持联系，至少必须有固定一位后备的负责人。必须做好后备组员的排序，无法同时联系一位后备负责人时，组员按相应的排序依次作为临时后备负责人主持应急组织的工作。应急组织机构通讯录的内容应必须做到及时准确更新、有效发布，且必须包含多种联系方式。

境外各类政府突发事件发生应急处理指挥行动指挥系统管理机构信息网络管理应与国内各级政府应急行动指挥系统管理机构网络进行直接无缝相互对接、上下顺畅，境内外各级应急指挥管理人员的基本职责识别权限清楚、联络服务电话以及线路清晰。

4. 应急培训演练与管理体系

应急人员培训演练主要目的是针对特定应急假想事件中的各种突发事件，按照目前国家制定应急工作预案中所明确规定的国家应急行政管理部门职责和应急工作管理程序预先组织进行的一种战术训练和应急技术培训的活动。其技术演练的具体形式一般主要包括各种具体桌面性的演练、功能性的演练及各种具有综合性和技能性的演练。

5. 应急保障体系

各境外单位必须配备必要应急物资，加大应急保障体系建设，包括应急通讯、饮食、防护、救护、撤离等物资。

(二) 完善项目管理

境外日常突发事件的应急管理所需的大量应急管理信息体系数据和应急管理资源绝大部分来源于日常应急项目的管理。科学而完善的日常项目应急管理信息体系是境外日常突发事件应急项目管理的重要基础，其中境外日常突发事件的应急项目管理所需的数据和资源应主要包括日常项目的情况、人员构成及应急管理人数、各类应急管理人员的状态以及各类应急管理人员所处的地域等。

境外信息化突发事件应急项目管理大数据需要一套信息化的应急项目管理手段和数据支撑，其中与管理相关的数据支撑需要管理部门，包括对外事、组织人事、工程项目管理、经营服务项目管理、法律事务、科技创新项目信息等多个项目管理部门共同提供。为更好地使多个项目管理部门之间所提供的项目信息数据来源和统计口径一致，并相互关联、支持，应该需要建立唯一的境外信息化项目应急管理大数据平台。该项目管理平台的数据应该必须具备项目数据安全可靠、框架结构合理、权限分级明晰、数据信息动态实时更新等主要技术特点。

(三) 境外关系维护

境外各方关系的维护工作是境外的突发事件预防和应急处置管理的重要保障。境外任何单位和个人要切实做到严格遵守当地的法律、法规和各种与境外有关的制度；自觉尊重当地传统宗教和民族的风俗习惯；同时要注重对环境的保护以及积极地履行对社会的责任，依托对方在我国的驻外机构和领事馆，与当地各方关系加强商务沟通和促进文化交流，与当地政府各级有关部门、警察、军队及普通消费者和民众保持良好的关系。努力维护好各方的关系将有利于帮助我国企业在当地发生境外突发事件时，得到当地社会力量的支持和庇护，帮助我国企业预防和降低突发事件应急管理和处置的成本，减少企业避险、撤离的工作量，降低差旅交通等应急管理成本。

(四) 控制人为差错

境外企业突发事件的应急组织和管理全过程的人员组织、实施和管理的参与兑现均为企业个人，所以企业对人的管理是应急工作的核心和关键，人为突发事件差错管理应该是把人作为境外企业突发事件的应急组织和管理的一个核心要素加以控制。人为突发事件差错是指人的应急管理行为和结果往往偏离了规定的目标并对社会产生不良影响。一些企业境外应急管理员工，特别是高级应急管理人员，容易直接成为企业的竞争对手蓄意策反的对象和目标。一旦应急管理员工被竞争对手策反，可能直接造成企业过失的泄密或蓄意的破坏，给境外企业突发事件的应急组织和管理的工作造成毁灭性的打击。因此，要鼓励和引导企业境外员工加强道德自修，不断地提高其道德修养；同时加强对思想道德的教育和广泛的爱国主义精神教育，帮助企业境外员工牢固树立健康的思想世界观、人生观、价值观；加强对企业应急管理文化的建设；适当给予境外员工合理的职业待遇薪酬和社会福利待遇；加强企业反间谍的培训；加强对工作的制约和监督机制的建设。境外员工的应急管理能力、素质、水平直接决定了境外企业突发事件境外应急管理的质量和水平，应加强员工职业道德的培育、心理素质培训、业务技能培训和应急演练培训等。

二、应急处置

（一）形势研判与预警

企业负责人应持续地关注其业务所在地的国家或周边地区的形势，进行对危险源头的辨识，对安全风险发展状况预先进行现场研判，并根据现场研究分析的结果及时发布相关安全预警的信息，调整现场安全风险处置的方案，做好各项安全风险应急的准备。此外企业还需要进一步密切关注中国与其所在国的外交关系，通过中国大使馆官方网站等外交渠道及时接收安全预警的信息；与国际安全研究分析机构和与中国有关的情报部门等机构保持密切合作，及时地获得安全预警的相关信息；关注其他的国家特别要注意的是欧美发达国家对于业务所在的国家或地区及周边的经济动态和情况进行影响，对其可能产生的预测结果和影响进行了预判；同时关注其他业务所在的国家或周边地区风土人情，重视当地企业雇佣的劳务技术人员为其提供的风险预警信息；与其他业务所在的国家或周边地区的相关兄弟事业单位之间保持密切的联系和保持沟通，信息共享。

（二）应急响应及汇报

发生境外重大突发事件，应立即启动预案制定相应现场处置制度实施方案。应急处置制度或现场处置预案必须对现场的指挥部门授权，使其不必向上级请示即可以及时启动应急预案，开展应急救援处置。一旦发生境外重大突发事件，应立即按专项和应急救援总体工作预案中所规定的流程逐级地上报，使上级部门及时地掌握情况，调用资源进行针对性的应急处置和救援。上级部门要努力地保证境外应急信息的通讯畅通，使得信息资源能够及时准确地传递。一旦发生境外的突发事件，应急的处置除了依靠政府和企业自身的资源外，还要充分依靠援助我国的驻外机构和使领馆积极寻求当地政府直接的援助，同时积极争取当地社会力量的援助，包括企业所在地人民政府、有关企业行政部门、社会公益团体和企业以及民间的力量等。对发生在境外的自然灾害、事故或者灾难、公共卫生类的突发事件，其中对突发事件应急处置的工作流程与其工作模式基本与国内一致。但经常会发生的一类社会突发事件，如一些突发性的战争、暴乱、政治事件、恐怖袭击等，其应急处置一般需要进行紧急避险或撤离。

三、应急避险与撤离

应急避险是发生突发事件可能威胁人员生命安全、情况严峻但无法判断是否需要撤离或其他原因无法及时撤离而被迫进行的暂时应急躲避。实施应急避险制度或预案必须对现场的指挥或上级授权，使其不必向指挥或上级请示命令即可直接发出停止进行应急避险或撤离的命令。应急机构组织图如图14-4所示。

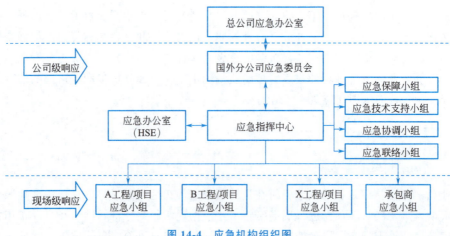

图 14-4　应急机构组织图

发生突发事件严重威胁人员生命安全时，应立即组织人员撤离。单位和人员的撤离在到达暂时安全的避险地点后要立即通过制定的应急预案和通讯向当地上级有关部门汇报，争取外部的支援；要及时地更新单位和事件的信息，根据当前事态的发展情况决定下一步应该采取的措施和行动，并决定是否及时解除人员避险或紧急组织撤离，其中应急避险地点设置应在现场处置的方案中确定并提前进行设计。无法预先安排到达的应急处置地点、应急处置地点已经被毁或未按照预先安排到达应急处置地点的，可以优先考虑直接寻求外国大使馆、兄弟关系单位、当地政府、军队、警察等庇护。

指挥员在指导撤离时，应该保持沉着冷静，尽可能地选择合理的撤离路线，尽量避免事发境内的危险，选择熟悉可靠的当地雇佣的工人作为向导。如果无法从事发地直接撤离时，可以选择迂回路线先撤离到其他国家，然后再按照空、海、路的顺序根据实际情况选择最为快捷、安全、有效的交通工具回国。撤离时除了要携带水、食物等生活必需物资，如果有可能还要携带卫星对话、GPS 等通讯设备。

第六节　海外项目后评价

一、工程项目后评价的程序

后评价的工作程序一般包括选定后评价项目、制定评价计划、确定后评价范围、选择执行项目后评价的专家、收集资料、分析数据、编写报告等，具体程序如下：

（一）接受任务、签定合同或协议

项目后评价单位决定接受或是承揽后评价项目后，首要工作是与委托单位签定合同或是合作协议，以明确双发后期工作的责任、权利和义务。

（二）成立后评价小组、制定评价计划

合同或协议签定完成之后，应立即组建团队并委任后评价工作负责人，制定工作计划及工作安排。为保证评价的客观性，业主单位人员不能承担后评价工作。此外，后评价工作人员也要秉承客观、公正的态度进行此项工作，以保证后评价工作的客观性与准确性。最后，在后评价的计划中，要明确后评价对象、后评价的方法、后评价的时间、进度安排等详细内容。

（三）设计调查方案、聘请有关专家

项目后评价最重要的工作之一是调查，调查是评价的基础，调查方案是调查工作的纲领。良好的调查设计方案除了要有调查内容等常规内容外，最重要的是要有科学的调查体系的指导，只有用科学的指标才能说明所评项目的目标、目的、效益和影响。

由于不同项目的特点各不相同，评价单位不能仅仅依靠内部专家，还必须聘请一些外部专家参与到调查工作中。

（四）阅读文件、收集资料

在与委托单位签定后评价合同或协议后，业主单位会提供项目文件，包含项目的一些基础信息，后评价小组则应该组织相关专家团队对项目文件进行阅读分析，从中采集项目后评价相关的资料。

（五）开展调查、了解情况

在已经收集的项目资料基础上，去项目现场对所收集的信息进行情况合适与评价。在项目现场不仅要了解项目整体的宏观情况，还要对项目微观上的实施细节进行调查核对。宏观情况包括项目在整个东道国的经济发展地位等，微观则是项目自身的建设、运营、可持续发展能力、对周围环境的影响等方面。

（六）分析资料、形成报告

在阅读业主提供的大量文件和现场情况勘察的基础上，消化整合信息，形成后评价概念写出报告。需要形成的后评价概念是，所评价项目实施总体情况如何，能否按照已有计划完工，能否达到预定使用要求等目标，投入与产出是否能够成正比，项目对东道国地区的生态和群众各有什么样的影响，项目可持续性如何，项目能够为之后的项目提供什么经验等。

对评价的项目形成概念后就可以开始着手进行项目后评价报告的编写。调查研究最终成果是通过项目后评价报告体现出来的，项目后评价报告同时是项目实施阶段性或是全过程的经验总结以及反馈评价的主要文件形式。后评价报告的编写主要有以下几个要求：

1. 真实可靠，分析客观，经验总结

后评价报告的编写一定要能够真实可靠的对项目问题进行分析反映。项目后评价报告中的文字要准确、清晰、简练，不过分追求对专业词汇的运用。同时评价结论要能够与未来的规划和政策相结合、联系。为了提高信息反馈速度和反馈效果，让项目的经验教训在更大的范围内起作用，在编写评价报告的同时，还必须编写并分送评价报告摘要。

2. 编写内容相对规范

后评价报告需要满足两个功能作用，第一是需要对项目信息能够进行准确的反馈，第二就是便于后期计算机的输录，为以后的相似项目建设提供经验借鉴。基于以上两个功能，后评价报告的撰写需要进行规范化，格式内容固定化。但结合具体项目，针对特殊问题可以对格式内容稍作调整。

（七）提交后评价报告、反馈信息

后评价报告初稿完成后应交由后评价项目执行机构的最高领导人进行审查，并向后评

委托单位进行后评价结果的简要报告。如果对后评价内容存在争议或分歧，如有必要可以针对问题召开会议进行内部讨论。项目后评价报告经讨论、初步审查、研讨及修改后方可定稿提交。提交的材料包含"项目后评价报告"和"项目后评价摘要报告"两种形式。

二、工程项目后评价的方法

项目后评价工作包含三个部分内容。首先是项目相关资料的收集工作，收集的资料包括项目单位的自我评估报告等资料以及通过现场调查得到的各种数据以及项目相关数据等，项目收集工作是项目后评价工作的基础。其次是对比分析与研究工作，将收集来的项目信息及数据与项目可行性报告中的相关数据进行对比分析，找出项目所涉及各项指标因素的发展趋势，这是后评价的核心工作。最后根据所分析的各因素发展趋势做出经验总结以及针对可能存在的问题提出切实可行的建议或是对策，并做出综合判断，这也是整个后评价工作的最终目的。

（一）项目后评价资料的收集方法

项目后评价资料的收集是项目后评价中重要的一个环节，后评价资料收集的效率和质量将直接影响到后评价整个工作进展以及后评价报告结果的准确性。由于后评价项目不同，后评价的时间节点以及评价难易程度也不尽相同，所应用的评价方法也略有差别。为保证后评价工作的客观性和公平性，后评价资料收集工作往往通过多种方法结合的方式来开展。下面介绍一下项目中常用的后评价资料收集方式：

1. 专题调查会方法

此方法需要项目后评价人员邀请项目管理中各个阶段各个部门的参与者，会上要充分调动与会人员从各个角度对项目进行评价，以提出采访中容易被忽视的问题，避免采访中的片面性。

2. 固定程式的意见征询方法

这种方法需要项目后评价人员提前制定调查相关的问题来征求意见，然后进行相关资料的收集。这种方法直接让受访者在既定选项中直接选取答案即可，简单明了，容易操作。针对收集的结果一般采用高级的手段直接进行结果的数据分析。

3. 非固定程式的采访方法

这种方法是非正式对话的替代方法，项目后评价人员根据个人资源进行采访对象的确定，并根据自己头脑中形成的问题对采访对象进行访谈。为保证采访效果，项目后评价人员采访前一定要在脑海中准备好问题，避免访谈时遗漏后评价重点问题，浪费时间。

4. 实地观察法

实地观察法是项目后评价人员对要进行后评价的项目进行实地考察，从而对项目实施情况进行直观的考察以发现问题。这种方法的优点是操作相对灵活，缺点是成本高、耗时长、调查结果可能存在后评价人员的主观偏见。但总体来说，实地观察法是项目进行后评价较为行之有效的办法之一。

5. 抽样调查法

抽样调查法主要针对调查对象数量多、调查面广的情况。调查人员可以按照一定的程序或是其他智能化手段，从调查对象中随机抽取部分对象进行调查，并以此来对整体情况进行估计。目前应用比较广的抽样法是简单随机抽样和组簇抽样两种类型。

(二)建设项目后评价分析与研究方法

建设项目后评价一般采用了逻辑框架思维方法、对比分析方法以及综合评价与判断方法。

1. 逻辑框架思维方法

所谓逻辑关系,简单说就是有什么原因就会产生什么结果。用逻辑关系分析项目的一系列变化的过程,从而明确项目的目标及其相关联的架设条件,在后评价中为建设项目提出切实可选的措施和建设性意见。逻辑框架思维方法一般可以用表 14-1 内容进行。

表 14-1 逻辑框架思维方法矩阵表

项目结构	客观验证指标	考核指标方法	重要前提条件
宏观目标	实现宏观目标的衡量标准	信息来源采用方法	宏观目标与直接目标的前提条件
直接目标	项目的最终状态	信息来源采用的方法	产出与直接目标间的前提条件
产出	计划完成日期、产出的直接结果	信息来源采用的方法	投入与产出间的前提条件
投入活动	资源特性与等级、成本计划投入日期	信息来源采用的方法	项目的前提条件

对表中各项目名词解释如下:

① 投入(活动):指项目为生产所进行的工作和对资源的消耗,也就是表述项目是怎样执行的,包括资源的投入和时间等。

② 客观的验证指标:判定达到目标程度的指标,包括数量、质量和时间。

③ 前提条件(关系):保证项目成功所需要的各种客观条件。

④ 考核方法:即考核是否达到目标的方法,一般包括指标考核等。

上述逻辑框架分析表,其逻辑关系是自上而下的。首先,确定在什么样的客观条件下能够产出,达到的宏观目标是什么样的。其次,分析达到客观考核目标所需要的客观条件所包含数量、质量和时间等,经过这样不断重复的循环以明确各种客观条件所需指标,达到最终目标。

2. 对比分析方法

(1)建设项目的前后对比法 建设项目的前后对比法即通过建设项目的实际数据与预测数据做对比。重新计算后评价中的各类指标数据与可行性研究评估报告中的数据做对比,查找预测数据与实际数据偏差程度较大的点,并对此进行分析、查明原因,以策划类似问题应对方案。除我国建设项目外,如果有需要可以对国外类似项目进行建设项目的前后对比分析,为我国类似项目建设提供借鉴。

(2)建设项目的有无对比法 首先进行项目搜集,查看其他区域是否有类似项目进行有无对比;其次对搜集到项目实施后对当地经济发展以及社会效益的影响情况;再次预测有意愿建设项目区域,建设该项目后的经济和社会效益,进行有无该项目的有无对比分析;最后根据有无对比分析结果,论证建设项目的必要性做出尽可能正确的决定。

3. 综合评价与判断方法

综合评价有定性分析和定量分析两类,其中定性分析方法为定性分析总结法,定量分析方法为定量分析综合评价法。

很难有一个评价方法能够包含建设项目的全部评价要素来对项目进行全面评价。根据现有技术手段，往往需要确定项目的关键成功因素作为该项目的评价指标，当这些指标达到标准时，则认为被评价的建设项目是符合要求并达到建设目标的。因此，如何确定关键成功因素以及如何正确地对项目进行客观合理的后评价是非常关键的。针对建设项目，可采用模糊分析法和层次分析法相结合的方式进行。

由于大中型项目中存在大量定性因素，很难在总评价时给出清晰的数量化形式，评价往往由决策者进行主观判断，对于这类问题，宜采用模糊决策方法。建设项目总体评价中有很多效益评价指标体系，且各个指标之间可能存在某些相互关联。应用层次分析法，可以将复杂问题进行简单化处理。将以上两种方法相结合，就构成了工程项目后评价的数学方法模型，即称之为模糊综合评价方法模型。

第十五章

投资项目的联动开发及其实践

我们正处于一个"全球价值链时代",全球间的联系与交流越来越密切,联动发展成为未来世界的发展趋势。"联动"是习近平主席对世界经济增长方式的新认知,中国"一带一路"倡议、欧盟"欧洲基础设施联通计划"、南非"跨国铁路走廊计划"均为基础设施互联互通倡议或投资计划。联动发展的思想在我国企业承包海外项目中愈发重要,中国企业可利用对海外项目的投资,深入东道国市场,融入当地社会经济发展,从而实现投资企业与东道国政府的双赢。

第一节 股权投资项目的后续开发

当前,国际市场工程的竞争越来越激烈,国际承包工程的合同金额也不断扩大,中国大型承包商的业务范围已有向产业链的上下游移动的趋势,越来越多的企业开始积极参与BOT、PPP、小股权带动EPC等项目运作模式。

海外项目通常为大型基建类项目,涉及金额较大,但承包商可用于境外投资的资金比较有限,因此,通过股权投资方式参与项目的建设与运营,是承包商开拓海外市场比较喜爱的方式之一。在这种模式下,承包商通过一定比例的投资获得海外项目的建设收益,同时能够获得稳定的股权收益。

通过股权投资,企业参与项目的角色从单纯的建设者转变为项目的投资人。承包商通过对项目的投资,获得投资收益,并承担投资风险。在获得项目的建设与运营权后,承包商以项目为支点,深度融入当地市场,培养企业声誉,在充分了解当地市场后,进行后续的联动开发,形成滚动收益。海外项目联动开发的主要模式有海外园区开发、港区城区域联动开发和铁路经济带综合开发等。

第二节　海外产业园区开发

一、海外产业园区的联动开发模式

截至 2018 年底，全世界已有 46 个国家的海外园区建设有中国企业的参与。海外产业园区的开发与建设是践行中国"一带一路"倡议的重要载体，是中国企业"走出去"的重要方式之一。对于海外产业园区即境外贸易合作区，《境外经济贸易合作区确认考核和年度考核管理办法》（商合发〔2013〕210 号）中规定："境外经济贸易合作区是指在中华人民共和国境内（不含香港、澳门和台湾地区）注册、具有独立法人资格的中资控股企业，通过在境外设立的中资控股的独立法人机构，投资建设的基础设施完备、主导产业明确、具有集聚和辐射效应的产业园区。"近年来，中国境外贸易合作区的数量不断增加，参与海外园区的投资、建设与运营逐渐成为中国企业转型升级的重要方式，中国海外园区数量情况见图 15-1。

图 15-1　中国海外园区数量情况

中国企业参与海外产业园区的开发与建设已为中国企业和东道国政府带来了巨大收益，实现了参与双方的合作共赢。海外产业园区的主要收益方式有基础设施运营、商铺租赁、土地开发收益、扶持产业发展等方式。现阶段，依靠工业地产的出售或出租进行盈利的方式已不能满足企业的需要，因此海外产业园的开发需要从单纯的地产开发模式向全产业链的服务模式转变。中国企业在对园区进行投资后，需要根据园区定位，对园区内的企业与基础设施进行整体规划，并积极探索多元化的盈利模式。中国承包企业可与金融机构、运营机构等联合，共同对海外园区进行投资建设与运营，从而加强商业开发机遇与利润。

海外产业园区的开发是一项巨大的系统性工程，一个海外园区的开发通常为几年甚至十几年的分块开发。在园区的开发过程中需要进行大量的基础设施建设，中国企业可通过园区建设深度融入当地市场，为后续工程项目增加承揽机会。中国企业可通过海外园区建设逐步拓展公司自身的海外市场，如华侨实业集团的古巴福建轻工加工小区，丰佳集团的"欧洲中国工业园区"，中国有色集团的赞比亚矿区等。园区的经营还可通过与东道国政府进行合作，提升企业自身影响力，获得政策支持及后续项目的建设与运营，如海尔工业园继发现美国家电市场商机之后，又先后在巴基斯坦、约旦打开面向南亚和中东的市场；河南国基工贸园区不仅获得塞拉利昂总统的大力支持，而且与该国贸工部、社会保障局、矿产部合作开发了多个后续项目等。

二、海外产业园区开发阶段与步骤

（一）海外产业园区开发各阶段相互关系

海外产业园区的开发包括前期策划、园区建设、招商与产业入驻、园区经营、移交与退出等阶段，海外园区的具体开发步骤见图15-2。

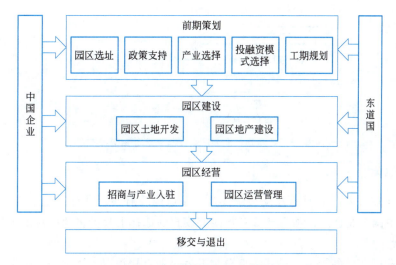

图15-2　海外园区开发步骤

中国企业对海外产业园进行"投建营一体化"运营模式首先要与东道国政府深入交流，获得土地的开发权、使用权，甚至是所有权，并对未来产业园区的发展与运营做出规划。在前期策划完成后，中国企业与东道国企业合作对园区进行建设与开发，进行后续园区的运营与管理。

（二）海外产业园区前期策划阶段

在前期策划阶段，参与各方需要对产业园的建设与运营做出系统性的规划。东道国在对产业园进行规划时，通常会将园区的产业选择和后续运营管理与国家的战略相结合，从国家层面带动园区的建设与发展。产业园区前期准备工作包括：园区选址、产业选择、投融资模式选择、确定项目可行性等。参与这一阶段的项目相关利益方包括中国企业、东道国当地企业、东道国政府、参与融资机构、园区设计单位、入驻产业等，海外产业园区前期策划环节推进模式见图15-3。

中国企业进行资本投入后，在海外园区的前期策划上，除考虑园区的建设收益外，还应考虑到通过园区建设为企业带来的投资收益、入驻企业的运营收益与海外的人力、物力资源等企业发展的便利条件。

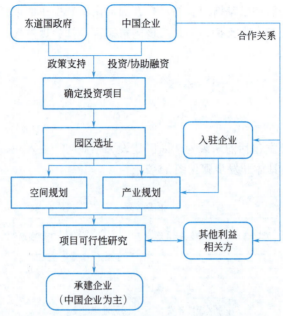

图 15-3　海外产业园区前期策划环节推进模式

（三）海外产业园区开发建设阶段

我国企业在海外产业园的开发与建设是与东道国政府共同进行的完全市场化的投资行为。因此，中国企业在进行项目选择及投融资模式的选择上会更多地体现出项目的商业性、盈利性等特点。

海外产业园开发的投融资模式主要分为开发企业直接投资、资本市场融资、项目融资。国内企业在进入海外市场的初期对海外市场并不熟悉，因此风险较大，直接投资通常企业并不采用。海外产业园区建设多分布于"一带一路"沿线的发展中国家，项目当地的法律法规与金融体系并不健全，因此中国企业对海外产业园区的开发与建设多采取项目融资模式，项目公司以项目公司的资产与项目的预期收益作为抵押进行融资，海外产业园融资模式见图 15-4。

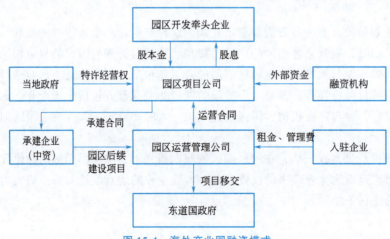

图 15-4　海外产业园融资模式

园区项目公司、园区开发牵头企业、承建企业（中资）和园区运营管理公司是影响项目融资的关键因素。园区开发牵头单位会与金融机构、运营机构或其他社会资本等合作成立园区项目公司，由园区项目公司与工程承建企业签订承建合同，进行园区建设。园区项目公司可采取多种融资方式，海外产业园的开发与建设应选择开发性、政策性的金融机构。通过开发性金融机构进行融资可更好地利用当地政策，为项目的实施提供保障。

（四）海外产业园区运营管理阶段

1. 运营管理模式

从未来国际市场的发展趋势来看，项目的投资建设与运营逐步趋于一体化，海外产业园区的运营可由项目的投资建设单位牵头，成立园区的开发运营公司，具有开发主体、经营主体与服务主体三种职能，从而能够最大化获得项目收益，海外产业园区运营管理组织模式见图15-5。

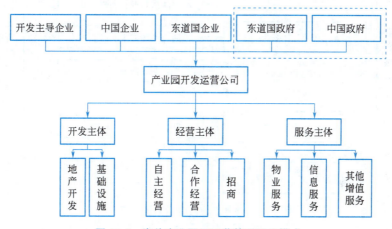

图 15-5 海外产业园区运营管理组织模式

2. 盈利模式

园区的盈利收入主要来自地产增值和产业增值，海外产业园区的具体盈利模式见图15-6。

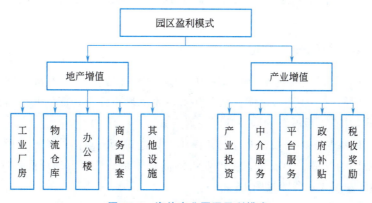

图 15-6 海外产业园区盈利模式

企业在进行产业园区的开发与建设后，逐步引入其他企业入驻园区，从而形成地产的增值，在对入驻企业进行服务的过程中，也能够获得相关的收益，达到产业增值目的。

（五）海外产业园区后期发展阶段

随着海外产业园的建设不断完善，产业园的开发模式也趋于成熟，园区的规模不断扩大，产业园内的基础设施建设与贸易合作也在不断加深。海外产业园在进入成熟期后可向周边地区进行拓展，从而从产业园区带动整个城市进行发展。海外产业园内的产业体系可由生产型逐步转变为生产和高端业务，从而不断拓展园区的业务类型，为产业园创造新的发展机遇，海外产业园区后期发展模式见图15-7。

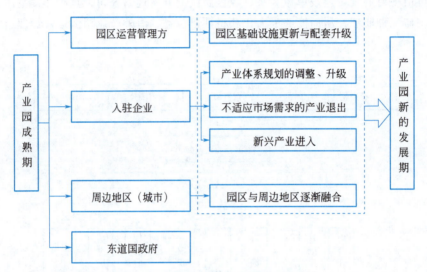

图15-7 海外产业园区后期发展模式

海外产业园区的定位不是一成不变的，在产业园的开发趋于成熟后，园区运营管理公司需要根据园区的整体定位和未来发展方向对园区内入驻企业进行动态调整，淘汰不适应市场发展的产业，引入新兴产业，对产业体系进行创新、提升和扩展。

第三节 "港区城"建设模式的区域联动开发

一、"港区城"联动开发模式

"港区城"联动开发模式是一种新型的城市综合开发模式。首先对港口进行开发，以港口为支点，引入贸易或工业园区，园区成熟扩大后带动城市配套功能的开发与运营。港区城联动形成"前港-中区-后城"的区域共同发展模式。

港区城模式的参与主体为投资企业与东道国，以港口为支点向外扩展，形成一套协同联动机制，以产业园为支撑，形成覆盖全产业链的商贸体系，从而带动周围城区的综合开发。"港区城"联动开发模式示意图见图15-8。

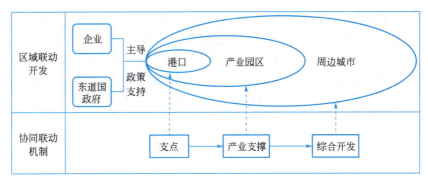

图 15-8 "港区城"联动开发模式

港口、产业园与城市之间可相互促进持续发展。港口作为全球贸易的重要支点,集中了大量的货物。货物大量集中于港口,并在港口进行流转,从而形成巨大的贸易市场。市场的形成带动了其他必要设施的流转,并表现为空间形态,港区城联动关系得以形成。如何利用港口带动产业园与城市的可持续发展是项目能否为企业和东道国带来持续利益的核心关切。项目的联动开发既能够保证企业的持续收益,又能够带动东道国的社会经济持续发展,从而保障参与各方的积极性,达到共建、共享、共赢的目的。

中国企业通过股权参与的方式与东道国企业成立合资公司,对项目进行"投建营一体化"综合开发是港区城开发的重要模式。在充分了解东道国政府的政策和对港区城规划的基础上,中国企业对项目进行资本和技术上的支持,与当地企业共同合作建设、运营与规划后续项目。"以港促产、以产兴城、港以城兴、港城共荣"是项目参与各方期望达到的最好效果。目前,东南亚柬埔寨的西哈努克港开发正是推行的港区城建设模式。

二、"港区城"联动开发案例

(一)吉布提港口开发项目介绍

吉布提国际自贸区近年来发展迅速,开发速度与园区的入驻率高于预期,取得了较大的成功。其取得成功的核心经验在于吉布提自贸区借鉴了中国招商局集团创造的"前港—中区—后城"开发模式。大连港集团通过参与吉布提港口的建设,深度参与了当地的发展,从而以港口为中心进行周边项目的后续开发。

2012 年,大连港集团参与投资吉布提港口,将吉布提港打造成为现代化、国际化的港口。大连港集团在与吉布提政府合作开发吉布提港口的基础上,达成了进一步进行产业园区建设的合作协议。大连港集团在吉布提的开发模式为蛇口模式。

所谓蛇口模式,是指以港口带动产业开发,进而带动城市进行开发的一种联动开发模式,也称为"前港—中区—后城"的"港区城"模式。该模式的特点是以港口建设为中心,通过港口的建设带动周围贸易发展,进行自贸区的开发,形成贸易网络后不断扩大开发范围,带动整个城市进行发展。城市的不断发展将反作用于港口与产业园区的开发,为港口与产业园区带来新的活力,从而相互促进形成良性循环。

吉布提国际自贸区规划面积约 48.2 km^2,园区按照"统一规划、集中管理、协同开发、分期实施"的原则进行开发和运营。其中,一期规模 6 km^2,包括已竣工的 2.4 km^2 起步区。

起步区 2.4 km² 共分为三个部分：1 km² 商贸物流区，提供进口货物分拣、展示、仓储物流及增值加工等服务；1 km² 出口加工区，提供促进吉布提商品出口的简单劳动密集型产业服务；0.4 km² 是商务配套区，提供包括办公楼、酒店、公寓等商业设施的开发运营服务。

港口的不断开发带动吉布提自贸区的发展，从而带动吉布提当地的城市建设与基础设施开发，吉布提已经从单一的经济结构发展成为多元化的产业结构，并逐步形成具有吉布提特色的发展体系。

吉布提自贸区的港区城开发模式由以下几个部分组成：

1. 前港：以港口作为项目开发的关键节点

作为项目开发的第一步，能够打造一个高效、迅捷的吉布提港口是后续产业园区开发与贸易资源交流的基础。根据吉布提自贸区项目的规划设计，共设有两个实体公司，分别为自贸区资产公司和运营公司，两家公司股东构成基本一致，但股比有一定区别。资产公司是重资产公司，作为投资主体，对自贸区行使开发权进行投资和融资。吉布提项目资产公司各企业股份对比及董事会人数见表 15-1。

表 15-1　资产公司股比表

企业	股比	董事会人数	管理层职位	数量
吉布提自贸区和港口管理局	60%	5	CEO	1
招商合资公司	30%	3	CFO	1
大连港集团	10%	1	CDO	1

吉布提老港由于居民较多，改造难度大，因此吉布提政府决定新建港口。吉布提多功能新码头于 2014 年正式开建，总投资约 5.8 亿美元，建成后的吉布提新港的吞吐能力是老港 1.5～2 倍。吉布提新港建成运营后，资产公司的净利润已达到 1 亿美金，大连港集团等中资企业与吉布提政府均获得了巨大收益。

2. 中区：以自贸区为平台发挥产业集聚效应

中国企业可利用海外自贸区与产业园的开发与建设深入融合当地市场，拓展自身业务链，通过这种方式，可有效降低中国企业在海外扩张的成本与各种风险。随着吉布提港口建设的逐步完善，吉布提政府提出希望与中国企业进行进一步的合作。2018 年，吉布提自贸区建成运营，吉布提自贸区以物流业、商业、加工制造业为主要业态。根据规划，吉布提自贸区预计于 2045 年全部开发完成，开发完成后，自贸区将为吉布提当地提供大量就业机会，这将对吉布提当地的经济与社会发展带来巨大机遇。

3. 后城：以城市发展为目标促进"港区"开发

城市的发展与建设是"港区城"联动开发的重要环节，也是促进港城融合、产城融合，形成可持续发展产业链的关键环节。中资企业对吉布提港口进行了详细的勘察，决定对原吉布提老港口进行退港还城，将老港所在区域打造成 CBD 商务区，并进行城市改造和配套基础设施建设。

2018 年 9 月，招商局集团和吉布提政府正式签订《吉布提老港改造项目合作谅解备忘录》，协议约定将老港的业务逐渐向新港转移，同时，发挥招商局集团、大连港集团等中资企业在产业园区建设与开发的优势,对老港进行开发利用,将老港发展成为具有商业、金融、旅游价值的综合性商贸中心。

(二) 吉布提港口及自贸区开发成效

1. 联动开发的后续收益

大连港集团作为直接投资股东参与吉布提自贸区项目会产生直接收益,同时按照"前港—中区—后城"的联动开发模式,将为中国境外经贸合作区的发展提供新的发展思路。吉布提的港口、航运、物流等的产值占其 GDP 的 80% 以上,其政府尤为重视港口、物流行业的发展,大连港集团在港口经营、工程建设与园区运营的丰富经验获得合作方的极大认可,已深入参与项目的建设与运营。

吉布提是发展程度较低的国家之一,因此该国正处于"百废待兴"的阶段,诸领域均处于起步阶段。大连港集团的相关资源与经验能够为其建设带来利好,同时也能在产业结构调整方面为集团自身的发展创造机会,实属互惠互利、合作共赢。

2. 助力"一带一路"深入推进,促进吉布提当地经济发展

吉布提国际自贸区将成为中国布局"一带一路"的重要丝路驿站、中国企业在吉布提发展的重要载体和平台、中国海外园区的示范园区以及国际化园区的运营投资商。吉布提国际自贸区将进一步探索达到经济利益和社会效益的双平衡,探索海外园区项目"投建营一体化"全新发展模式。吉布提港区城联动开发模式的成功可将经验复制到更多海外国家,不断助力"一带一路"倡议深入推进。

吉布提新港口建成运营后,原老港口的业主逐渐向新港口转移,腾出的地块将用于商业开发。招商局集团、大连港集团等中资企业在新港口开发的基础上,将对老港口进行深度开发,计划将吉布提老港口打造成为吉布提的商业与金融中心,为吉布提当地发展提供机遇,与吉布提政府进行深度合作,达成双赢。

第四节　铁路经济带联动开发

一、铁路经济带联动开发模式

交通运输业的进步与所涉及区域社会、经济的发展密切相连,是影响城市经济发展和产业布局的重要元素。铁路经济带是指以铁路运输为轴,以轴上或其紧密吸引域内相互联系密切的城镇或镇群为主要依托的不同等级的发展中心及其经济活动共同组成的带状区域经济系统。

中国对外承包工程随着中国经济发展已经取得巨大成绩,这些成绩的取得促进了国内经济转型升级,带动了国内相关行业的发展,提升了祖国在世界的综合竞争力,尤其是海外铁路建设。

铁路工程建设的本身属于设施联通,铁路的建成可以极大地改善当地的交通状况,缩短物流的运输时间,降低运输成本,同时能够为东道国当地培养大量技术人才,助力东道国未来的发展。在蒙内铁路建设期间,约有五万人参与了该铁路的建设。蒙内铁路的建设为肯尼亚培养了大量的技术型人才,并与大量肯尼亚当地的供应商进行了业务合作,从资金、技

术、管理等方面对供应商进行帮助和扶植，催化当地产业发展，带动当地产业升级。亚吉铁路的建设与通车也成功地带动了埃塞俄比亚与周围国家的发展。埃塞俄比亚地处内陆，主要通过邻国吉布提港口的货物运输进行贸易交流，亚吉铁路的建成极大地促进了埃塞俄比亚的贸易运输效率，降低了运输成本，同时对铁路沿线的发展起到了促进作用。

对铁路及铁路沿线经济带的开发同时促进了企业自身全产业链的发展，为企业带来除建设收益以外的投资及运营收益。亚吉铁路的成功建设不仅实现了中国铁路投资建设运营一体化的全产业链"走出去"，同时创造了"亚吉模式"，给中、埃、吉三方都带来发展红利。

二、铁路经济带联动开发案例

（一）亚吉铁路项目介绍

随着"一带一路"政策的实施落地，中国企业与世界各国的合作不断深入，铁路建设作为中国企业走出去的重要载体，使中国与世界各国在铁路领域的合作日益紧密，我国企业在国外承包铁路项目的机会也在不断增多。中资企业可利用铁路项目在境外进行"投建营一体化"经营，同时以铁路带动当地的经济发展，从而与东道国进行战略合作及后续的综合开发。以亚吉铁路为代表的"亚吉模式"就是"投建营一体化"发展与"一条铁路带动一条经济带"综合开发的典范。

亚吉铁路（埃塞俄比亚—吉布提）作为目前中国元素最多的海外铁路，集投融资、设计、施工、监理、装备材料、运营为一体，是第一条全产业链"走出去"的跨国电气化铁路。亚吉铁路采用 F+EPC+OM 的建设模式。该项目位于非洲，主要由中铁二局和中土集团共同承包，总投资的金额超过 40 亿美元，全程长达 751.7km。

该项目 2015 年 8 月正式启动，由中土集团和中国中铁共同承建，在完成项目建设后，还签署了六年的运行管理合同，因此，该设计项目是典型的"投建营一体化"项目运作模式的实践应用。

在资金来源方面，埃塞俄比亚段铁路资金的 70% 来自中国进出口银行贷款，30% 来自埃塞俄比亚政府；吉布提段铁路资金的 85% 来自中国进出口银行贷款，15% 来自吉布提政府自筹。中国土木工程集团有限公司（简称中土集团）在吉布提段的建设中提供了占合同额 10% 的资金，采用股权投资的方式介入项目后续业务。

在施工与运营方面，项目的实施采用属地化策略，参与项目建设的工人多采用当地人，由中土集团对当地人进行铁路施工与运营的培训。铁路建成后，中土集团与中国中铁联营体公司将提供 6 年的铁路运营与维护管理服务，在完成对当地人的培训后进行项目移交，将铁路的后期运营与维护交给当地员工。

亚吉铁路是东非铁路网中建成通车的第一条标准轨（SGR）干线铁路，建成通车后能够极大改善埃塞俄比亚与吉布提两国的交通与物流运输效率，将推动区域协同发展。

（二）亚吉铁路的联动开发模式

1. "投建营一体化"经营模式

目前我国承包商在铁路建设上大多集中于单纯的建设阶段，采用"投建营一体化"的项目经营模式，可以使承包商对产业链进行拓展。承包商通过对项目的投资，获得股权收益，同时协助东道国对铁路进行运营，既能够获得运营收益，又能够使中国的技术标准能够更好地输出。"投建营一体化"项目经营模式见图15-9。

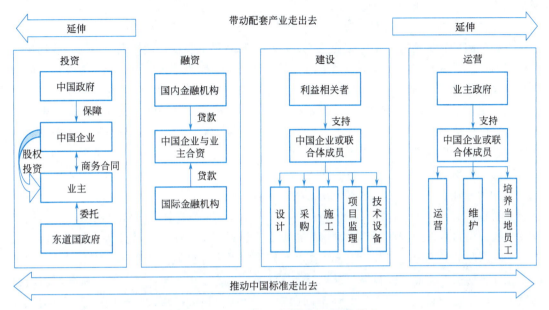

图15-9 "投建营一体化"项目经营模式

亚吉铁路是海外首条全产业链中国化的铁路项目,包含了从项目前期投融资至后期铁路运营与维护的全生命周期。中方企业对亚吉铁路的股权投资将是中国铁路境外建设"投建营一体化"经营模式中对纵向产业链延伸的有益探索。

中国高铁"走出去"作为"一带一路"互联互通倡议的重要组成部分,也带动着其他产业链的"走出去"。亚吉铁路的建成通车为中土集团开拓了海外市场,同时也成功带动了中国的机械设备、通信及机电设备、建筑施工材料等走入海外市场。

此外,在亚吉铁路的成功带动下,中国企业参与东非地区其他铁路建设项目越来越多,未来东非地区将有更多铁路的建设采用中国标准,未来中国标准有望获得更多的东非区域市场。

2. "一条铁路带动一条经济带"综合开发模式

与以往中国企业在非洲实施铁路项目不同,中土集团不仅仅是完成了亚吉铁路的建设,还实现了以铁路建设带动沿线经济的发展效果,进一步深化了国际产能合作。

目前,在亚吉铁路沿线,产业园区建设逐渐兴起,铁路节点城市的基础设施建设得到了极大的促进。亚吉铁路的成功建设极大地促进了当地的工业现代化与农业现代化发展,铁路沿线逐步发展成为一条有力的经济带,成功带动了沿线国家与地区的贸易往来与经济发展,已经初步起到了"一条铁路带动一条经济带"的效果。

(三)亚吉模式联动成效

1. 东道国的社会经济效益

亚吉铁路的建成通车,极大地加速了埃塞俄比亚的工业化发展,加强了东非各国间的贸易往来。为了提高经济的发展动力,中方企业与吉布提政府签约了多哈雷港口项目合同,中方将借此项目辅助吉布提政府进行基础通道的建设,从而进一步加深双方的合作关系,促进以吉布提港口为中心的区域地区经济的飞跃发展。

亚吉铁路途经埃塞俄比亚大部分工业园区，铁路建成将成功打造亚吉铁路经济走廊，铁路与工业、贸易等产业相互促进，联动发展。

2. 中国企业的声誉和信用提高

亚吉铁路的建成通车对中国企业来说不仅仅意味着经济利益，还体现了中国企业的担当和极强的社会责任感，对中国企业"走出去"意义非凡。作为首条中国企业在海外投资的全产业链电气化跨国铁路项目，该铁路给当地居民带来了巨大的便利，使当地居民对中国制造和中国企业有了一定的了解和认可，而且有助于"中国标准"在非洲地区的推广甚至走向世界，具有良好的示范效应并且树立了中国企业的好口碑和好品牌。依托亚吉铁路创造出来的良好品牌形象，中国铁建、中土集团又陆续在埃塞俄比亚市场、吉布提市场承揽实施了多个工程项目，实现了在这些市场的持续发展。

3. 中国企业在"走出去"过程中获得战略保障

亚吉铁路建设不仅带动了当地经济的发展，也为中国企业赴埃塞俄比亚和吉布提投资以及中土公司自身发展创造了新的机遇。在项目实施过程中，中土集团得到了埃塞俄比亚与吉布提两国政府的充分肯定，为中土集团在铁路沿线及东非区域的业务开展打下了良好的基础。随着与埃塞俄比亚、吉布提两国政府合作的不断深入，中土集团参与了一系列两国周边的贸易园区、港口设施、机场和其他基础设施的建设，同时，集团也拓展了自身业务范围，将业务领域拓展到运营管理、资源开发、商贸物流等领域。

第五节　其他联动开发模式

一、城市综合开发——伦敦金丝雀码头

金丝雀码头（Canary Wharf）是伦敦新的商业中心，距离市中心 4 km，位于码头区的核心区域，总建筑面积约 120 万平方米。项目依托两条轨交线，立体组织公共空间和其他功能空间。同时，充分利用码头资源，结合原有水系对建筑进行布局，形成富有活力的城市水岸，是经典的滨水区开发案例。经过三十余年的发展，金丝雀码头已发展成为伦敦第二个金融中心。伦敦码头区开发公司采取了多样灵活的规划手段，以改善基础设施为框架，构建区域内外的紧密交通联系，通过灵活开发、多样开发和集中开发，形成区域复兴的长期模式。

（一）强化城市的空间轴线

金丝雀码头位于伦敦城市发展的空间轴线上。在城市设计的空间布局中，尊重城市历史环境，通过空间轴线的重叠、视觉通廊的建立和新视觉要素的切入，使金丝雀码头融入城市空间格局。同时，对轴线进行强化，将三栋超高层建筑呈三角对称布置在空间轴线上，使其成为城市轴线上重要的标志性节点。

（二）发挥滨水的资源优势

在开发过程中，开发商曾经试图将码头区域内的支流完全填埋掉，形成一块更大的基地，创造更多土地价值。这种做法在中国屡见不鲜，但滨水空间其实是场地最有利的特点，同时可以提供城市设计灵感。金丝雀码头正是通过水系与空间布局的重新整合，增强空间结构的整体性，创造出丰富有趣的空间节点。设计还整合了滨水区步行系统，串联起各个区

域，并结合滨水区段的不同特点，设置相应的使用功能，营造远近、形态、功能不同的观水空间，充分发挥水体的价值。

（三）保留集体的场所记忆

金丝雀码头兼顾了欧洲城市的历史文脉，保留了当地居民的集体场所记忆。尽管该地区为世界顶尖金融区，但仍为使用者提供了欧洲传统城市特有的环境体验。行走其中，街道、广场的围合感十分强烈，昔日码头区的繁华仍留有印记，明显区别于其他拥挤和极具压迫感的城区。

（四）公共交通的利益增值

在金丝雀码头城市设计和开发的过程中，做到的不仅是通过基础设施的完善来吸引地产开发商，更是通过立体整合的设计方法，将交通在多个基面水平展开，并在交通结合点处完善竖向联系，并在各个基面组合多种要素和功能，真正实现公共交通价值的最大化。

历经了30多年的开发与建设，金丝雀码头建设已初具规模，金丝雀码头集团将在保持原有金融区特色的基础上进行下一步的开发建设，更多地吸引媒体、科技类公司入驻。除了从金融中心到金融和科创的拓展，金丝雀码头未来还会从比较单一的工作热点向娱乐、生活中心转型。在金丝雀码头的带动下，周边的商业区块也在成长，一水之隔的格林威治半岛，将变为时尚设计和文创产业基地，再向东扩张，为中国企业总部基地投资的超大的综合商务区和高品质住宅区。这些周边区域的发展，把更多的人才、消费能力和机会带到东伦敦，未来金丝雀码头的前景仍被看好。

二、"轨道 + 物业"联动开发——港铁模式

香港地铁（MTR）已成功运营30多年，其稳定持续的赢利模式值得很多城市借鉴。

香港地铁的建设规划始于二十世纪六十年代。由于香港政府的财政较为紧张，且可利用土地资源较少，在地铁的开发过程中，香港政府逐渐探索出了"地铁 + 物业"的联动开发模式。"地铁 + 物业"联动开发模式即以地铁及其运营为主线，沿线进行房地产开发、物业建设，进行市场化运营，从而达到稳定的收益。

香港地铁的成功主要取决于以下三个方面：

1. 立法支持

香港政府为保证地铁、房地产、物业开发的有机统一，制定了专门的法律法规和政策。政策规定香港地铁的建设与运营同时具有商业性和公益性，地铁的经营要在法律法规的允许下自负盈亏。香港政府的立法支持从顶层设计上保证了"轨道 + 物业"的可持续盈利。

2. 合理规划

在规划上，香港地铁将地铁轨道、地铁站以及出入口周围的商业和其他基础设施进行统一规划。香港政府为香港地铁的开发设立了专门的综合发展区，使地铁沿线的商业、居住、办公等物业形态对地铁交通有很强的依赖性，增强了地铁服务的商业价值，同时地铁物业的开发也为地铁运营带来了巨大的客流量。

3. 严控地价

在对地铁沿线的土地开发上，香港政府充分发挥市场作用，使香港地铁公司有权参与地铁沿线的土地开发，从而通过土地的增值效益进行盈利。香港政府对香港地铁沿线的用地审

批实行严格管理，从而严格控制地价，使土地的开发费用始终处于高位，从土地的开发上保证了地铁公司的收益。

"轨道+物业"联动开发模式下，香港政府以未进行地铁建设的低价将地铁沿线的土地使用权授予香港地铁公司，香港地铁公司在获得土地后进行地铁与周围物业的开发。政府无需承担兴建轨道的资金，也无需支付港铁公司运营补贴，甚至政府可以收取港铁支付的地价收入和作为股东的投资回报收益。香港地铁公司可利用车站内的广告、物业开发和商铺租赁等业务获得收益。"轨道+物业"的联动开发模式为香港地铁公司和政府带来了稳定的收益，达成了双赢局面。

第十六章

项目再融资与项目退出

第一节 项目的再融资

一、项目再融资的概念

英国国家审计署（NAO）的报告认为相对于项目最初的融资方式和安排的任何修改或者调整都能够将其称之为一个项目的再融资，同时把项目的再融资分成了两种，分别为：项目拯救型再融资和获利型再融资。第一种主要是由于项目的资金在使用中出现问题，为了减少损失和能够继续支持项目的顺利推进而被动地开始进行再融资的行为；第二种则主要是为了更大取得收益而主动地开始进行再融资的行为。本书以这两种再融资分类的方式为重点进行海外工程项目的研究。

二、项目再融资的原因

广义的对于项目实施的再融资主要是上述所说的两种。项目拯救型再融资主要是为了有效规避一个项目的实施失败，为了保持项目实施能够可持续地进行，从而被动地进行的再融资，属于计划外的决策。其典型的案例有之前提到的英法海峡隧道，因为英国国家航空管理与服务系统负债过多、还债压力过大而出现资金短缺、无法提前预知的因旅客数量的减少而出现再融资；泰国第二快速交通系统由于其私营部门与其公共部门的意见不统一、难以达成战略共识，同时其在运营的过程中实际的收益远远低于投资者预期收益而出现的再融资等。获利型再融资是一个项目虽然正常进行运转，但是参与方为了使项目获得更大的经济收益而改变了项目现金流量的行为。获利型再融资的决策可以是前期就已经计划好的既定型再融资决策,也能够是中期依据海外投资工程项目的具体的情况而在当下实施计划外的变更型再融资决策。其中出现在计划内的典型再融资案例主要有英国 norfolk&norwich 医院的建造、运营的过程都非常顺利,几乎完全和参与方的预期相同甚至经济收益还远远高于其预期值,但是私营部门希望为了获取项目的更高经济收益而在此时进行变更型再融资;出现在计划外的再融资案例有英国 fazakerley 医院监狱和英国 bridgend 监狱由于其放贷方更加深入了解项目,为了降低风险的预期,缩短了项目的建设期,且成功投入运营,此时进行的再融资;或者是英国 darent valley 医院由于其公共部门财政预算的超支,要为了获取项目更高的收益而在此时进行的再融资等。

再融资原因与类型见表 16-1 所示:

表 16-1 项目再融资的原因与类型

融资类型	再融资原因	可控性	目的	计划内/计划外
拯救型再融资（被动）	成本远高于预期	弱	增强项目的可行性,从而避免项目在建设、运营过程中的失败	计划外
	运营期收益低于预期			
	债务成本过高			
	私营部门与公共部门冲突严重			
	利率降低,收益低于预期			
	不可抗力因素			
获利型再融资（主动）	参与方预算超支	强	提升项目的现金流,使得项目利益相关者可以获得更多利益	计划内
	放贷方娴熟,降低风险预期			
	建设期提前结束,成功运营			
	建设期结束,运营稳定			
	希望在项目实施过程中获得更高收益			
	融资工具及方式多样,过程更加可控			

三、项目再融资的方式

项目再融资方式一般为股权融资、债权融资、资产证券化、资产支持票据以及股权转让方式。同时 PPP 项目还包含融资租赁、经营租赁等新型金融工具的出现以及使用,使之拥有了更多方式的选择。本书重点对于五类主要的再融资方式进行展开说明。

(一) 股权融资

股权融资指的是项目公司通过对特定投资者增发股份的方式而获得的资金,这些增发资金通常没有固定到期日,项目公司也不用通过其公司自有的资金来偿还,投资者入股的时候,一般也未包含给予其每年分红一定比例的承诺,对于项目公司而言,未加大公司现金的流出以及未造成财务成本的巨大压力。

股权融资的基本特点主要应包含以下 3 个方面:具有长期性,公司根据股权融资这一方式得到的财务资金未到期时,这一笔资金伴随公司的继续存在而得以延续;具有不可逆性,股权融资方式获取的财务资金无需直接归还至投资人,即这笔资金已经直接变成了项目公司之股权,并且股权不允许被拿来进行交易的,而项目投资人仅能根据出售售卖公司的股权资金才能获得相应的财务资金;不具有资金成本压力,因为对于分红没有固定的法律规定,因而分红可按项目公司实际的情况而作决定。

项目使用股权进行再融资主要具有以下三个主要优势:进行股权再融资时需要建立与之对应的项目监管责任体系且需要有责任对应具体负责人;股权融资将市场进行公开,各种项目的信息透明并全面,通过大家的参与和监督降低了风险;项目的投资者在过程中会更加谨慎地对待自身投资项目。由于投资者自身在投资项目中已经拥有了一定的股权,因此给了项目投资参与方一定的所有性和归属性,股权融资会极大地使得投资者更加尊重和爱惜自己的股权,并且也将不盲目地运用股权作为抵押的方式获取资金。

(二)债权融资

债权融资主要是运用借贷这一形式,从除了公司之外的其他地方(或者通过股东借款方式进行债权融资)来寻找融资的可能。但其含有有效的期限,且到达相应日期之后还是应支付额外的利息。

海外投资项目债权融资主要有下面两个基本的特征:

① 项目债权融资一般和其原有负债偿还业务在同一时间开展,能够取得较高融资成本,然而也随着该项目的资产负债率的大幅下降,风险减少,新的放贷一方往往能够获得含金量更高的抵押资产。

② 项目融资能够通过公共部门为其提高信用水平。通常一个项目融资的额度相对较高,但我国大型商业银行想要进一步减少自身的风险,对于国有背景或民营背景的债权融资对象往往会进行有区别的对待,因此如若政府可以加入到相关项目中,投资项目的信誉将会得到进一步加强,进一步方便获得银行贷款。

债券融资也同样具有一定局限性。例如,相关项目应进一步加大协调与管理,一部分相关项目在其政策、法令变化较大的同时会经受高度波动,当风险因素影响的较为强烈时,项目甚至会无法获得贷款。银行方应通过整体深入掌握项目融资一方及其项目本身特质来有效规避上述风险因素,故大大增加了对于银行的管理的难度和成本,加大了银行的信贷的风险,从而让银行利用进一步升高贷款利率,进而补偿成本的提高部分。

(三)资产证券化

资产证券化的含义就是直接将资产投放入金融市场进行流通。其投放的条件是资产必须要有一定的市场稳定性,此后放到金融市场公开地进行出售,从而通过这一种方式来将资产进行运转。例如中国香港的迪士尼游乐场就是通过资产证券化方式来出售政府应收账款,其与政府债券相似,从而有效地进行资金运转。

(四)资产支持票据

资产支持票据(ABN)里面的基础资产应该是权属明确并自由的资产,发行人具有合法所有权或者支配权。此外基础资产一定是能够产生较为平稳同时可以基本预知今后的走势的现金流。

(五)股权转让

股权转让主要是通过让公司原有的投资者直接让出部分抑或全部的股权,给到另外一部分的投资者,仅股东结构发生了一定变化。针对投资者不同的情况以及特点,选择在这个项目管理领域有一定的实力和管理建树的公司股东大多可以直接拥有公司股权。

确定合理性较高的股东组合与股权的分配比例,能够大幅度地提高投资项目不同时期和阶段的项目风险应对的能力以及项目风险的应对效率,同时能够大大增加股东和项目公司的能力和价值、提升项目的收益、更好地实现项目的目标,保证项目成功。

四、项目再融资的流程

当一个项目需要再融资的时候,首先,各项目参与方必须根据项目再融资的主要原因和当前再融资环境的情况进行洽谈、统一确定项目再融资的主要目的;其次,各项目参与方应详细分析项目再融资的过程中存在及可能出现的各种风险分担因素,进而各参与方达成意见统一的风险分担的原则;再次,各项目参与方必须通过会议协商一致选择具体执行项目再融资的方式及其利益分配的方式;最后,进行项目的再融资的执行工作,见图16-1。

图16-1　项目再融资流程

第二节　海外项目退出

海外投建营项目运作的退出方式可分为两类,即正常退出和非正常退出。前者如项目寿命到期自然退役、BOT项目特许经营期满移交东道国政府、企业作为股东出售其持有的项目公司股份以退出等,后者如东道国或合作方违约导致我国企业退出、我国企业自己违约被动退出以及发生不可抗力事件被迫退出等。不同情形下的退出,东道国或合作方对我国企业的赔偿或补偿差别很大,所以我国企业所获得的投资收益也不同,在被动退出的情况下还可能发生巨额亏损。

一、正常退出策略

对于常规退出途径的选择,与我国企业自身的主业定位和发展战略有关。例如,以投资为主业的大型投资企业开展海外投建营项目,其发展战略是长期持有固定资产,注重项目可持续性的长期收益,该类企业可能选择长期持有海外项目资产,直到项目寿命到期或特许经营期满后才自然退出,而不会在短期内出售项目公司股份而退出;对于以承包为主业的承包企业开展投建营项目来说,其运作投建营项目最核心的关注还是EPC工程,通过承包项目的建设先获取承包收益,项目建成投产后在必要时会考虑出售项目公司股份而退出。

目前,国际资本市场上的主流退出机制为公开上市、股份转让和管理层收购。本书针对退出策略作出具体展开如下:

(一)公开上市(简称"IPO")

公开上市是将风险企业改组为上市公司,风险投资的股份通过资本市场第一次向公众发行,从而实现投资回收和资本增值的退出机制。其作为国际投资者首选的退出方式,主要包括境外控股公司上市、申请境外上市和申请国内上市三种途径。

实践中,投资者一般都不会以自己名义直接进行相应投资,通常先在投资管制宽松离岸法区,例如维尔京群岛、中国香港等在当地注册一个控股公司,使其作为一个独立的项目公司来开展对外的投资,并且投资者可间接持有境外投资公司企业相应股权。主要目的一是主要通过其法人制度有效避免投资风险,二是做好充足的准备来迎接之后这一控股公司的上市以及资产重组工作。

(二)股权转让

依据股东对公司股权的转让权利,是公司法的一项基本的法律制度,企业可以通过被投资公司的其他股东或第三方转让持有股权。

由于直接转让往往受到东道国的种种限制,具有退出意愿的企业往往更多采取间接转让的方式,即"离岸股权交易"。

海外项目的投资者一般会先在投资管制宽松以及税负相对较轻离岸法区注册一个控股公司来开展对外的投资,而这一个公司的投资者则通过壳公司间接持有境外投资企业股权。投资者在决定直接退出境外的市场之后,无需出让其位于东道国境内的公司股权,也无需申请或取得东道国境内有关主管部门的同意或者批准,仅需将该壳公司抑或对其持有的股权出售至其他投资者。

上述操作变更的是投资企业的股东而非投资企业本身,故更有利于规避风险,减少投资企业的损失。

(三)管理层收购(Management Buy-Outs,即 MBO)

管理层收购是指相关公司经理层通过借贷所融资本抑或收购任职公司的一种交易的行为。这种行为导致公司所有权、控制权、剩余索取权、资产等多个方面发生结构性变化,进而直接改变公司的所有制结构,最后完成企业经营者到企业所有者这一实质性转变。

近20年来,管理层收购被视为减少公司代理成本和管理者机会风险成本的可行手段而得到迅速发展。鉴于沿线国家投资项目多涉及国计民生重要领域,其管理层往往带有国家管控色彩,即一定程度上代表国家利益,故采取管理层收购的方式符合沿线国家的内在需求,其所受阻力较小,能够有效帮助企业成功退出境外市场且减少因国有化等不确定因素所造成的损失。

此外需注意的是,东道国政府法律和融资方可能对投资方,特别是大股东的退出进行限制,如项目建成投产后 2~5 年期满才能退出,至少在限制期内不能发生项目公司控股权变更,因此,我国企业作为投资方,如想在项目运作期间退出,需在投融资方案策划阶段就应策划项目的退出方案,如离岸公司的使用、投资文件控股权变更机制的设计和融资模式的选择等。在为项目建设进行融资策划时,力争获得无追索的项目融资;有追索的项目融资对投资方,特别是大股东的项目退出严重不利,例如,在某些中资公司投资的海外项目上,项目建设采用了有限追索的项目融资,中资公司作为大股东向融资方提供了覆盖项目运营期的一定财务担保,在以出售项目公司股份的方式退出时,融资银行要求股权的受让方具有与中资公司同等的资信,并提供同等的财务担保后,才批准股权转让的交易,这就严重限制了中资公司作为股东方的项目退出。

二、非正常退出防范及应对机制

上面说到企业在被动退出的情况下还可能发生巨额亏损,因此企业应根据自身情况建立非正常退出的防范及应对机制,具体举例以下两点展开。

(一)购买海外投资保险

海外投资保险使得企业在东道国可能面临的国有化风险、外汇风险、政治风险全部或一部分转移至保险公司。投资企业通过对其各种资产进行投保,以期分散风险,减少经济损失。

伴随着"一带一路"倡议的响应,我国保险业对于防控境外投资风险正发挥着越来越重要的作用。2017年8月17日,保监会发布了中国出口信用保险公司(以下简称"中信保")的最新数据,自2013年"一带一路"倡议正式提出至2017年6月,中信保对于沿线国家的承保金额已累计超过4800亿美元,同时向银行和企业支付赔款达17.3亿美元。直至当年六月份,中信保在国内外累计的支持国内外的贸易以及投资金额达3.1万亿美元,提供了信用保险业务,面向的出口企业达数万家,同时累计向相应企业支付赔款达100亿美元,其带动240余家银行,向出口企业的融资金额超过2.8万亿元人民币。

中信保不仅于投保数量方面作出巨大贡献,同时积极创新保险业务以适应"一带一路"倡议境外投资的发展需求。以2017年2月的美国约旦油页岩循环流化床这一发电厂建设项目为典型案例,中信保依据项目的融资模式,设计出了一套保险方案,覆盖了商业风险、政治风险、政府违约风险等多个险种,由此也带动中资集团为这个项目提供了约16亿美元融资。

鉴于我国企业对沿线国家日益增长的投资热情,中信保正不断推出适应多种投资项目的保险业务,基于"一带一路"倡议的特殊情况,该类业务往往具有极强的针对性与可操作性。

(二)采取本土化的经营战略

本土化的经营战略要求企业不是把自己当成外来的市场入侵者,而是当作目标市场中固有的一员融入当地文化。具体而言,包括以下四种途径:产品本土化、营销方式本土化、人力资源本土化与研究开发本土化。

此外,企业应适度开展公关活动,尤其要重视对东道国基层公民的宣传工作,以提高企业知名度,扩大受众基础。同时,企业应主动承担社会责任,树立正面形象,增强企业在东道国的社会认同,提升企业在东道国的社会影响力。

国有化、政府强令退出等政治风险是企业被动退出境外市场的主要原因。为此,企业必须要积极融入当地环境,争取东道国公民与政府信任,努力使自身成为本土市场的有机组成部分,以此降低发展阻力,减少被迫退出的风险。

总体来看,退出阶段的风险主要来源于退出机制的欠缺与东道国政府的国有化危机。企业应综合考量现有退出手段,主动开拓新型退出机制。利用境外投资保险转嫁风险的同时,积极承担社会责任,落实本土化的经营战略。

法律及风控篇

第十七章

海外投资项目的法律纠纷处理

第一节　海外项目合规合法性经营

一、合规合法

从企业的性质上看，在海外业务中占主导地位的企业是中国的央企和国企，虽然中国参与国际工程承包业务已经有几十年的历史，但是在海外大部分工程项目依然是中国政府的援助项目或者是优惠贷款项目，完全依赖市场上的公平竞争获取的项目数量依然有限，而以投资为目的的基础设施类项目更是经验不足。

企业的性质和管理模式也决定了中国国际投资业务的国际化程度还不高，对于国际市场的操作手法，尤其是在发达国家投资的项目实施要求经常会出现应对偏差，部分企业还是习惯于一种"半开放、不透明、不公平竞争"的制度环境下去拿项目，而不是在合法合规的条件下进行自由市场竞争。而更甚者，有些企业为了拿项目采取极端的违法行为，其由于行贿以及涉嫌欺诈而使世界银行将其列进"黑名单"。

受困于传统思维，中国的海外投资缺乏对海外市场的深度认知以及有战略布局的市场化操作。而正是由于这种传统的短视思维，在做项目之前往往不了解项目所在国的投资环境以及项目的成熟度情况，没有对所在国进行详尽的市场调查和相关法律、法规、税务、设计规划、材料标准等政策的尽职调查，管理者的风险意识不强，不愿意在前期进行投入，对整个项目的作业环境非常陌生。经常在项目实施过程才发现问题，而这个时候要去解决就为时已晚，往往是吃了很多哑巴亏。这样的案例非常多，最新的案例是绿地集团在英国伦敦金融城投资的欧洲第一高楼——伦敦之巅，不符合英国高楼的设计规范，只有一套安全逃生楼梯间，具有很大的安全隐患，因此被停工检讨，必须全面设计整改，致使原计划在2020年完工的项目变得不确定。

从另一个角度看，我国企业的行政意识过浓，很多投资项目都带有政治色彩，有时候"中国牌"不但没有降低投资成本，反而带来更多的"政治风险"，使得我们在很多时候无法以开放的心态来做项目，若无政府做靠山，我国的比较优势就显得不明显。而在如此复杂的国际形势背景下，投资项目的合规性不仅是符合规范要求，所在国政府更希望来自中国的投资能够尽量去"政治化"，减少中国政府的参与，通过纯市场化运作，会更被所在国政府青睐，否则的话"中国投资"就会成为一些在野党攻击的对象。

二、规避投资大忌

在海外市场操作投资类项目，要深入市场，深耕细作，切忌"投机取巧，盲目冒进"。尤其是在我们具有较大优势的港湾、路桥、高铁、城建等领域都需要对所在国的政治环境、制度规则和规划标准进行详尽的调查，而这些工作都是独立于项目之外的前期工作，需要专业人士专门进行操作，不打无准备之战，在做好前期准备的情况下再安全地进场，要做到不仅在资金技术上有优势，在对所在国相关法律法规的熟悉程度上也做到了如指掌，运筹于心，这样才能立于不败之地。

另外，在很多国家推行中国标准规则还不被完全接受的情况下，要多去挖掘中外标准共同参考的可能性，强行推行中式标准，只会产生适得其反的效果。不能抱有侥幸心理，要投入更多资源在对海外市场进行全面了解，通过前期详尽的市场调查规避后期的违规风险。

三、建立合规管理体系

2017年5月，习近平主席主持深化改革领导小组会议，审议通过《关于规范企业海外经营行为的若干意见》提出规范企业海外经营行为，加强其合规的制度建设要求。2017年12月底，国家质量监督检验检疫总局和国家标准化委员会联合颁布了一项国家标准《合规管理体系指南》（GB/T 35770—2017）。该指南对"合规"给予了明确的定义和范围："合规意味着遵守了适用的法律法规及监管规定，也遵守了相关标准、合同、有效治理原则和道德准则。"

因此，如何打造中国企业海外投资业务的合规管理体系，吸取相关教训，把监管和合规操作放在海外投资风险管理的首位，这是我们现在面临的一大挑战。我们需要在源头制止一切不合规的行为发生，熟悉所在国的法律法规，要从集团层面对海外业务进行整体合规性审查，将合规性要求放在海外投资的制度建设中，确保合规风险消除于萌芽状态。

对于我们在当地的供应商和业务合作伙伴都需要进行完整的尽职调查，了解其是否触犯过当地的法律法规，有没有受罚的经历，尽量避免被动式的"违规"行为出现。

四、参与规则制定

虽然在过去吃了很多"违规"的亏，交了不少学费，但是在进行海外投融资业务的过程中依然要保持信心，在发展中国家和地区我们要多去与地方政府和主管部门进行沟通，商讨投资项目的合规性操作的模式，通过已有的影响力和执行部门达成一种长期有效机制和自我保护体系。

在发达国家要遵纪守法，合作操作。越发达的国家，市场的开放程度和信息透明度就越高，对于这些国家我们要快速学习他们的长处，了解他们的游戏规则和法律法规，同时我们也要在一些比较优势明显的领域积极参与新游戏规则的制定，例如在 PPP 融资模式和 BIM 技术等领域，都应该积极参与国际标准的制定工作，在更高的层级进行发声，共同参与创造出符合全球市场的投资与运行规则是更重要的领域。

从基础做起，做好海外投资的前期准备工作，需要我们投入大量的人力、物力和财力，深入的市场研究和详尽的尽职调查，完善海外投资的管理制度和专业化的人才培养模式，通过公开透明的决策机制和市场化经营模式，从源头上杜绝"违规风险"，这样才能使海外投资之舰在狂风巨浪的险恶环境中"安全航行"。

第二节　海外投资项目法律纠纷类型

海外项目可能遇到的法律纠纷涉及环境保护、税收、知识产权、劳工等多方面，要求我国企业时刻关注并真正了解所在国法规政策的主要内容、调整实施及改革创新，其中主要包括：

一、环境保护法律纠纷

在"一带一路"倡议推广和相关项目实施的过程中，我国有些海外投资企业因不充分了解有关国际社会涉及的环境保护已有的国际公约、条约和其他相关规范性的法律文件，对于东道国环境保护和资源合理开发问题缺乏足够的重视，导致破坏东道国的生态环境和东道国资源过度不合理开采的状况经常发生，遭到一些较为严重的指责与负面言论。环境保护的法律纠纷使得中国对外投资项目受到不能顺利开展以及有效实施的风险，也直接影响我国海外投资企业和政府的良好国际形象。尤其特别是在"一带一路"的建设中，我国企业的海外投资项目主要是建设基础设施以及矿产再生能源开发等易污染领域。同时"一带一路"沿线国际的地貌通常多为荒漠，植被较为稀少，生态环境与保护系统较为脆弱，并且沿线国家生态环境与保护相关法律体系不完善、监督体系机制不健全。因此我国海外投资企业是否具有生态环境保护意识等特别容易受到沿线各国政府及社会公众高度关注。

二、税收法律纠纷

一是税收政策差异性较大的风险。"一带一路"多为发展中国家，其具有不同类型，具有不同的国家公益性的税制以及政策实施税率，税收的待遇也差异较大，在对外投资中中国的企业必须面对较为丰富的税收环境，并且企业需要根据各个沿线国家不尽相同的税收政策在其投资和运营上进行适当的调整。二是税收优惠政策的风险。目前中国对外投资企业在"一带一路"建设过程中的主要涉及的是海外工程承包项目建设、资本输出与并购，但是"一带一路"沿线许多发展中国家法律规定的对外投资企业在本国的承包工程建设或提供其劳务所可以享有的免征企业所得税的期限仅仅是 6 个月，由于大型基础设施项目建设的工程的实施时间通常是长期的，多数企业根本没有办法完全享受作为投资所在国政府所规定给予的税收及较为优惠的政策和待遇。三是重复（双重）征税的较大风险。当前许多"一带一路"沿线国家或地区依然无法有效地准确避免这一重复税收征税，在"一带一路"沿线国家海外投资中企业遇到重复征税的现象仍然是普遍的。

三、知识产权保护法律纠纷

主要是体现在企业违反了海外投资项目所在国所参与了的有关知识产权保护的国际公约、条约以及其国内的有关知识产权保护所涉及的法律法规，其主要涵盖知识产权的相关保护范围、保护的权限、审查的程序、审查的标准等几个重点内容。除此之外，我国海外投资企业的知识产权被非法侵犯的典型案例也有很多，例如"飞鸽"这一品牌的自行车注册商标遭到非法抢注（印度尼西亚）、著名家电品牌商标"海信"遭到非法抢注（德国）等典型的案例。这在一定的程度上也反映了当前我国的企业在积极拓展海外业务和市场的同时需要进行知识产权的高度重点保护。但目前企业缺乏这一意识，导致高端人才培养体系尚不健全，相关数据信息匮乏。"一带一路"所涉及的多为发展中国家，知识产权有效进行保护的法律和制度也尚待建立和完善，这种情况也使得当前我国海外投资企业的商标和知识产权在开展海外投资的过程中较易遭受非法侵犯，知识产权海外投资保护相关法律的风险也由此随之产生。

四、劳工保护法律纠纷

因为不遵守国际劳工组织（ILO）所制定和确立的国际相关的保护标准、所在国相关劳动保护的法律法规以及与中国有关劳工权益保护的相应法律法规等，从而产生了劳工保护法律纠纷。虽然中国海外投资项目企业可以通过海外投资给当地提供更多的有效就业的岗位，但是另一方面要明确大部分发达国家有相关规定，如一定情况下限制中国从业人员的就业岗位，有一些重要岗位需要强制给予当地人员的规定，此举非常不利于增加中国企业人员的对外正常工作岗位。故一方面海外投资项目中我国的企业必须要严格遵守有关所在国的法律法规，保障我们聘用的东道国外籍劳工的合法权益，协助其维护当地的就业环境和市场秩序；同时更重要的是要切实保障我国从业人员的基本平等的劳动权利，减少其在国外工作中各种劳动权利侵害等问题。

第三节 海外投资项目法律纠纷防范

一、做好尽职调查工作

投资企业本身受投资经验和判断能力等因素的影响，较难全面客观地评估投资项目，决策的盲目性必然导致投资风险的频发。投资企业应聘请专业顾问机构（如律师事务所、会计师事务所和专业咨询机构等）对投资项目和各方主体的法律资质、存续情况、经营状况、资产与负债及产权情况等进行尽职调查。根据尽职调查结果，结合相关其他因素，选择适合的合作伙伴和投资形式。同时在项目公司运营过程中，建立完备的内控体系，持续聘请法务及财务顾问等。

这里举例说明，2001年中国某大型工程公司在马来西亚参与水电站建设工程的竞标。由于竞标时间安排紧张，该公司未针对项目进行法律尽职调查。但凭借其雄厚的实力和较低的报价与其他几家当地公司共同中标。但因事先缺乏对该国法律针对工程许可审批程序的了解，该公司在订立承包合同时未将相对较长的审批时间考虑在工期内，导致工程延期长达 2 年，经济损失高达 1 亿元人民币。根据此案例给出的建议是：明确尽职调查是境外投资项目前期准备阶段的重要环节，对整个投资项目的成败具有至关重要的作用。投资企业应充分意识到其重要性，并结合投资目的、项目特性及东道国投资环境等因素，委托专业机构和人员开展全面有效的尽职调查，及时发现问题与法律纠纷，制定防范规避和解决方案，保证海外投资项目的顺利开展。

二、重视投资所在地环境保护

第一是明确要求海外投资项目中我国的企业在海外项目的投资和运营的过程中认真地做好环境保护工作，开展对环境影响的有效评估，拟定其投资和运营的过程中可能对环境造成的影响的评估标准与报告，避免不遵守东道国相关法律规定行为发生，有效规避有关环境与保护的法律纠纷；第二是明确要求企业凝练出环境可以被良好保护的企业文化，提升企业对于环保的意识，在项目建设和生产中严格按照相应所在国政府制定的有关于环境保护政策和标准来推进相关的工作；第三是明确要求企业要支撑起自身的社会责任，积极参与到所在国对于使环境被高效保护的公益活动中，树立良好的社会责任企业形象；第四是明确要求加强与项目所在国政府对环境保护的合作，尤其特别是"一带一路"沿线地区荒漠化状况较为严重的，而由于我国在解决和治理有关地区沙化、荒漠化问题方面具有丰富的理论和实践经验，我国的企业也可与其项目所在国的政府共同合作，保护和修复当地水资源和生态环境，以此能够获得项目所在国更多政府和民众的支持，保障项目成功。

三、减少和避免跨境投资多重征税

作为"一带一路"倡议的发起国，为进一步加强和推动相关地区国际经贸与合作，中国政府的相关部门需在化解"一带一路"建设税制的高墙壁垒问题方面继续做出更多努力，如进一步强化在国际税收领域的合作、积极地承办和组织参加税收高峰论坛、促进各国之间税收政策的沟通。尤其是我国要通过合作协议的形式建立起促进双边或多边长期有效的税收合作的机制，适时修订并增设权益保障条款，同时签订长效税收合作协定的地区和国家，则要进一步加快与未签订税收协定的国家进行洽谈的进程，协商制定避免重复征税的具体有效途径和具体实施办法。

四、加强跨域知识产权保护

第一，我国的企业在"走出去"的过程中应充分熟知东道国的知识产权保护的法律和制度，避免在海外投资中出现各种违法或者违规情形；第二，我国的企业还要了解和掌握与东道国海外投资活动相关的知识产权保护的国际公约与条约，防范与东道国之间的知识产权的保护法律纠纷，减少企业的跨域知识产权的纠纷；第三，我国企业的海外投资运营项目涉及的行业和领域较为广泛，不仅能够进行基础设施的建设、制造业，也可能还有新型的国际服务业、文化等，为有效地防范并合理地解决与东道国之间的知识产权的侵权纠纷事件，有必要在海外投资建设运营项目的议定书之外附有更详细的与东道国之间的知识产权的详细保护协议，具体明确因海外投资项目的建设以及海外投资项目的运营而直接引发的知识产权的侵权纠纷的相关争议及其解决的方式、认定标准、赔偿解决方案等相关内容。

五、加大海外劳工权益保护力度

海外投资的过程中我国的企业首先应学习熟悉国际关于劳工权益保护的标准、东道国国内劳动保护法以及我国制定出台的有关海外劳工权益保障的法律法规。尤其是近些年"一带一路"很多的沿线国家对于外资劳工权益保护的理念和标准、劳工权益保护争议的解决、企业承担社会风险责任等问题提出了更高的要求。因此我国的企业在进行海外投资建设和运营中仍然需要主动地承担相对更多的社会风险责任，将对于海外劳工的权益的保护进一步上升到作为海外项目企业对社会的责任和企业自身的文化，从其经营的理念和其实际行动的层次上进一步地提升对海外劳工人身权益的保护和重视程度。在此部分，进行海外项目的劳务方案具体分析如下：

（一）建立规范化的劳务管理制度

1. 劳务招聘选拔制度

合理的劳务招聘选拔制度可为项目招聘到较优的劳务人员，从源头保证劳务人员的质量，并顺利推进项目实施。企业可考虑制定针对项目特点和东道国人力情况的劳务选拔制度，明确各工种对劳务人员的具体要求，并具备完善的考核流程。其次，企业应建立在东道国的人力资源库，对于富足的应聘人员、被录取的劳务人员进行详细登记，充分完善项目信息并为后续招聘提供参考价值。

2. 劳务考核和激励制度

严格、合理的劳务管理、考核及激励机制有助于激发劳务人员的工作热情，使项目现场形成积极向上的工作氛围，为项目的成功提供保障。这在很大程度上考验着投建营一体化建设单位的管理能力，其应考虑东道国的人文环境，在充分尊重劳务人员的基础上（力求公平公正），制定出具有针对性的管理激励措施，既满足劳务人员的内心需求与自我成就感，又能加速项目的顺利实施。

此外，为了提高劳务属地化管理的精细化程度，投建营一体化建设单位还应确保项目参与人员熟知此项目的薪酬、工作纪律、劳保用品及辞退等制度，提高劳务属地化管理的精细化程度与管理效率。

3. 建立劳务属地化资源库制度

劳务属地化资源库制度是对经验丰富、技能较好的当地职工进行备案，以便在企业在开展新项目时能够快速找到高素质的劳务人员。属地化资源库是企业的宝藏资源，一方面招聘有经验、高素质的技工有利于更好地对项目现场进行管理，另一方面也有利于加强企业在东道国与劳动、卫生等部门联系，获得更多的支持与帮助。

（二）寻求多样化管理手段

多样化的劳务管理手段有助于提高投建营一体化建设单位的精细化劳务管理水平，投建营一体化建设单位可以通过加强劳务属地化培训、多渠道解决用工需求，长期工、临时工多种雇佣方式相互结合及加强中高级管理人员的属地化程度等措施，实现更优的管理效果。

如对东道国当地的劳务进行培训可提高技术人才及业务骨干的专业水平，既满足项目实施的需要，也为东道国培养了许多高水平的技能型人才，得到了当地政府的大力支持；投建营一体化建设单位应在项目开始前与当地的劳动、卫生、警察署等相关部门取得联系，对当地的劳务合同、薪资标准、纠纷解决等相关问题进行确认，尽力避免后期纠纷的产生；投建营一体化建设单位还可采取正式工与临时工等多种雇佣方式相互结合的用工制度，既可以降低项目用工成本，又降低了管理过程中管理人员与劳务人员发生冲突的概率，提高工作效率；加强中高级管理人员的属地化水平，可以促进东道国与中国文化的深度融合。多样化的管理是企业提升管理水平与效率必定要思考的问题，应被投建营一体化建设单位视作需深入思考的问题。

（三）推进劳务人性化管理

劳务人性化管理意味着企业要为劳务人员提供良好的工作环境，并注重对劳务人员的人文关怀。人性化的管理手段可以使劳务人员体会到企业真诚的关心，并与之建立信任的关系，可在很大程度上提高劳务人员的工作积极性与忠诚度。

1. 提供完善的工作生活环境

为劳务提供方便舒适的工作生活条件是人性化管理的首要任务。大多海外投建营一体化建设项目具有项目所处位置偏远、生活条件不便捷等特点，这些都使很多的精英人员并不想在这些项目中参与，并很大程度上提高了企业在管理上的难度。因此，项目组可考虑加强项目营地化建设，如根据项目用工规模，在施工现场就近建立劳务营地便于劳务工作和生活。对于一些雇佣劳务数量多、项目建设时间长的大型工程项目，还可引入一些便民的生活设施，如医疗服务点、银行服务点、便民商店、娱乐设施等。若某些设施引入采用招标的话，还可以促进当地经济发展，实现一举两得。

2. 尊重习俗信仰，促进跨文化融合

跨文化融合是推行劳务属地化管理成败的关键。不管是在哪个国家，都应尊重当地的风俗习惯，在此基础上推动中国文化的宣扬，既使东道国当地体会到中国文化的博大精深，也要吸取他国文化的精华部分与中国文化进行深度融合。

3. 注重对当地劳务的人文关怀

在项目中的人文关怀应体现在针对不同的个体，都应根据其需要提供对他的关怀与认可上。每一个个体都渴望组织可以看到他与别人的差异性，看到其在工作岗位上的优势，并得到组织的认同。企业应制定人性化的管理方法，并在每一个特定的项目组中予以实施，且每一个项目组应在普遍的人性化管理方法的基础上更加细化，以实现更好的管理效果。

海外项目按项目所在地政府要求雇佣当地劳工，即可降低项目成本，又可增加当地就业率，如若投建营一体化企业能加强对当地劳工系统化的培训，就可以走出"建设＋运营＋管理咨询＋培训"等盈利的新模式。

第四节　海外投资项目的争端解决机制

一、企业海外投资全过程争端解决现存问题

"一带一路"许多沿线国家之间的法律体系、法律文化、法律制度和环境等均差异显著。因此中国的企业面对海外投资争端，若想要有效依靠"当地救济"方式解决，则必然需要充

分掌握项目所在国的法律体系以及司法规则。事实上，我国的企业尤其作为外来的投资者在与其项目所在国政府的法律的谈判抑或是诉讼中常处于不平等的弱势地位，面对一些国家政府的行为即使最终胜诉也往往面临着法律执行困难的社会现实和法律性问题。所以，除当地的司法进行救济或其他的行政救济有关方式以外，我国在与海外投资项目所在国谈判时也应更多地将其转向于寻找外交保护抑或是国际仲裁等方式。

然而，在目前的现实中，国际仲裁这种方式在调解"一带一路"投资争端时也具有相应的局限性，如许多"一带一路"沿线国家例如黎巴嫩等并不是世界贸易组织的成员，不按WTO 的国际仲裁制度的规定处理；同时"一带一路"部分国家还没有加入《纽约公约》，不是缔约国，这种情况使得我国的企业即使通过了国际仲裁能够取得有利的结果，也可能存在着国际仲裁结果或者裁决结果难以获得项目所在国承认与有效执行的不确定性风险；同时当前许多"一带一路"沿线国家尚未正式加入国际中普遍较为通行的 ICSID 公约，这种情况直接影响到了 ICSID 国际投资争端解决机制的合理应用以及推广。此外，包括我国在内的"一带一路"沿线许多 ICSID 公约成员国缺乏国内立法，缺乏实践实际操作，这种情况直接影响到了其功效的发挥，合理适用范围有限。

二、企业海外投资全过程争端解决机制构建路径探析

我们生活在一个法律之中，法律全球化是世界全球化过程中得以体现和表达的一个专业术语。在某种意义上法律不只是我们对外部世界的一种基本理解的体系，也是我们构建法律化世界的一种重要物质力量。在经济全球化领域，数字网络以及信息技术与现实意义中的实体经济发生深度的融合，国与国之间边界也变得模糊。我国更是在现如今坚定不移构建开放型的经济政策体系，以"一带一路"国际合作践行经济全球化理念，为"一带一路"倡议装上规则之轮、法治之翼，加强"一带一路"法治建设，加强"一带一路"的法治体系建设。特别是在"一带一路"的投资和贸易管理领域，需要尽快地建立和完善我国海外投资企业全过程的争端调解解决的机制，保护广大海外项目企业和投资者的合法正当权益，保障以及保证我国海外投资项目相关企业能够更好地"走出去"，推进"一带一路"合作倡议的健康稳定可持续发展。

根据 2018 年中共中央全面深化改革领导小组第二次会议审议通过的《关于建立"一带一路"争端解决机制和机构的意见》，我国将在北京、西安、深圳设立国际商事法庭，该重大举措无疑为进一步建立和完善"一带一路"合作倡议的海外投资争端处理和解决的机制明确了思路和方向。为了尽快实现"一带一路"合作倡议的规范有序健康发展，中国需要尽快地建立与"一带一路"倡议的特点相适应的海外投资项目争端处理和解决的机制，有效地防范和有效化解中国海外投资项目企业在海外基建项目中可能会遇到的各类海外投资争端事件。

（一）补充完善"一带一路"双边投资协议

在中国早期签订的海外投资项目双边协议中，一般情况都会对双边可仲裁的事项内容进行一定的限制，仅限制在国有化与财产的征收等内容。我国政府需与"一带一路"沿线国家及时协商修订原有协议或签订补充协议，适当扩充国际投资的可仲裁事项范围，并遵照"当事人意思自治原则"，允许投资双方自由选择投资争端的解决方式，以最有效的解决方案实现最公平公正的裁决结果。进而依据海外投资项目企业的相关经济利益诉求，可以适当合理

地考虑在当前的双边或多边的投资协议的文本中逐步形成较为统一的海外投资项目全过程争端处理与解决的机制,为将来更广阔的区域性多边投资协定谈判创造条件。

(二)协商建立"一带一路"区域性国际仲裁机构

"一带一路"倡议的提出有利于亚太地区经济的协同合作发展,但是要在国际上建立协同合作发展的一个区域性的经济共同体也必然需要建立统一、高效、稳定的海外投资项目争端处理与解决的机制。因此,沿线国家政府需要进一步增大国际交流同时共同建立独立、统一、专业服务优势的区域性国际仲裁机构(与投资发展大环境相适应),独立负责协调处理解决"一带一路"建设中可能发生的各类争端事件,允许作为投资者的企业或个人就所在国政府违约行为诉诸该机构以获得公平公正的权利救济,最大限度地有效保护投资者和当事人的正当权益。并且,还应该充分借鉴 WTO、NAFTA 等其他国际组织成功实践经验,尝试通过同步设立上诉的机构与仲裁裁决结果执行的监督机构,为相关当事人的申诉提供二次救济的机会,保证最终仲裁结果的公正性以及最终仲裁裁决执行的可行性。

(三)推广 ICSID 投资争端解决机制

当前中国多数海外投资项目企业仍对于 ICSID 争端解决机制了解甚少,特别是中小民营企业,此外我国企业对国际投资的视野仍较为有限,缺乏通过国际普遍通行的做法解决有关海外投资全过程争端的针对性和宏观的意识。因此我国的政府不仅必须要主动地加大对有关 ICSID 机制的宣传力度,鼓励尤其是中小民营企业利用 ICSID 这一国际仲裁机制有效维护自身参与海外投资项目的合法权益,同时有关部门还要积极组织收集和整理分析典型的国际仲裁案例,深入地钻研 ICSID 国际仲裁机制仲裁裁决的合法承认与监督执行的制度,明确海外投资项目企业如何充分利用 ICSID 国际仲裁机制,从而提供有效的法律指引,有效解决"一带一路"倡议中海外投资建设运营过程中的争端问题。

(四)在国内设立"三位一体"的投资争端解决机制

以在中国设立"一带一路"沿线的国际商事法庭为契机,确立共商共建共享为原则,通过优化和整合中国目前现有的法律服务资源,尽快在国内建立起诉讼、仲裁、调解有效,相互衔接的"三位一体"的投资项目争端全过程解决与处理机制,为有效解决"一带一路"海外投资争端提供"一站式、一体化"法律服务。具体实施应设立专门的负责国际投资争端的多元化解决的国际商事诉调解决对接的机构(中心),以及包含较高的市场核心竞争力的"一带一路"海外投资项目争端的管理服务机构,并由两者作为国际连接多个投资争端解决方式的桥梁和纽带。对接机构与管理服务机构的具体工作职责应重点包括:充分注重发挥域外特邀调解员的跨境沟通协调作用;积极帮助及完善海外投资项目争端全过程解决的中立评估的机制;进一步拓展有关海外投资项目争端全过程解决的国际网络信息化咨询服务;等。从而进一步依靠对接机构、管理服务机构的有效协调管理作用与衔接管理功能,在国内尽快地建立"三位一体"的投资争端解决机制,为"一带一路"沿线投资者提供高效便捷的"一站式"投资争端解决服务,助力营建稳定、公平、透明的"一带一路"法治营商环境。

(五)充分发挥调解在"一带一路"海外投资争端解决中的功能价值

在"一带一路"的国际环境中,对比诉讼和仲裁这两种方式,调解的重点在于持续良好的双方商事合作关系,同时能够满足商业合作发展的需要,使其站在市场的角度来进行纠纷处理和矛盾化解，是更为具有灵活性的一种谈判及协商的方式，也是最具有自愿性、经济性以及便利性的一种海外投资项目的争端处理与解决方式，可高效合理地进行规避传统意义中所说的非对即错的判决抑或者裁决的结果。因此，建议将调解作为"一带一路"倡议下投资项目争端解决的优选方式，充分发挥调解在"一带一路"海外投资争端解决中的功能价值。在此基础上应注意，"一带一路"倡议下相关国家的法系传承以及法律文化通常是呈现多样性的，对于调节都具有自身理解，例如中国在当事人同意前提下可由法官主持诉讼调解，书记员也同样可在此案法官的指导下来参与此案件调解的相关工作，一般的情况下需调解的案件当事人也会进行积极配合同时认真仔细地考虑此案件调解的方案，然而西方的国家则通常是根据"程序正义原则"，负责该案件审理的法官普遍不直接参与到相关当事人之间的调解之中，而是独立于当事人调解的程序之外。不同的司法理念也会使得不同国家具有调解的不同理解与司法的不同实施，需要不同国家依靠调解制度的汇通和文化的交流来进行调和。详细地说，一方面是需要重点推广"软法"治理观念到"一带一路"的沿线各国，将其制度空间拓展性的特性发挥最大化，促进平抑不同国家对调解的规制差异，柔化各个国家自有调解制度规则所固有的"本土性"，使得其能够在更多更深层面来实现调解制度的互通互融；另一方面是加强政府之间的协商，共同来推进"一带一路"投资全过程争端解决机制的规范化、制度化以及统一化进程，通过加强国际协调与政府之间的合作共赢，充分发挥海外投资项目全过程争端的调解在解决过程中的主导性作用。

第十八章

投建营项目的风险管理

第一节 投建营项目的风险特征

一、阶段性特征

海外基础设施投建营项目具有明显的长期阶段性风险特征，且在相关项目不同时期和阶段，风险类型会随项目推进不断变化，风险严重程度也随项目进展各不相同。一般而言，在项目建设初期，企业在设备采购、征收土地等方面需要投入大量资金，由此会产生巨大的资金风险和经济风险；在项目建设中后期，由于项目建设时间已经比较长，一些东道国的政府官员可能在短期内出现重大换届，外部的经济和政治环境也因此可能在短期内发生了巨大变化，由此可能会对企业产生巨大的政治和经济风险。

二、复杂性特征

受到参与主体众多、投资规模大等因素影响，加之国际政治经济环境多变，使得海外基础设施投资项目风险具有了复杂性特征。一是海外投资项目风险的种类众多，既有因东道国经济运行不稳定而导致的经济风险，也有因东道国政府更迭而导致的政治风险，还有因东道国法律法规体系与我国法律法规体系差异而导致的法律风险。二是基础设施项目主体责任及义务划分不清晰。海外基础设施投资项目涉及主体众多，各方权利与义务划分往往不是十分清晰，如投资企业、所在国地方联邦政府、承包商等，从项目签订直至项目建设完成后的结算、风险承担，不可能在合同签订时都予以明确，这种不确定性导致了海外投资项目风险的复杂性。如一些国家由于实行联邦体制，地方政府有着比较大的自主性，其与中央政府之间的矛盾同样会影响到项目的顺利推进。

三、不可控性特征

为了尽量降低或者转移经济损失的风险损害程度，投资者一般会采用相应风险控制措施，来避免海外投资项目受其不可控性特征的影响。例如中国企业通过在海外投保、分散海外投资以及发展海外投资集团等各种风险控制策略，试图转移和分散降低海外投资的政治和经济风险。已有相关研究采用定性与定量相结合的方法，分析经济风险，判断海外投资项目的经济安全性，以实现对风险的有效控制和安全性的有效提高，识别和计算出风险可控性大小和造成经济危害的程度，并及时采取措施，将风险发生可能性以及对经济造成的损失降低到最低程度。

海外基础设施投资项目风险之所以具有不可控性特征，主要有以下三方面原因。一是基础设施项目投资金额较大，为了减少与对方的争执，中方企业往往不太愿意有对方企业或政府参与，导致项目资金风险甚至整个项目的风险都是由我国企业承担。二是基础设施投资项目涉及主体众多。如公路建设，从公路起点到终点，可能要经过东道国多个地方，与各地方政府的关系沟通工作量巨大。海外大多数国家都是土地私有制，公路建设一旦与土地所有者产生纠纷，其产生的工作量可想而知。三是由于基础设施投资项目往往与东道国政府经济利益密切相关，具有很强的垄断特征，会受到东道国政府强力约束。一些东道国政府甚至会通过立法或出台专项政策，对单方面终止合同设置很低的门槛。

四、高风险及高投入特征

海外投建营项目高风险、高投入的显著特点集中在现在项目初始阶段。对于海外投建营项目而言，资源国提供资料的可靠性不高且有效资料较少，并且要额外支付费用才能从资源国获取一定资料，由国际工程建设公司负担产生的费用与相关项目风险。若调查后处于具备投资价值的商业开发状态，则可选择是否收回在该项目上的前期投资，若尚不具备商业投资开发的价值，则前期国际工程建设公司在该项目上的投资面临沉没的情况。目前我国的工程建设公司海外发展的时间相对较晚，无论是在从业经验还是专业技术方面都还具有一定的局限性和欠缺，如何在诸多困难面前有效地进行针对性的科学决策，这也是如何推动我国的工程建设企业和公司海外市场快速发展能否取得成功的一个重要关键。

第二节　投建营项目的风险识别

随着我国当前供给侧结构性改革的加快，中国企业"走出去"面临着更大的机遇，具体表现为重点围绕结构调整优化推进劳动力、技术和社会资本等基础设施供给侧的改革等。从宏观经济供给侧拉动方面角度来看，在固定资产开发投资同比增速进一步下降的宏观经济背景下，建筑业、制造业产能严重过剩的结构性问题日趋严重，"基建项目输出"能在一定的程度上有效缓解需求和产能严重过剩的压力。从需求方面来看，"基建项目输出"能较大幅度拉动出口，弥补国内经济在需求端增速下滑的结构性缺口，使整个"基础设施产业链"的增长得到拉动。在当前宏观经济背景下，中国人民银行主导对外投资设立的亚洲大型基础设施项目对外投资银行、金砖国家开发银行，表明了对我国进一步大力开展海外大型基建设施项目对外投资的坚定决心。但由于各个发达国家的基础设施发展能力水平不一，政治经济文化背景影响差异较大，中国基础设施企业发展面临诸多的挑战和不确定的风险因素，因而要对海外基建项目投资进行精准识别、有效控制，才能积极稳妥地推进各项投资和建设项目。

一、投资风险评估体系的构建

当前国内外的研究多集中在对外直接投资国家风险层面上，对于具体海外投资项目的分析研究较少，对海外基建项目风险投资评价的研究更是凤毛麟角。胡俊超等通过对聚类分析、主成分分析等方法的结合应用，根据65个国家的数据，从政治、经济、社会和主权信用4个维度评估国别风险，表明了国别风险在跨国投资业务、国际贸易或者国际借贷过程中的重要地位，对此应给予重点关注。魏琪嘉等在评估了中国企业为实现"走出去"而承担风险的基础上，对此提出了相应解决方案。方旒旎对中国企业海外直接投资的国家风险进行了评估。

海外基建项目在运作过程中具有复杂性，且对于项目信息的掌握具有不对称性，因此项目在整体推进过程中充满未确知因素。为科学有效构建海外投资项目投资风险评估体系，通过对行业相关专业进行调研咨询、参考已有文献，结合最新形势，以海外基建项目投资为研究对象，通过识别海外基建项目投资风险指标点，从东道国政治、自然环境、经济和运营风险四个方面构建了海外基建项目投资风险评估体系，见图18-1。

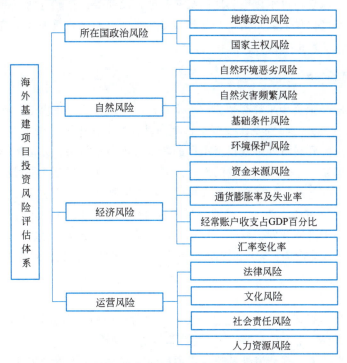

图 18-1　海外基建项目投资风险评估体系

二、所在国政治风险

中国企业"走出去"开展海外基建投资项目的部分地区，应尽量避开内部恐怖主义、分裂主义、极端主义等氛围较浓厚国家的影响。中东地区是指地中海东部与南部区域，从地中海东部到波斯湾的大片地区，"中东"地理上也是亚洲西部与非洲东北部的地区，它包括部分西亚地区和非洲的埃及。中东地区的气候类型主要为热带沙漠气候、地中海气候、温带大陆性气候，其中热带沙漠气候分布最广。该地区联系亚、欧、非三大洲，沟通大西洋和印度洋、欧洲和亚洲，中东自古以来是东西方交通枢纽，位于"两洋三洲五海"之地，战略位置极其重要，为争夺宝贵的淡水资源和石油资源，常年战争不断。

中国企业"走出去"开展的海外基建投资项目一般都呈现出涉及资金大、历时长、项目复杂的特点。部分"一带一路"沿线的国家偿付能力较弱，其主权的信用和评级也较低，因此很容易导致引发国家资产和债务的危机。其中较为极端的情况是，国际主权信用和偿债的能力无法有效偿还巨大的国际投资风险和资金。这会导致海外项目收款不及时或收款时外汇市场发生变化，将会给海外项目建设投资带来较大影响，由此形成国家主权风险。

三、自然环境风险

自然环境恶劣风险是指基建项目在进行中会受气候、水文、地质等一系列自然因素而导致建设项目无法正常运行。中国企业"走出去"开展的海外基建投资项目的有些国家自然环境比较恶劣，如有些国家基础设施比较落后，但由于地形原因，导致施工很难正常进行。自然灾害频繁条件恶劣风险是指由于地震、洪水、海啸等自然灾害条件导致的施工自然环境无法进行。基础条件风险指供水供电、地面交通和电力设施等，不能有效支持基建项目的实施而造成的风险。环境保护风险是指某些基建项目的实施可能给东道国环境造成不可逆转的破坏，导致东道国强令禁止项目的实施。

四、经济风险

资金来源风险是指资金来源有很强的不确定性。中国企业"走出去"开展的海外基建投资项目都需要大量资金。海外基建投资项目顺利进行的关键因素是资金的有效到位与安全。支持中国的企业投资开展海外基建投资项目的新兴市场国家很多，无论是那些在经济技术水平落后的发展中国家，还是新兴市场的发达国家，都有很强烈的对外发展投资意愿。但由于中国政府缺乏充足的对外支持资金，私人投资部门与境外投资主体所能提供的资金有限，中国政府只能作为出资主体。亚洲的基建项目建设每年至少有8000亿元的资金需求。而我国资金来源主要依赖于国家开发银行、亚投行，显而易见，资金缺口已成为制约中国企业"走出去"的因素之一，建设项目若要顺利进行需多元化的融资模式提供支持。

五、运营风险

在海外，基建项目运营进行中也会产生一些风险，因而也要事前对这些风险进行评估，主要包括法律法规、文化、社会责任和人力资源四方面风险。

中国企业"走出去"开展海外基建投资项目的国家大多是发展中国家，这些国家的法律法规制度有待健全完善，存在法律法规方面的风险。大型基建项目投资涉及众多环节，在投资时要对企业进行充分的规划和对东道国情况做详细调查，不能单纯通过外交途径解决相关纠纷。

六、文化风险

文化风险指企业在海外投资过程中，面临文化冲突与文化差异。同时海外大型基建项目大多历时较长，如果在建设过程中没有考虑到东道国文化差异，势必会给项目经营带来很大阻碍。

七、社会责任风险

企业都是具有社会属性的，若其为承担相应社会责任，极易造成企业自身的内部损失。大型海外基建项目在进行过程中如果不能正确处理好与当地员工、环境保护主管部门和其利益直接相关者的社会责任关系，则容易出现员工或企业的诚信度、美誉度和价值观严重受损等一系列的社会责任风险。

八、人力资源风险

人力资源风险是指因人力资源管理不善造成的人员未能达到最优配置，未能使人的作用达到有效发挥而造成企业损失的风险。在基建项目海外投资过程中，其可体现为劳动力供给不足的特征。

第三节　投建营项目的风险控制策略

考虑到目前影响我国海外投资项目的风险种类较多，因此结合常用的风险分析方法与技术，可对各风险类型提出具有针对性的分析和控制策略。另外，海外投资项目的成功与否并非企业可以控制，再加之此类项目具有跨国性特征，必然涉及中国政府与项目所在地政府的交涉。所以对于如何进行海外投资企业和项目风险的分析和控制，应从政府和企业两方面的角度来进行综合考虑。

一、政府支持策略

（一）制定和完善海外投资的政府支持战略

为取得良好风险防范效果，海外投资企业需要我国地方政府在各方面的支持和保护，以应对此类项目风险既多变又复杂的问题。目前，中国已与106个发达国家和地区签订了对投资项目的保护合作协定。由于发达国家区域性的政治和经济风险的直接发生概率要远小于发展中国家，因此多集中于发达国家。中国地方政府应继续加强同广大发展中国家的投资谈判，签订多边海外投资项目保护合作协定，以进一步降低政府和企业参与海外投资项目的风险。

（二）建立海外投资保险制度

保险也是帮助中国的企业有效转移海外投资风险的一个重要的方法。许多发达国家的地方政府为了有效保护本国的企业，专门出资建立了自己的政府投资保险机构。例如，美国政府于1969年成立的海外境内企业和私人的对海外投资保险公司，就是为了向本国的境外私人企业以及海外投资保险公司提供对发展中国家的对海外投资的政策性保险与金融业务担保。我国的政府相关部门可借鉴于此，支持设立专用于海外投资的保险机构。中国企业也应对此积极响应，使海外投资保险机构的功能得以充分发挥。

（三）积极签订双边和多边保护协定

中国的海外投资企业和其政府部门应当合理地配置和充分利用海外资源，根据目前国际上现行的投资保护法律，建立风险防范体系。中国企业可依据国际多边投资保证制度、资本输出国海外投资保证制度等维护自身权益。在某个采掘类海外投资项目中，中国企业以积极参加东道国海外投资担保的方式，来预防后续担保承诺改变给自身带来的风险。若上述可能性发生，则中国企业在法庭上有权采取行动，有效防范因东道国政府与第三方的商业交易行为而给自身带来的风险。

（四）金融支持战略

1. 加快银行业跨国经营的步伐，为企业海外投资提供更多的金融服务

银行业的快速国际化发展是海外直接投资业务领域的进一步拓展，也是对中国进出口企业开展海外投资业务的重要前提。中国银行业主要采取以下策略进行跨国经营，即紧紧围绕五大商业银行，在其他金融机构和商业银行为其提供补充的前提下，逐步发展成为全球性跨国银行。同时中国银行积极向企业提供对外项目的投融资风险担保，给予更优惠的信贷便利。自成立以来，中国进出口银行已发放了大量信贷产品，进出口企业信贷和对外投资优惠企业贷款共计2000多亿元人民币。其中除了将近900亿元人民币的贷款余额，另外近6000多亿人民币主要用于支持境外投资项目中的高新技术产品、机电产品等，以及用于支持境外总承包工程、境外建筑材料加工以及境外人力资源开发等。

2. 放松金融管制

中国政府应该要适当鼓励企业向国际金融市场融资的行为，赋予中国企业一定程度的海内外融资权和贷款作为担保，扩大其海外投资的国际金融规模和实力。同时适当允许中国投资企业在境外投资成立自己的国际财务公司等国际金融机构，逐步地强化其金融自我扶持功能，使之更好地成为其投资企业的国际金融核心。

3. 利用外汇储备

中国外汇储备总量在2006年2月时已达到8536亿美元的规模。参照国际基本评价标准，当中国外汇储备量达到3500亿美元时，即可应对各种来自国际的货币金融风险，则此时中国已拥有了5000多亿美元的超额外汇储备。国际外汇储备的总量过高，实际上是对外汇资源的浪费。为增强中国企业竞争力、资金方面的综合实力，同时降低海外投资的成本和资金风险，政府可考虑将大量超储的国际外汇，用于支持海外投资中国的企业"走出去"。

4. 实行境外投资登记备案制，建立完善的海外投资法规体系

目前，中国大约至少有1/3的海外投资行业和一半以上的企业对海外投资国际标准管理体系和国际营销管理惯例的要求等不甚清楚。为此，亚洲开发银行驻中国代表处首席经济学家汤敏提出建议，国家应帮助企业建立海外投资战略咨询机构，从而积极开展跨国投资业务，解决企业难以获取有效信息的问题。政府可以通过实行行政审批制度改革、简化审批程序等来达到提高行政效率的目的，进一步提高海外投资企业积极性。

目前，中国尚缺少针对中国海外投资项目和企业的完整的法律体系。为降低中国企业海外投资风险，保护其安全和利益，政府可考虑制定《中国海外投资企业法》《海外投资法》以及其他海外投资法规等，尽快形成海外投资法规体系。

二、企业防范策略

（一）政治风险防范

政治风险是指一种或多种的政治因素使东道国环境发生超常或重大变化的一种可能性。作为非市场性的政治风险，其直接影响东道国海外投资项目企业的长期发展战略目标及计划的实施。在当代复杂的全球化和国际经济政策环境中，尤其应加强对东道国政治风险的绩效评价及风险防范。

1. 加强风险评价与预测

国际上已有机构对不同国家和地区的风险进行评级。海外投资企业根据这些机构对外展示和公布的数据，来确定自身的投资区域、方式以及规模。同时这些数据对企业开展经济风险的评价和预测也有重要参考价值和意义。企业需尽快建立及时有效的对东道国经济风险的预报和评估系统，以尽早发现风险爆发前兆，并采取实施相应的风险控制措施，最大限度帮助企业有效避免不必要的从业人员和其他财产损失。

2. 签订投资谈判协议

企业通过与东道国政府签订投资谈判协议的方式，在进行海外投资前，来达到其自身防范政治和经济风险的目的。企业与其他东道国政府商定的投资权利和其义务，均会反映在海外投资谈判协议中。具体而言应包括在经济上有冲突的，或与东道国发生冲突的一些海外投资领域，例如转移产品价格的相关制定和其依据、向第三方中国政府出口产品的义务和权利、建立经济和社会公共组织等项目的权利和义务、原材料及其零部件的当地来源与其进口比例的相关规定、职员的雇佣管理制度的相关制定、劳动争议纠纷的仲裁条款以及其他有利于计划性的放弃海外投资的条款等。企业在海外投资过程中企业应事先就上述的条款与企业和东道国的政府尽可能地达成协议，以帮助企业做到防患于未然，从而有效降低企业的政治投资风险。

3. 风险规避策略

宏观、微观两个层面均对风险控制的最佳办法是避免当下投资、寻找投资机会这一观点表示认同，尤其是针对投资项目具有较大政治风险的情况而言。尽管想要绝对避免政治风险存在具有极大的难度，但可以采取尽量规避的策略，这对于海外投资项目来说是非常重要同时也是一种可以收到良好成效的方法。

4. 风险分散策略

（1）投资客体的分散化

为实现通过合适投资来降低风险的目标，在海外投资的企业在项目建设所需的资金和对物资的合理配置安排上，选择不同的海外投资国家、不同的行业、不同的企业和不同的产品分别进行投资。因此，海外投资企业并非单纯追求大而全的海外生产布局和组织管理方式。此时海外投资企业遵循着高度分工、相互协作的原则，是通过协作方式以及高效的生产管理手段实现投资目标的。

（2）投资主体的分散化

利益是政治风险产生的一个主要原因。如果海外的企业利益能够有效加强与其他东道国各主体共同利益的相互融合，就可使中国企业对于海外投资发展项目的经济政治稳定性大大提高。中国企业可采用将政治稳定性风险转移给东道国其他利益集团的方式，采用合资经营，聘用当地员工，多在项目所在地进行原材料采购，培育能与自身结为利益共同体的银行或者潜在消费者。

5. 投保策略

为防范海外投资项目的政治风险，投资保险企业最好的选择是能够在投保前购买适用于海外投资的保险来帮助企业转移其风险。但投保策略的选择和使用也仍然有其一定的局限性，如某些大型商业保险机构的海外投保业务仅针对有限出口国家的海外投资、新投资的项目以及保险费率较高等技术性问题。为实现投资效率的最大化目标，综合权衡投保机构、保险金额、投保种类、投保费率等多方面因素，是企业在海外投资前的重点工作内容。

6. 补救策略

（1）谈判补救

一般来说，东道国对海外企业实施国有化、出台不利于企业的政策等措施之前，会对有关企业提出警告，海外企业应充分利用这个时间来说服东道国改变决定。一旦政治风险发生，企业仍应积极向东道国政府阐明政治风险发生的利弊，必要时还可提出一些让步条件，要求东道国放弃不利外资的决定。

（2）法律补救

当双方的谈判结果补救无效的时候，企业应该向母国寻求其他法律上的补救措施，如当地的环境保护法律、母国的法律、双边或多边的投资环境保护法律和协定等。

（二）外汇风险防范

1. 风险报告策略

海外投资的经营性企业及其项目管理机构应经常及时搜集和发布有关企业投资外汇的相关风险分析情报信息，利用其即期交易外汇资金风险投资的流动报表和远期交易外汇风险投资的流动报表，反映不同时期外汇市场交易货币的即期和远期市场交易投资外汇的实际投资风险，并对各种影响外汇风险的影响因素进行综合分析，根据评价结果得出各类外汇风险对我国的企业和个人进行海外投资的具体重要性和可能产生影响的程度。除此之外，还要求企业应及时地搜集与发布关于我国的企业进行海外投资的相关货币政策、国家税收、外汇管制、外汇市场等相关情况，建立好对我国外汇市场的海外投资行情跟踪分析和情报系统。

2. 经营多元化策略

海外投资的企业虽然可以将其生产、销售的地点、生产的原材料和设施来源分散到世界各地。但是当其国际汇率和投资成本都发生了实质性的变动时，总公司在某些国际外汇市场的国际竞争力极有可能会下降，这使总公司的企业声誉受到很大的影响和冲击。但在另外一些国际市场上则极有可能因此而大大增加其竞争力，从而使企业产生一种汇率中和的现象，使企业投资外汇的风险大大降低或得到避免。许多初试海外投资的中国企业，为避免增加其投资成本和影响其投资效率，可以使用经营多元化策略。

3. 新产品研发策略

海外投资企业为提高市场占有率、增强产品市场竞争力和销量，需要加大自身研发力度、推出新产品，从而增加产品差异化程度，降低需求价格弹性。这样可以有效地使得海外投资的企业不断地获取新的实质性利润和稳定的国际现金流量，抵消因人民币汇率的波动而直接影响的海外投资产品成本和国际市场价格对其销售收益的实质性影响。

4. 货币保险策略

货币保险主要是用于指通过投保各种货币保险，而帮助企业避免外汇贬值。这其实是一种通过投保外汇保险，来将汇率风险传递至保险公司的降低风险的方法。外汇投保前，国际保险企业为了应对各种货币汇率的风险进行分析，一般都会选择那些外汇贬值风险大、难以有效进行风险控制的中小型货币保险公司进行外汇投保。当投保货币汇率很高时，成本可能远超投保收益，此时不宜采用货币保险策略。因此，必须基于投保成本与收益对比分析结果，进行具体投保。

（三）经营、管理和经济风险的防范

1. 当地化经营策略

海外企业需要运用其核心研发技术，有针对性的研发特定产品并投入特定区域，才能降低自身经营风险。在研发、生产、销售等环节均要考虑东道国市场经济和社会环境，使其自身产品能够较好满足特定区域及当地顾客需求。

2. 服务差异化策略

中国企业在跨国市场上的经营理念，正从为消费者提供优质产品逐步向提供专业技术支持和售后服务的方向上延伸。目前，中国企业在产品设计、制造、工艺等方面已达到国际先进水平，技术改进可优化幅度较小，这得益于近年中国经济和科技方面的迅猛发展。要想真正依靠先进的科技手段取得市场竞争的优势，并真正赚取消费者的超额利润已较为困难。所以，通过新一轮的研发、创造、扩大产品优势，是降低企业经营风险的有效途径。

3. 联盟策略

跨国投资公司和国际性战略联盟是目前战略性海外投资的竞争主体。为获得良好的规模效应，以进一步增强企业抗海外投资风险的能力和企业的国际市场竞争力，大多数规模偏小的中国海外投资企业，可在海外投资过程中采取各种形式战略联合。

4. 资金风险规避策略

资金和风险的有效规避对于海外投资企业项目的经营来说非常关键。首先，向东道国举债、向多个国家银行借款或者凭借股本参与经营等多种方式，为海外投资企业降低实际营运风险提供了新思路。进而，海外投资企业的负债结构应根据项目实际需求、企业偿债能力合理确定。最后，为实现营运资金方面的良好管理，海外投资企业应致力于完善自身资产结构，建立资金风险控制机制。

5. 加强海外市场风险预测策略

想要预测到未来国际市场中价格的走向趋势，海外投资企业应加强对包括国际市场产品、生产要素等方面在内因素的波动趋势分析，以此识别可能产生的市场风险，预测各类风险的来源、性质、范围、程度等，以便积极采取相应的防范措施。

6. 进行本国与东道国文化差异的对比分析，加强员工的跨文化培训

海外投资经营者要在认清文化差异程度以及主要差异内容的基础上，调整企业自身战略结构。为此，企业首先适当地应对其投资的东道国企业在文化内涵以及构成的一些有关因素方面文化进行全面的分析学习和跟踪调查，并及时找出与本国企业文化的差异，分析这种文化差异对企业跨国投资经营过程可能带来所造成的现实或潜在的影响。

综上所述，可建立如图18-2的海外投资项目风险控制体系。另外，本书中还需特别提及对于像本次新冠疫情不可抗力情况下的防范措施。新冠疫情背景下，根据各国采取的措施来看，新冠疫情对中国"走出去"企业海外项目的影响将主要包括以下方面：① 新冠疫情背景下，项目东道国海关可能对中国出口的设备、材料采取更加严格的卫生检疫措施，影响能

否顺利入关以及清关的时间和费用；② 项目东道国政府可能对中国籍员工、劳工入境采取限制措施，办理入境签证、工作许可难度可能增大，影响施工队伍的组织以及施工进度；③ 或者可能对目前已经在当地工作的中国籍员工实施更为严格的医学检查等公共卫生措施，该部分员工如果在近期回国休假，再入境也可能受到限制或需要隔离，这将可能增加承包商和施工单位的成本，影响施工进度；④ 项目业主可能拒绝承包商与中国分包商、供应商签署分包、设备供货合同；⑤ 中国籍劳工可能由于中国境内疫情管控措施，影响及时组织动员以及工程施工进度；⑥ 中国境内设备厂家可能因为本次疫情导致春节后不能及时开工生产，造成设备供货进度延误，甚至不排除有些供应商因疫情影响陷于经营困难，导致无法供货。若大量国际工程承包和海外投资项目合同如果不能履行，可能带来持续负面影响或遭受损失。

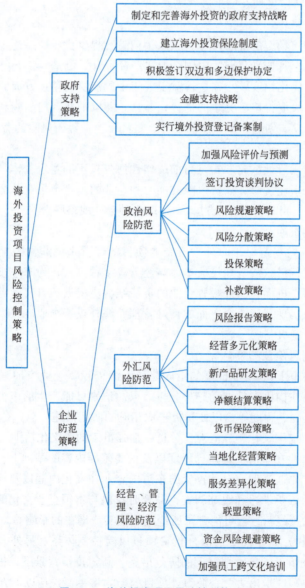

图 18-2　海外投资项目风险控制体系

此时，对中国大量"走出去"的企业而言，首先应加强与东道国政府的沟通协调，尽可能消除项目所在国政府关于本次疫情的顾虑，避免项目所在国政府采取颁布人员及货物入境禁令、解除合同等极端措施。其次应密切关注东道国政府是否采取有关限制中国籍人员入境、限制中国设备进口等措施，如有则需及时告知融资银行或中国信保。另外，大型工程项目工作生活区集中，人员高度密集，则做好项目现场和员工驻地的疫情防控工作至关重要。受疫情影响，一些海外项目复工复产面临用工短缺、物资供应不足等困难，不同程度存在着履约风险，此时应紧盯项目因疫情造成经济和工期损失的索赔情况，做好以不可抗力为基础的合约索赔工作。

第四节　阶段性风险管理与控制

一、项目策划阶段

（一）精准把握海外项目投资方向，实现科学化投资决策

突出投资价值导向，运用价值管理工具和方法，借助信息化手段构建企业海外项目投资决策模型，完成各类决策指标的测算与分析，优化公司内部资源配置，精准把握投资方向，支撑投资计划安排，实现投资效率和效益的优化，进而帮助企业实现精准高效投资。

根据图 18-3 可知，在项目策划阶段，需要从战略相关性及协调性、区域划分、主体（合作方）特征、客体（项目）特征、经济性特征、外部环境特征和项目执行阶段情况七个方面建立海外项目投资决策模型，以求对即将开展的投资项目全盘综合考虑，进而精准把握海外项目投资方向，实现科学化投资决策。

（二）规范项目的投资管理行为，实现对投资管理和项目全周期管控

全面落实海外投资项目管理制度和规范，以强化项目投资管理能力、提升企业投资核心竞争力为目标，固化投资管理流程，强化对海外投资项目从项目的储备、立项、实施的监督管理、后评价的监督管理和投资过程的可视化、决策智慧化、服务智能化管控，建立从投资决策→实施→后评价→投资决策的闭环管理机制，确保实现项目投资全过程闭环管控。

根据图 18-4 可知，在进行项目投资策划的阶段，需要为投资者建立一个包括项目储备、项目立项、投资决策、项目实施和项目后绩效评价五个关键阶段在内的投资项目一体化管控的流程，从而真正实现对投资项目的全生命周期、一体化的管控。投资项目的储备管理阶段主要包括准确识别投资项目的机会、项目资金储备的入库、储备库存的管理、项目的储备优选等五个管理步骤。投资项目的立项准备阶段主要包括组织制定项目战略规划、投资项目管理规划、资金储备管理计划、项目的立项准备审批等阶段的工作。项目投资决策阶段主要包括投资项目的核备、实施方案的核备等阶段的投资决策管理工作。实施阶段主要包括项目投标、项目的开工管理、项目设计进度表的管理、项目报告书的管理、重大政策性事项的管理等。项目后评价包括实施过程总结等。

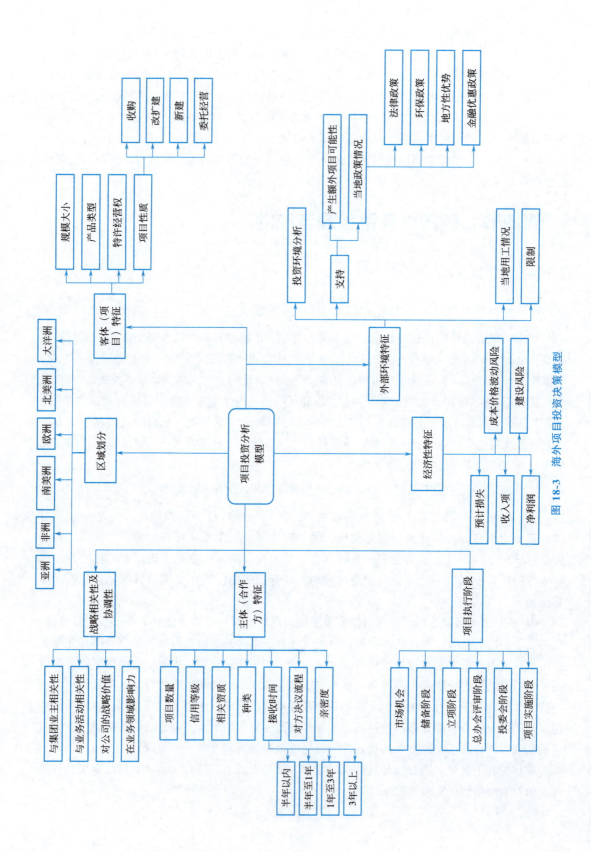

图 18-3 海外项目投资决策模型

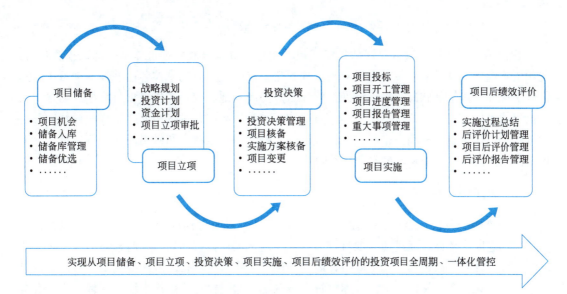

图 18-4　项目一体化管控流程

(三) 构建多级风险防控体系，实现投资项目过程风险监控

构建集团—分子公司—项目三级投资风险管理体系，对风险进行识别、分析和评估，全面落实风险控制点，强化跟踪分析和过程监督检查，实现对业务过程的风险控制。采用多维度、多视角统计分析，为投资风险管控提供数据支撑，实现投资管理风险全方位、全过程监管。

根据图 18-5 可知，投建营项目的多级风险防控体系是在已经明确了投建营项目一体化管控流程的基础上建立的，通过植入管理模型，可分析每个关键节点可能会产生的风险，及时做出偏差预警，同时要做好重大事项的检测，从而实现对投资项目风险的全过程监控。

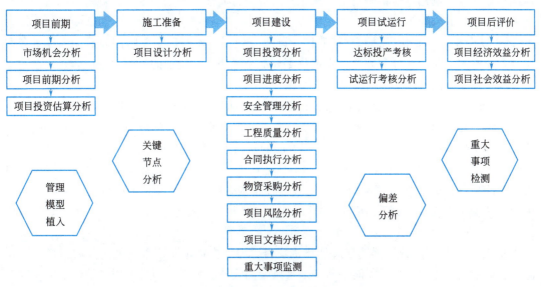

图 18-5　多级风险防控体系

（四）构建投资综合效益评价体系，实现投资综合效益最大化

在前期投资决策阶段就要评估投资回报，构建投资综合效益评价体系，优选投资项目，优化资本配置。项目实施中，通过对投资项目全程跟踪，实时地掌控各前期投资项目实际运作的情况和整体进展状况，确保前期投资项目收益顺利地实现。在投资项目后期，通过对前期投资项目建设目的、执行实施过程、效益和成本等影响因素进行全面、系统的评估和分析后进行评价，从投资的项目中吸取经验和教训，科学合理地制定和做出前期投资决策，从而提高前期投资管理水平和改进前期投资的效益。

二、项目投融资阶段

项目投融资阶段，企业首先需要以需定融，提升资金筹划准确性，降低融资成本，以项目投资进度为依据，通过建立项目资金台账，制定滚动投资计划，实时掌握资金需求，合理安排融资计划，通过提升资金筹措计划的准确性，缩短资金投入的回报周期，降低融资成本。其次，集中企业授信管理，合理进行资金调配，加强银行授信集中统一管理，依据资金缺口、资金敞口、资金余额以及预期现金流入情况，比较不同融资渠道的融资条件以及还本付息情况，合理进行资金调配，为项目资金正常周转提供有力资金保障。最后，建立融资合同台账，实现对财务费用有效控制，依据资金需求合理安排融资提款计划，建立融资合同统一管理信息台账，精准掌握每份融资合同提款及贷款利息、费用情况，并生成合同还本付息表，实现对财务费用有效控制。为此，本书提出以下投建营项目融资阶段风险管理要点：

① 选择合适的支付和融资的方式。支付融资方式的正确选择对于并购和融资双方的最终收益有决定性影响作用，合适的支付方式能以最低的风险和成本实现足够大的风险控制力。

② 融资时综合多方面影响因素考虑。比如，融资时是选择发行股票还是发行债券；如何正确设计其产品的种类、期限、利率来既保证其发行成功，又保证发行能有效降低其融资的风险；如何充分利用其他金融衍生产品工具有效降低其投入资金的成本，规避国际货币利率和人民币汇率的风险等。

③ 投资银行要尽快促进和支持我国境外投资银行所参与的企业跨国并购，为促进我国境外企业参与的跨国投资和并购合作提供更好的金融服务。我国的投资银行应合理地制定其发展战略和业务范围，尽快调整自身结构。

④ 向国际进一步拓宽企业融资的渠道。为了积极有效地鼓励企业运用跨国的并购融资方式，大力地拓展对我国的境外企业投资，单靠政府和企业自身的努力和支持是不够的，还非常需要相关国家在境外投资政策上予以及时的扶植和政策上的鼓励。

⑤ 做好对汇率变动风险的分析。中小型企业需分析各种并购方式可能的主要资金来源及其相应的国际并购融资流动成本，以及各种跨国并购融资方式对企业效益的影响程度等因素，从而决定是否选择采用跨国并购融资方式，以及是否进行相应的国际并购融资战略设计。

⑥ 先选定投资区域，再选定海外投资项目。海外投资企业要重点关注区域市场，以及海外投资领域的详细划分，才能平衡好未来风险和收益的关系。项目策划与设计一定程度上可决定项目本身的发展状况，所在国和区域投资市场的项目选择则基本上依赖于调研和市场

分析。

⑦ 要选择好的项目管理团队。众所周知，项目的前期策划、运作、实施主要依靠项目管理团队共同去策划和完成。好的项目管理团队一定能将先天不足的每一个项目进行实施，尽可能减少风险和降低损失。有所欠缺的项目管理团队将很有可能导致一个优质项目的管理失败。

三、项目设计建造阶段

风险管理应当遵循一条重要原则，即"风险防控意识应先于实施具体施工行为"。在实际应用场景中，这条原则应转化为一项举措或者一种工具，应用在"具体施工行为"之前。本章将进一步分析项目在建设管理过程中面临的主要风险及一般性应对策略。

（一）政局不稳、政权更迭等风险

政治风险是指国际工程项目所在国家发生的国内外政治结构重大变化，以及这些政治变化导致的政府决策出现的重大调整给国际工程项目带来的影响、冲击、信用损毁、人员财产损失、项目失败等风险。可进一步细化为项目所在国家政府被另一方政治力量以非法的极端方式推翻，引发国家政治法律出现暴乱、外汇管理失控、货币制度崩溃、税收标准激变、劳资冲突激发、环境保护失控、资源主权变更、项目政策废止等，导致国际工程项目无法正常维持或失败、被叫停的政治风险。

基本对策管理步骤如下：首先，必须对政治风险科学评估，采取对应的措施，包括缩短项目最低投资回收周期，提高项目投资收益比率，调整现金流量中成本回收的控制资本，用产品等确定性等价物冲抵或替代现金流量等；其次，在项目实施中随时做出战略和管理的改变，在项目规模、资本结构、技术水平、项目选址、项目设计等方面随时对应做出改变，谨慎进入，随时撤出，将战略性风险投资者的收益最大化，将其他风险投资者的损失负担最小化。

1. 风险回避

在决定进入某一国别市场，或者决定追踪某一项目机会，或者决定投标、决定签订合同等重大决策之前，必须对项目所在国的经济和政治风险因素进行深入的调查与风险评估。通过对文献的研究、实地考察、访谈、第三方的咨询等方式，对该国的国家历史、政治局势、政治生态、宗教冲突、对外关系（特别是对华关系）等进行全面的研判和分析，据此决定是否进入某一国家，或是否进入某一领域。

2. 风险减轻

减轻其政治和经济风险的途径和措施主要包括：充分借助于中国政府的经济和外交努力，减少与中国政府土地征收、政府投资项目违约等的风险；通过项目管理团队进一步加强与当地政府监管机构的业务沟通、交流和合作，减少当地政府项目审批的风险；充分利用两国政府机构之间协议，例如两国之间共同订立的专门协议和用于对国际企业投资权益保护的双边条约，例如双边投资协定（Bilateral Investment Treaty，简称 BIT）等。双边投资协定在国际上对于缔约国和投资者具有强有力的国际法律性和约束力。

3. 风险分担

与合作伙伴分担风险。与项目所在地有影响的公司或财团合作，联合实施项目，共同承

担风险。也可以和世界上有影响的融资机构合作，由其提供融资。这些机构在分担风险的同时，也可能对东道国的政治事务施加积极的影响。

4. 风险转移

承包商也可以为客户投保政治保险。承包商的政治保险一般主要适用于包括政府债务违约风险、恐怖主义风险、战争风险、政治暴力风险、货币市场汇兑违约风险、国有化或征收关税风险在内的风险。

（二）社会风险

社会风险的范围包括社会恐怖袭击、社会治安冲突事件、宗教信仰的冲突、文化冲突、种族矛盾、工会干预、流行疾病等。在社会风险方面，中资企业进入当地市场，要积极融入当地社会。秉承"共商、共建、共享"的理念，借助项目的实施，创造就业机会，培训当地员工，带动当地社会的发展，实现和谐的社会环境，从而规避相关风险的发生。

1. 风险回避

在决定进入某一市场和决定承担某一项目以前，必须对东道国的人口、教育、种族、宗教、文化、治安、健康卫生等方面的状况进行深入、全面的调研和评估。如果在社会安全方面存在过大的风险而又找不到有效的处理措施，则应该采取回避策略。

2. 风险减轻

开展社会安全风险培训，内容可包括：东道国背景、形势及安全状况；提升安全度的一般措施；旅行安全知识；当地习俗及禁忌；紧急情况（包括被绑架）应对方法；等。对项目的各个阶段持续通过各种渠道收集、获取、记录、整理所在国家（地区）的异常信息。信息来源通常包括中国驻外使（领）馆、所在国家（地区）政府机构、新闻媒体、社交平台、从业人员等。项目经理部负责安保的部门在信息收集和分析的基础上，根据应急预案要求发出预警信息，通知相关方做好相应的应急措施。

3. 风险分担

在合同中约定与政府分担社会安全风险，或采取与当地合作伙伴分担风险的方式。

4. 风险转移

投建营一体化单位可以通过以投保绑架勒索与赎金保险（Kidnapping and Ransom Insurance）等将风险转移至保险公司。

（三）文化风险

在文化风险方面，中资企业进入当地市场，置身于复杂的国际大环境和当地人文环境，不可避免地要面对文化冲突。投建营一体化建设单位需要审时度势，强化树立企业正面形象，杜绝在当地媒体上出现负面报道。

（四）资金链断裂风险

在市场开发阶段建设单位就要充分考虑项目的资金链保证，及在开发签约或执行过程中当项目面临暂停或者临时下马，项目发生严重应收款问题时的处置预案。对于施工单位，尤其在开展前期勘测、前期施工机具进场、项目备料阶段，项目还没有太多的产值，但企业自身却垫付了大量资金，造成大额资金占用，严重影响了企业的持续经营。

在承接和执行相关国家项目时，要密切关注该项目所在国的经济情况，尤其是现汇项目要关注其政府每年的财政预算批复情况。融资项目也要关注国家的主权评级等因素，否则当发生贷款行突然临时暂停信贷支持时，项目将难以为继。

（五）合同管理风险

合同是交易参与方之间权利、义务和责任及风险分配载体，是当事人之间的"法律"，境外商事主体，特别是欧美企业，都十分重视交易文件，特别是交易合同相关文件的起草和商务谈判相关工作，应力求严谨、规范地对待相关交易文件，以保护好己方利益。相对说来，我国企业对于交易文件的设计和管理较为粗放，合理利益的争取力度不够，所面临的合同风险更大。国际工程中的合同风险主要包括误入合同陷阱、履约失控、合同争议落败、合同终止等。

1.误入合同陷阱（Contractual Traps）

（1）核查合同主体资格　深入了解签约对方的背景、资质、信用，确保对方具有签约主体资格。

（2）选择合适的合同文本　鉴于当前国际建筑工程的复杂性，起草一份完备的大型国际性建筑工程项目合同，需要耗费巨大的人力、财力，具有高度复杂性。国际上一些专业组织制定了多个版本的国际工程标准合同，供当事方使用。最常用的合同范本包括：由国际咨询工程师联合会编制的FIDIC（Fedération Intemnationale Des Ingenieurs Conseils）合同，由英国土木工程师学会编制的ICE（Institute of Civil Engineers，ICE）合同；由英国联合合同委员会编制的JCT（Joint Contracts Tribunal，JCT）合同；由美国建筑师学会编制的AIA（American Institute of Architects，AIA）合同。

在实际招投标活动中，不排除在特定国家或特定项目上采用其他类型的合同范本，例如有些发达国家已经编制了许多适合本国特殊国情的行业标准合同条件。除了语言风格不同之外，主要差异体现在处理程序的规定和对风险分担的规定，尤其应注意的是部分条款可能会偏向业主方。在招投标阶段，承包商需要注意到招标文件中对合同条件的陈述，需要关注业主和承包商的权责在合同条件中是否合理分担、公平分配，合同语言应以行业通行的标准合同范本为准，及时找出风险点并加以应对。

（3）协定关键的条款　合同应该对一些关键的条款做出清晰的规定，任何含糊、遗漏都极有可能造成将来发生争议的风险。这些关键条款包括：

① 工作范围：应该对工作的范围和要求做出清晰的约定，包括工作内容、边界、要求、适用标准、工作界面、双方的义务等。

② 责任限制：承包商在合同项下对客户承担的累计责任的最高限额。

③ 违约金限制：承包商违约时应该支付的违约金的最高限额，例如工期延误违约金。

④ 合同变更的相关程序：合同条款的变更及其他工程合同变更的相关程序。

⑤ 终止条款：合同终止的条件和程序。

2.履约失控（Failure in Contract Performance）

合同履行的过程中发生失误的概率和风险，有时比当事人在合同正式订立过程中的概率和风险还要高。因为合同订立的过程一般比较短，往往有公司的高层管理人员亲自参与，还有律师协助。而合同履行的过程很长，参与履约过程的人很多、大部分参与履约的人员没有受过专门的合同管理培训，有一些参与履约的人甚至没有机会阅读合同。因此中国国际工程企业必须加强对合同履行的管理，降低履约风险。

① 参与项目的有关人员必须重视合同、了解合同。所有与项目相关的管理人员必须重视和阅读项目合同、理解合同，依据项目合同的要求来设计和实施自己的项目。特别注意的是，项目经理和设计师应该帮助相关人员理解合同，并能在授权范围内代表公司做出与项目有关的决策，而不能完全依赖外部法律顾问或内部法务人员。

② 严肃执行合同。缔约双方都要严格履行合同的义务，应将合同作为项目执行过程中的"圣经"。在项目具体实施过程中，应当将合同规定的程序和义务内化到项目管理过程中。例如，可以根据合同条款制定项目管理手册，便于每一个项目成员了解并遵守合同的规定。

3. 合同争议落败（Loss in Dispute Resolution）

① 加强执行合同过程中的沟通，并注意保留书面记录。合同的双方在本质上是合作关系，而不是敌对关系。缔结合同的目的是双方通过合作实现互利、共赢，在执行合同过程中应该竭力保证缔约意图的实现。合同双方及时、有效的沟通对于履约的成功是极为关键的。任何涉及商业利益的沟通必须通过书面的方式进行，应该做好各类项目文件（包括书面往来文件）的管理。一些书面的承诺或弃权可能会形成法律拘束力。合同双方应该清晰定义双方相关人员的授权范围。

② 力图避免争端。在执行合同出现不同意见（disagreements）是很正常的。双方应该尽力化解不同的意见，避免使"不同的意见"变成"争端"（disputes）。在合同中应该规定避免争议的条款，例如双方高层管理人员友好协商、谈判、聘请第三方调解等。通过友好协商的手段和方式有效地避免了争端，这与诉讼、仲裁等正式的争端解决程序相比，可以避免双方巨大的时间、人力、财力的消耗，这对整个项目而言是最有利的。

③ 建设性地解决争端。合同中应该明确规定争端解决方式。一旦争端无法避免，双方应根据合同以建设性的方式解决争端，避免出现久拖不决、关系恶化、两败俱伤的"破坏性"后果。具有较强合同管理能力的项目管理团队、专业的内部法务团队和外部律师团队、有经验的专家团队（包括专家证人）的通力协作，有利于成功地解决合同争议。

4. 合同终止（Termination of Contract）

① 在合同中明确规定了合同可以终止的情形。合同双方应该在合同终止条款中明确如何判定终止的相关情形，使合同双方得以"通过终止合同回避风险"。一般来说，除非双方另有明确的约定或者相关法律另有明确规定，否则只有当一方发生根本实质性的违约时，另一方才有权自行选择是否终止合同关系。

② 力图避免终止合同。终止合同意味着当初缔约意图的失败，通常对双方来说都是一个不利的结局，应该尽力避免。在执行合同过程中，尽可能预见可能使合同执行受阻的情形，如政局变化、政策变化、自然条件困难、合同方变故等，提前采取预防性措施。当合同执行过程中出现条件的重大变化或难以克服的困难时，合同双方应该积极面对，坦诚讨论，力争找到一个双方都能接受的建设性解决方案。如有必要则通过协商对合同进行必要的调整，避免合同终止的结局。

③ 以合乎程序的方式终止合同。如果合同终止无法避免，应该以极为审慎的态度按照合同规定的程序终止合同。双方应该互相讨论终止后相关事宜，如移交、结算、终止后双方的权利义务（例如缺陷责任）、知识产权、保密等，达成合同终止协议。应该避免因终止合同而引发的争议，或造成企业形象、客户关系等方面的"间接性损害"（consequential damage）。

四、运营阶段的风险管控

（一）重视人员知识技能不足带来的风险

在项目营运过程中，海外企业需要一大批能够精通国际外语、掌握项目管理和电力机组设备运行相关专业管理技术的复合型人才。首先要高度重视由于项目管理和专业化技术人员的专业知识和技能的不足，而给海外项目管理人员带来的巨大风险。

过去几年我国一些传统的电力企业普遍遵循单一的管理和专业化技术人员培养的路线，较为缺乏综合型人才。尤其在海外，由于企业可以综合利用的人力资源有限，单个工作的人不仅往往需要承担职责内的工作，同时还需要承担或兼任多个技术岗位。这为企业人员管理和综合能力素质的培养提出了更高层次的要求。此外，也要结合实际的情况合理地搭配相应的市场和技术人员。

（二）建立稳定的管理队伍，提高企业雇员的管理工作效率

加强对市场化聘用人员的管理与约束，为避免对运营项目管理团队的发展造成的任何负面影响，不能任由此类人员随意离岗、辞职。由于工作人员受到海外当地的宗教和其文化习俗的差异影响较大，为满足工程进度要求，在招用外籍员工时，需详细说明其奖罚管理条例和人事管理规章制度。同时进一步做好应对罢工、抗议等社会暴力事件可能发生的调查和应急处理准备。

（三）强化中方人员安全风险管理

当前，国际恐怖袭击日益增加，海外施工人员的人身安全问题应放到首要地位上，避免海外华人的安全受到严重威胁。要及时为参与海外项目运营人员购买重大疾病险和意外伤害险，及时发现，及时治疗。通过对员工进行定期或不定期的健康和身体检查，以避免重大人身伤害的风险一再发生。

（四）信息不对称引发的风险

要进一步加强与项目甲方及运营业主方的密切联系与协调沟通，避免因不良媒体的恶意攻击，而使得运营项目背负严重负面影响的特殊情况，及时发现和解决存在的问题，争取得到对方的充分理解和大力支持，避免在实际工作过程中陷入各种被动局面。特别对政治敏锐性较高的运营项目，要时刻保持高度的警惕性，提高思想政治高度，完成项目建设职责和管理任务。

第五节　财务税收风险管理

虽然我国建筑企业所实施的跨国经营战略在一定程度上有效地促进了我国企业的发展，但就针对当前企业实施的财务管理实践而言，其税务管理与国外还相差较大，这样就影响了我国企业与国外企业的竞争优势。因此，我们应不断地注重企业的海外税务风险管理，进而有效地提高我国企业的竞争优势，以此来不断地促进我国企业实施海外项目长期稳定发展。

以某建筑集团公司为例，2017年海外工程施工合同金额合计220亿元人民币，项目遍及亚洲、非洲、美洲等国家，在手合同有力支撑公司未来业绩的持续提升，近几年公司海外

市场快速扩张，每年新签合同额在60亿元人民币左右，海外发展空间巨大，同时也面临海外项目效益同比下降，财务监管和税收筹划的挑战。

一、税务筹划的现状及面临的风险

（一）外部客观原因

1. 复杂经营环境带来的风险。

目前随着"一带一路"的发展，我国建筑企业在海外的投资项目日趋增多，尤其在一些经济欠发达地区。通常情况下，这些地区的法律法规有待完善，甚至一些政府和领导人会根据自己的意愿来对宪法进行修改，这样就会增加海外工程项目税务筹划的风险。同时，部分国家的居民文化程度相对比较低，缺乏系统化、规范化的工作意识，从而导致企业管理困难，经济效益较低。

2. 各国税制结构类别差异带来的系统性风险

不同的国家所采用的税制类别结构仍然存在一定的税率类别差异，并且各种税率的类别设定、税种的类别设置以及对税收征管各不相同。例如，美国未设置企业增值税，而沙特阿拉伯以宗教个人所得税为主，税率为20%。这些税制结构差异将会导致海外工程项目税务筹划面临较大的风险。

（二）企业内部原因

1. 管理者税务风险防范意识有待加强

一些企业管理者为了片面追求经济效益而人为地出现了偷税、漏税行为，不管是国内还是国外，偷税、漏税现象都会得到严厉打击。但是有些海外工程项目管理者缺乏税务筹划意识，从而诱发了不必要的经济损失。

2. 企业内部管理体制有待完善

通常情况下，企业内部包括筹资管理制度、投资管理制度、企业内部风险管理考核制度、业绩考核管理制度等在内的管理制度。但是由于海外工程项目机构较为冗杂，因此大多数项目实行内外账管理，无形之中增加了企业内部管理的难度，如果企业无法制定系统、完善的内部管控体制，将会无法有效防范项目税务筹划风险的发生。

二、全过程税务筹划风险管控

（一）立项阶段税务筹划风险管控

投标合同主体的正确选择和纳税是整个海外建筑工程项目合同投标的关键和核心。不同的投标合同签订的主体、合同的结构甚至合同表述的方式都很有可能直接导致不同的投标人负纳税义务，其在一定程度上决定着整个项目的投标方向。因此，立项阶段税务筹划风险管控是确保项目得以顺利进行的关键，可以通过设置机构或分公司、子公司的形式，来有效地明确目标市场的发展战略。为了有效提高立项阶段的税务筹划质量，就应结合目标市场的发展战略，来科学合理地选择立项方案，在对相关税收政策进行全面收集、调研的基础上做好立项阶段的税务筹划风险管控工作，从而有效降低企业的投资风险，为后续项目的开展奠定良好的基础。

(二)施工阶段税务筹划风险管控

在进行海外工程项目施工过程中,要结合项目的具体情况来开展税务筹划风险管控工作,主要从以下几个方面开展工作:

① 通过与项目驻地的相关税务师及其事务所,熟悉当地增值税相关的政策和建立财务风险核算的体系,进行恰当的会计和税务处理,在项目驻地税务师等专业人员帮助下完成会计报税工作。

② 对固定资产入账的金额及相关折旧计算年限的正确选择。尽量减少固定资产的入账金额原值,避免固定资产相关的折旧不能及时税前的扣除。在计算和确定固定资产的使用合理年限时,在国家税法有关规定的合理资产使用年限内,应尽量按照税率选择较低的年限,这样就能够把折旧大修费用的成本纳入到应纳税的成本之中,进而有效减低了当期应纳税的所得额。

③ 合理加计和分摊递延大修费用。海外的工程项目经理,可以借助固定资产和扩大修理费用,形成递延费用,从而缩短其缴纳所得税的时间。

④ 研发费用的合理加计和扣除。海外企业一般具有特定的研发费用专属办法,此时对研发费用的加计扣除能够有效降低所得税的应纳税额。

⑤ 合理利用相关的税收优惠政策。了解项目所在国税收优惠政策以及申请税收优惠的可能性,及时办理各项认定和备案手续,与相关的税务主管机关保持良好的沟通。

(三)竣工结算阶段税务筹划风险管控

项目竣工结算时,并不意味着税务筹划工作的结束,要把控后期纳税义务的具体发生时间,这样一来可以有效利用纳税筹划的操作空间,并且能够在规定的时间内适当的延迟税金的申报缴纳,通过时间价值减小资金压力,从而有效提高海外项目竣工结算阶段税务筹划风险管控效率。同时,对项目实施过程中取得的经验教训进行及时的归纳总结,对整个项目的税务筹划方案和风险防控进行评价并形成专题报告,以供未来其他项目进行税收筹划时学习借鉴。

三、税务筹划与管理的风险防范与对策

(一)健全风险控制机构

为了有效地降低企业的实施项目风险,需对纳税义务进行充分、全面的筹划。首先需要确保企业的税务实施风险防范性和控制管理机构或税务管理岗位的职能完整性,这样才能有效地促进相关项目税务筹划工作的有效展开。在开展相应的税务筹划工作时,应设定相应的机构来不断地保证整个工作开展的连续性,这样才能不断促进项目实施全过程可控。

(二)做好税务风险识别和评估工作

能够有效降低企业的实施项目风险、不断促进企业的长期健康发展,得益于税务风险的精准识别与详细评估两方面的重要作用。因此,为有效地做好税务风险识别和评估工作,应不断地摸清金融以及税务环境。详细了解目标市场的政策是关键步骤,这样才能为相关识别和评估工作的展开提供一定的保障,以此来不断地提高工作开展的合法性和合理性。

(三）建立风险管控应对机制

一个较好的财务和风险管理的体系，不仅可以有效规范和促进与财务相关的税收预算筹划管理工作的顺利展开，还能在一定的程度上不断地完善和提高风险管理工作的质量。应充分结合当前高度集中的企业财务和资金的管理体系，并不断地探索建立完善风险管控和应对的机制，这样就能不断降低企业实施海外工程的风险，为企业发展赢取利益。

第六节　合规性与法律风险

不同国家所制定和使用的海外投资法律通常都是不同的，这种可能存在法律条件差异的风险也可能是企业在海外投资所要注意和面对的一种法律风险的类型。海外投资企业的跨国海外投资的项目，整体的建设及项目管理运营都将必须严格接受当地相关法律的监督管理与约束，法律风险防范因素将逐渐成为跨国海外投资项目的主要防范要素。在对海外投资项目管理者进行考察时，法律风险防范条件也是属于海外投资可行性评价研究的一个重点和关键环节，是评价海外投资项目是否具有海外投资经济价值的重要依据。

一、国资委战略指导中的法律风险

央企在推进国际化综合经营的发展战略实施指导中曾明确，要求国资委有关部门着力于培育和推进依法合规，增强对依法合规企业国际化综合经营的风险防范意识，提高对依法合规企业国际化的法律风险认识和综合防范的能力，完善境外企业法律风险综合防范的工作长效机制，筑牢境外投资企业对法律国际化的风险认识和综合防范的基础和底线。为有效地防范境外的法律合规风险，切实地维护央企国有资产安全利益，需满足以下五点要求。

（一）高度重视国际化服务经营中法律风险的防范监督管理工作

充分认识涉及境外的法律和有关经济政策的外部风险与其防范工作，在促进中央和国际化企业的经营和发展的过程及实践中的重要指导意义和积极作用。当前，世界市场经济正在进一步由下向上地进行复杂而具有深度的转型和经济结构调整，多双边和战略区域经济合作领域的对话交流合作和谈判频繁，国际经贸的体系和规则的制定正在孕育和发展发生变革，企业国际化发展和其经营的外部政策和法律风险，及外部环境风险更加复杂严峻。

（二）切实加强国际化经营法律风险防范机制制度建设

首先，有关部门加快和推动境外经营业务、境外子企业建立健全企业法律知识和风险防范的机制和制度。然后，进一步重视和加强对国际化企业经营的法律管理和风险防范的工作管理体系和律师队伍的建设。再次，企业应注重充分发挥境外企业总的法律顾问、法律事务管理机构的重要指导作用。最后，进一步建立健全对国际化企业经营过程中法律风险防范违法违规责任的追究制度。

（三）深入研究境外企业投资境外并购的相关法律及其风险防范

1. 认真地开展境外投资项目并购的法律论证和有关部门尽职决策情况调查

有关部门要将境外投资项目并购的法律论证与其市场经济论证、技术论证紧密结合起来，依法进行境外投资项目尽职决策。深入地研究和掌握对所在外资国家和周边地区的外资市场准入、投资审查、行业技术监管、进出口商品价格管制、劳动派遣用工、外汇管理、税收管理、土地使用权管理、环境资源保护等各个方面，充分了解相关法律法规和监管政策，以及其他我国的政府部门签署的多双边项目投资、贸易等合作协定。

2. 妥善管理企业应对境外直接投资国家安全审查及其相关法律的风险

境外投资企业首先要深入地了解境外直接投资项目的所在国家和地区对直接外资的准入、国家安全高新技术企业注册资格的审查、反垄断技术企业的资格认定审查等的相关程序、规则及其他相关的标准，确保境外直接投资的合规运作。企业坚持境外直接投资项目企业独立的经营和其市场主体的合法地位，善于充分运用与联合国和世界贸易组织的直接投资规则、相关的与国际对外经济投资贸易的条约、双边贸易、境外直接投资项目知识产权保护伙伴关系协定、投资项目所在的国家和地区的直接投资、行政、司法和其他社会救济的立法及途径等，维护自身的直接投资合法权益和公平的直接投资待遇。另外，还要充分运用境外直接投资项目合同的约定、商业保险和境外直接投资社会责任保险等多种境外直接投资途径，有效地防范境外直接投资企业和项目所在的国家和地区因政府的机构更迭、国有化、征收以及其他相关直接投资法律的废止或者变更等多种因素可能导致的经济和法律风险。

（四）防范国际贸易服务领域的法律风险

1. 世贸组织重视研究和运用符合世界贸易组织的规则

我国要深入地研究并严格遵守与世贸组织关于货物贸易、服务产品贸易等的有关法律协议、协定。对境外进口企业组织发起的国际和世贸组织的反倾销、反补贴和实施保障国际贸易安全等救济援助措施的情况进行调查。例如当国外的进口产品因为实施反补贴而倾销、补贴等对本国进口企业及其所在国内进口产业的利益造成重大损害时，要主动地申请我国政府及其有关主管部门对其采取相应的贸易保护救济的措施，维护本国进口企业的合法权益。在企业国际化的经营中，如遇到国际有关地区和国家的贸易保护政策不完全符合世贸组织的规则时，要积极向我国的政府部门提出反映，并通过与世贸组织对贸易保护政策的审议解决机制，争取建立一个公平竞争的国际贸易发展政策和环境。

2. 注意切实加强对服务出口贸易的重点和周边领域的合同条款风险研判及防范

对于中央直属的企业主要是从事境外的工程承包、航空航运、电信以及电网等行业和领域的工程技术服务的进出口和贸易，要在认真地调查研究和了解有关工程技术服务出口贸易的国家和其周边地区政策和法律规定的基础上，高度重视对合同条款的法律风险评估研判，做好有关合同索赔与反索赔以及合同工期、质量、安全、价格的变动、劳动派遣和用工等服务贸易方面的责任范围划分的研究和约定。中央企业要妥善应对地方政府的禁令、税收的变化，以及铁路营运管理许可适用范围的调整等法律风险问题，采取一系列有针对性的风险防范措施。重点研究如何防范市场准入、安全人员资格审查、消费者合法权益的保护等服务贸易方面的政策和法律风险。

（五）妥善处理境外投资和贸易中的重点法律问题

1. 切实加强境外经营业务违约风险合同的管理

有关部门要对境外经营业务高风险合同经营业务进行相关法律的归口和监督管理，建立高风险合同台账，注重对相关法律文件的备份和归档。各级相关金融机构一定要认真切实地做好对高风险合同经营业务的违约、履行情况的实时动态监测和跟踪，及时地排查和化解合同业务履约过程中的一系列风险和隐患。在境外业务发生重大经济情势的变更、不可抗力事项等特殊情况时，及时与法律顾问和金融机构有关的经营业务人员共同研究制定措施方案。在境外业务发生影响合同业务履约的风险时，及时地做好金融机构采取的保全应急措施、提出应急索赔的要求、留存的相关文件和证据等一系列应急措施的处置准备工作。

2. 严格管理和规范境外贸易相关业务的授权

高度重视和加强对境外经营业务的授权，以及对授权委托书的相关法律授权审核和监督把关。根据境外经营业务的类型、交易范围和金额、风险程度大小等主要影响因素，对境外子企业进行区分授权层级，合理地授权，明确责任。严格管理和规范境外经营业务的有关授权交易活动的范围及期限和授权的程序，明确境外经营业务有关授权的交易具体内容、期限及有关授权变更失效的方式和条件。对于境外贸易有关子企业授权的到期、失效以及中途继续发生有关授权失效或者变更的，要及时地撤销或者收回境外贸易有关子企业授权的委托书，并依法履行告知境外经营业务交易相对方等境外贸易有关子企业授权的程序。

3. 企业要严格控制境外的担保

企业要严格地遵守有关国家对境内担保机构或者个人对外提供担保的法律有关的规定，有关部门要严格规范提供保函企业内部的审核或者批准的程序，国家有关的部门一定要依法妥善处理境内金融机构提供保函的销售索赔等的法律纠纷，积极地打击违规应对境内金融机构的保函销售索赔欺诈等的违法行为。

4. 重视加强境外知识产权管理

有关部门要认真研究制定并组织实施境外企业的知识产权发展战略，根据其业务特点与所在地国家和相关地区的法律、相关法规以及国际公约的有关规定，认真开展境外企业知识产权的创造、应用、管理和知识产权保护等各项工作。有关部门要积极适应我国企业境外知识产权业务发展的需要，适时组织办理知识产权专利申请、商标注册等，明确知识产权商业秘密的知识产权保护适用范围、责任承担主体和其保密措施。认真组织企业开展境外知识产权相关业务交易活动过程中的相关信息查询、检索及数据分析，严格地审查境外合作方或者境外目标业务公司在境外提供的相关知识产权的证明文件并对其进行合理地评估和作价。有关部门要高度重视境外企业知识产权的预警管理工作，加强企业研发、制造、销售、使用、许可使用、转让等各个环节的对知识产权的管理，既要充分地保护本国境外企业的知识产权，又要有效地防止其侵犯他人的知识产权，并且要注意有效地应对以国际技术标准、技术著作权联盟、国内知识产权法案等多种形式制定而出现的对知识产权的壁垒。

5. 依法处理境外法律纠纷案件

企业要根据本地区企业的所在区域和行业的特点、项目的性质、谈判条件和地位等有关法律因素，在境外的业务合同中合理地约定发生争议和解决的方式，争取有利的重大诉讼或其他法律仲裁的地点、机构和所适用的有关法律及其规则。企业要妥善地保存和使用有关管理境外从事业务的合同、函件、会议纪要等法律文件和资料，为企业应对潜在的法律纠纷提供有力的证据和支持。境外发生重大的诉讼或其他法律仲裁纠纷案件时，应成立由本地区企业的领导班子牵头、法律顾问人员参加的专门重大诉讼工作方案领导小组，组织研究制定周密的重大诉讼工作实施方案。企业要充分注意重大诉讼案件的时效，重视和运用有关的证据及法律专家作为证人，合理地选用企业外聘的律师。企业要熟练掌握签订和运用有关中外双边的司法合作互助的协定和有关国际公约，及时协助申请国际司法互助机构做好对涉及本地区企业合法权益的有关法律文书的及时送达、承认和监督执行。

二、法律风险的防范

（一）重视投资所在地环境保护

一是明确要求投资在我国的企业环境保护项目的投资建设和运营的过程中认真地进行对环境影响的评估，制定基于其投资运营行为的对环境影响的评估结果分析报告；二是重点明确要求企业形成对环境保护政府和企业的文化，提高对企业环保的意识，在项目建设和生产中严格按照其他东道国所属政府制定的环境保护政策和标准开展环境保护工作；三是明确要求企业勇于承担政府和社会的责任，积极参与其他东道国政府对环境的保护和公益活动，树立良好的政府和社会责任企业形象；四是进一步加强与其他东道国地方政府的对环境保护政策和项目的合作，而由于我国在解决和治理周边地区沙化、荒漠化问题方面仍然有着丰富的理论和实践经验，我国的企业也可与其他东道国的政府共同承担保护和修复当地水资源及生态环境的政府和社会责任，以此能够获得东道国更多政府和民众的支持，保证东道国海外投资环境保护项目的修复工作顺利进行。

（二）减少和避免跨境投资多重征税

为进一步加强和推动相关地区国际经贸与合作，我国地方政府相关部门应在化解"一带一路"合作中的壁垒问题方面继续做出更多努力，如进一步强化与国际间在税收领域的合作、积极承办和组织参加国际区域性税收合作高峰论坛、促进各国之间税收政策的沟通。对于还未与我国政府签订长效税收合作协定的国家和地区，则要进一步加快税收合作谈判的进程，协商制定避免相关地区国际组织对投资项目重复征税的具体有效途径和具体实施办法。

（三）加强跨域知识产权保护

我国的企业在"走出去"过程中应充分熟知和了解东道国对知识产权保护的法律和制度，避免在海外投资经营活动中出现任何违法或者违规情形的发生。我国的企业还要了解和掌握与东道国海外投资活动相关的国际公约及其他相关国际法律条约，防范企业在知识产权的保护中违反国际相关法律的风险，减少企业跨域投资与知识产权的纠纷。我国的企业开展海外投资活动所涉及的行业投资领域较为广泛，不仅投资行业有我国传统的基础配套设施项目，也可能有新型的国际投资服务业、文化产业等。合作中难免会同时出现东道国知识产权的纠纷，为有效地防范并合理地解决东道国知识产权的侵权纠纷事件，有必要附有更详细的东道国知识产权相关保护的协议，具体包括规定因东道国项目的建设和运营而可能引发的知识产权相关侵权纠纷的法律争议及其解决的方式、认定标准、赔偿责任解决方案等相关法律内容。

（四）加大海外劳工权益保护力度

海外投资过程中我国企业应熟悉国际劳工保护标准、东道国国内劳动保护法以及我国制定出台的有关海外劳工权益保障的法律法规。特别是近年来，伴随着亚太国家经济及地区整体的复苏和世界经济发展，"一带一路"沿线很多发展中国家对于有关外资劳工权益保护的标准、劳工权益保护争议的解决等提出了更高的要求，特别是沿线新兴经济体与发展中国家之间。由于劳动力的相对廉价，外资企业直接雇用当地的员工，容易被误认为是为了减少经营过程中的成本而增加员工，以此转嫁国际市场的风险，进而引起有关海外劳工自身权益保护的争端和社会利益摩擦。对这种情形，我国企业在未来的海外投资和运营中仍然需要主动地承担更多企业社会责任，将海外劳工的权益保护进一步上升到作为一种外资企业专属于社会的责任和专属于企业的文化，从企业经营的理念和企业实际行动的层次上进一步地提升对海外劳工自身权益的保护重视程度。

第七节　海外保险机构

一、工程保险是风险转移的常用方法

风险管理主要是指帮助人们对潜在的意外和损失因素进行风险辨识、评估、预防和进行风险控制的一种管理过程。现代建筑工程由于其生产规模大、周期长、生产的单件性和施工的复杂性等特点，在其实施的过程中往往存在着许多施工不可以确定的风险因素，比一般建筑产品的生产过程具有更大的不确定性和风险，进行项目风险管理尤为重要。项目风险管理主要是对建筑项目目标进行主动控制。首先对一个建筑项目的主要风险进行了识别，然后将这些项目的风险进行确定量化，对项目的风险也进行了控制。目前国际上把项目风险管理主要看作是建筑项目工程风险管理的组成部分。项目风险管理和对目标的控制风险管理是我国建筑项目工程风险管理的两大特点和基础。在许多工业发达国家和地区，风险的转移和控制是在建筑工程风险管理的措施和对策中采用最多的手段和措施，工程保险管理是实现风险有效转移的常用手段和方法。

工程保险费用是业主和承包商为了保障工程项目的顺利建设和实施，向其被保险人先行支付的保险费，保险人根据合同的约定对在工程建设中发生的可能直接产生的人身财产和其他人身的伤害，承担保险赔偿或者支付保险金的责任。目前的工程安全责任保险一般可以分为强制性的工程保险和自愿赔偿性保险两类。

在工业发达国家和地区，强制性的工程保险主要有以下几种：建筑工程一切险（主要附加承包商和第三者的责任险）、安装和使用工程一切险（主要附加承包商和第三者的责任险）、社会保险（如附加人身意外险、雇主的责任险和其他国家法令规定的强制保险）等。其中，建筑工程一切险和安装工程一切险是对于工程项目在其实施期间的所有影响和风险因素提供全面的强制性保险，即对业主在施工期间由于工程本身、工程所使用的设备和其施工所用的机具，以及其他物质所遭受的损失予以赔偿，也对因施工而给第三者业主制造的所有人身意外伤亡和其他物质的损失承担保险赔偿的责任。过去，一切险的主要投保人多数以业主为承包商；现在，国际上普遍推行由业主投保工程一切险。在工业发达国家和地区，建筑师、结构工程师等设计、咨询专业人士均可能需要购买一种较为专业的责任险，对由于他们的设计工作失误或者在工作上的疏忽给他们的业主或承包商造成的损失，将由保险公司赔偿。

二、出口信用保险机构

中国出口信用保险公司（简称"中国信保"）是由国家出资设立、支持中国对外经济贸易发展与合作、具有独立法人地位的国有政策性保险公司。自2001年成立以来，已基本形

成了覆盖全国的金融服务网络。其主要产品和金融服务包括：中长期贸易出口信用保险、海外投资信用保险、短期贸易出口投资信用保险、国内贸易出口投资信用保险、与对外贸易出口投资信用保险等业务相关的信用担保、应收账款的管理、信息和对风险的咨询等。中国对外信保主要通过为对外贸易和合作企业、对外直接投资的个人和合作企业提供的保险等进行金融服务，促进了对外投资企业经济服务贸易的发展，其重点是支持资本性货物、技术和金融服务等的出口，尤其是支持高科技、附加值大的机电产品等技术和资本性货物的出口，促进了经济的增长、就业与实现国际收支平衡。

信用保险机构参与"一带一路"的方式主要是为企业的海外投资提供出口信用保险，相当于国内企业投资海外项目的"定心丸"。因"一带一路"项目发展的重心主要是集中在基建、能源等施工周期长、体量大、资金充足和需求量大的项目，并且部分发达国家企业海外投资的环境尚不稳定。所以对于我国企业海外投资需要购买出口海外投资信用的保险。但由于这种信用保险的风险较大，难以准确测算，所以目前对于我国海外投资企业的出口海外投资信用的保险，主要是通过政府部门支持的中国出口保险信用公司为企业提供。

中国信保在金融信用风险与管理研究领域深耕细作，成立了专门的国别风险研究中心和国际风险资信评估研究中心，编制和发布《国家风险分析报告》《全球投资风险分析报告》《全球国家信用风险评级》和《全球国家主权金融风险信用评级》，资信报告和数据库服务渠道覆盖了全球1000余万家大中型企业、4万余家大型商业银行、800余个金融行业，拥有国内外各类信息咨询服务渠道约150家，风险资信评估报告、追偿咨询服务渠道目前已覆盖200多个国家和地区。

第十九章

投建营一体化的成功要素

第一节 确保投建营项目成功的要素

投建营一体化是海外项目运作的新范式，如何构建清晰的投资策略，确定正确的项目采购和经营管理模式是国际承包商需要考量的新问题。需要从传统的商务招标获得项目的被动模式转换到主动出门搜寻项目的模式。中国企业应做足"功课"，结合企业发展战略和市场需求，主动谋求产业、供应链和投资布局的持续优化，有效防控政治与经济等风险，抓住乱局中难得的投资"窗口期"。投建营一体化项目成功的关键是需要有项目全生命周期管理的思维，建立投资开发，项目融资，采购建设，运营管理的四位一体通盘整合能力。项目的盈利能力，即能否把项目的利润最大化、风险最小化是投建营一体化项目成功的最终考核指标。支撑投建营项目的综合要素主要由五方面组成：企业的战略安排、项目前期的运作技术、资金筹措的方式、人才培养的路径和风险管控的效果。

① 明确的战略规划。海外投资是长期运作的事情，企业领导层需要有完整的海外市场的构思和指导方略，理性看待市场，设计海外投资业务的发展路径。明确合作伙伴的选择，联通上下游产业，建设完整的供应链，利用区域优势，明确产业方向和定位。

② 成熟的前期运作技术。企业需要有良好的市场洞察力，前期调研能力是考量企业获取优质的潜在投资项目的关键性工作。企业一方面要舍得花钱，另一方面要耐得住性子，与第三方咨询机构紧密通力合作，积极探索投资价值，尤其是新型市场的朝阳产业，要理清风险，确保投资的高中标率。

③ 良好的资金筹措方法。建立完整的资金使用规划和筹措模式，企业可以择机参与建

立海外基建投资基金，通过资本市场的商业化运作打通资金来源的渠道，同时与多边国际商业银行合作，获取更多的资本优势，强势开拓国际市场。另外，小股权投资带动 EPC 总承包、以小换大，也是一种不错的办法。同时企业也需要运用价值工程，降低成本，做好投资控制。积极做好税务筹划，合理避税，减少企业开支。

④ 有效的人才培养路径。在中企国际化发展的新阶段，人才战略正逐渐成为新型业务发展的成败关键。企业急需制定与企业国际化发展匹配的人才战略，助力中企提升国际化投资和经营水平，增强应对挑战和抵御风雨的能力。国际化的人才战略一方面要注重人才的培养、留存，确保人才结构和知识结构符合企业发展需求；另一方面也要确保员工在跨国流动和企业整合过程中符合东道国法律和合规要求。企业既要选用和储备自身的优秀国际化人才，同时也要合理雇佣和培养投资东道国的本地化员工，积极履行企业社会责任，为当地提供就业机会，为当地员工提供更全面、系统的培训机会，增强企业文化的多元化及包容性。广泛利用华裔和留学生资源，加大招聘力度，不断更新和优化在职人员知识结构，提高存量人才工作效能。

⑤ 系统性风险管理与控制。企业应树立风险意识，在开展投建营项目的过程中，建立一套完整的海外项目风险管理与控制系统。通过风控委员会，梳理项目可能遇到的各类重大风险和潜在威胁，尤其是宏观层面的政治与经济风险，要时刻关注。海外项目以稳健有序发展为前提，对突发事件，例如新冠肺炎要有应急手段，确保将人员与财物损失降到最低。同时需要通过与中国信保和海外保险公司合作，将部分风险进行合理转移。

第二节　实现项目成功的信息化平台与数据库

企业需要利用信息化工具与手段，包括一些高科技，例如 BIM、大数据、云计算、区块链等，搭建一套先进高效的投建营一体化信息管控平台。通过云平台，做到现金流、信息流和时间流三流合一，提升项目决策和管理的效率。在投后管理阶段，加强对项目的监管，实现对海外项目投资全生命周期管控，实现投资、融资、设计、建设、运营、管理一体化，实现项目的低风险高收益。企业要有前瞻意识，打造数字孪生的双向平台，从管人、管项目、管成本、到管投融资、管风险和管收益，实现项目的良性运作，滚动式开发，长期有效管理。

另外，除了管控平台，还需要底层数据库。"一带一路"沿线国家的设施联通是一个立体、复杂、多元化的综合基础设施网络，涉及领土主权、法律规范、技术标准、环境评估，更涉及政府、企业和个人的方方面面，需要打造一个企业级的海外项目综合数据库。通过收集项目所在国（地区）的政策、经济、土地、法律、消费能力以及建材成本数据库，发挥实事求是的精神，做好数据积累和分析工作，再利用大数据和人工智能，优化数据结构，指导项目管控。

第三节　总结

当今世界正处于一个"不确定性"的状态，世界格局面临剧烈变动。纵观全球形势，挑战前所未有，机遇也前所未有。中国不断推进对外开放政策和实践创新，为对外投资创造了良好的机遇，从"引进来"到"走出去"，从加入世贸组织到提出"一带一路"倡议，在风云变幻的国际背景下，中国正展现出强大的韧性和活力。随着"一带一路"倡议的持续推进，中国资本走出去呈现稳步上扬态势，并在主要国际产能领域呈现快速增长，重塑中国企业在全球价值链中的重要角色。相信植根于更加持续开放的中国，在"一带一路"倡议的推动和促进下，中国企业未来的海外投资之路虽必有波澜，但仍是发展的必经之路。"一带一路"展示从中国制造（Made in China）到中国建造（Built by China），再到中国投资（Invested by China）的转变。中国势必将为世界经济发展做出突出贡献。

参考文献

[1] 朱凤凤，胡昊，汤宁. 中国对外承包工程"投建营一体化"的瓶颈与对策[J]. 现代管理科学，2019（03）：97-99.

[2] 武静. 中国生产企业实施跨国并购优势及理论浅析[J]. 成功（教育），2008（01）：256.

[3] 索慧. 上市公司募集资金投向与产业结构调整[D]. 济南：山东财经大学，2012.

[4] 仲深，杜磊，刘雨奇. 金融发展对区域OFDI影响的空间特征与门槛特征[J]. 哈尔滨商业大学学报（社会科学版），2018（03）：24-37.

[5] 王海平. 外商直接投资对中国中部地区经济增长的影响[D]. 南昌：南昌大学，2007.

[6] 陈晔婷，朱锐，张娟. 基于合成控制法的OFDI对企业研发效率的影响研究[J]. 投资研究，2016，35（09）：29-38.

[7] 董鹏刚. "一带一路"倡议战略下的人民币国际化进程分析[J]. 中国国际财经（中英文），2017（06）：13-15.

[8] 中国金融编辑部. 金融改革发展建言录——两会经济金融界部分代表委员谈金融[J]. 中国金融，2019（06）：31-52.

[9] 李铮. 融资助力"投资拉动EPC"模式落地[J]. 施工企业管理，2019（10）：79-82.

[10] 程尚. 经营策略不同 增长态势各异[N]. 建筑时报，2015-05-07（007）.

[11] 杜艳云. 欧美承包商运营情况及经营策略[J]. 建筑，2015（19）：32-33.

[12] 戴佳. 全球机构投资者在"一带一路"沿线基础设施投资情况与分析建议[J]. 中国市场，2017（14）：325-329，331.

[13] 王俊蔚. 苗尾水电站心墙堆石坝接触粘土施工措施[J]. 云南水力发电，2017，33（S1）：174-176.

[14] 张弛，程君佳. 关于中国对外直接投资管理模式的思考[J]. 西南金融，2018（06）：18-27.

[15] 金磊磊. "一带一路"背景下的人才困境与高等教育路径转向的应然态势[J]. 中国成人教育，2017（15）：26-28.

[16] 王卫东，高璐，霍荣棉. "一带一路"倡议与《2020年欧盟领土议程》的战略对接[J]. 特区经济，2016（08）：9-13.

[17] 高运胜，李之旭. 动因与制约：中国对欧直接投资的国际政治经济学分析[J]. 法国研究，2018（04）：69-79.

[18] 陈侨予. "一带一路"倡议与国有企业跨境战略重组[J]. 贵州省党校学报，2019（03）：64-70.

[19] 王超. 新疆区级国有企业董事会建设问题的研究——借鉴淡马锡管理模式[D]. 石河子：石河子大学，2016.

[20] 石林楠，郑玉琳. 我国与"一带一路"沿线国家金融合作面临的风险与对策措施[J]. 对外经贸，2016（05）：111-112.

[21] 孟乔. 深入实施"一带一路"倡议 促进基建企业可持续发展——访中国对外承包工程商会会长房秋晨[J]. 国际工程与劳务，2017（8）：22-25.

[22] 刘铁民，应红. 对澳大利亚麦格理银行住房抵押贷款证券化运作模式的考察与启示[J]. 中国房地产金融，2001（011）：3-5.

[23] 郭凌威，卢进勇，郭思文. 改革开放四十年中国对外直接投资回顾与展望[J]. 亚太经济，2018

(004): 111-121.
[24] 王春晖. 关于国有基础设施投资企业管理的几点思考[J]. 人力资源管理, 2018 (005): 452.
[25] 中华人民共和国商务部. 商务部合作司负责人解读《对外投资备案（核准）报告暂行办法》[J]. 中国外资（上半月）, 2018, 000 (003): 18-22.
[26] 刘妮, 黄帅, 李晶晶. "一带一路"战略下岭南地域民族体育项目资源化的研究[J]. 体育科技, 2017, 38 (05): 52-54.
[27] 戴佳. 全球机构投资者在"一带一路"沿线基础设施投资情况与分析建议[J]. 中国市场, 2017 (14): 325-329, 331.
[28] 敦忆岚. 新时期中国企业对外投资问题及对策研究[D]. 北京: 中国社会科学院研究生院, 2014.
[29] 杨秀清. 拓展跨国经营 培育中国的跨国公司[D]. 北京: 对外经济贸易大学, 2003.
[30] 龙应贵. 企业国际化是我国家电产业的根本出路[D]. 成都: 四川大学, 2003.
[31] 左芊. 我国国企跨国经营的治理及监管选择[J]. 太原城市职业技术学院学报, 2008 (04): 35-36.
[32] 许侃. 开放环境下内外部学习驱动的企业自主创新行为研究[D]. 武汉: 华中科技大学, 2015.
[33] 黄真, 阎新奇. 中国企业参与港口外交的"义""利"分析[J]. 当代世界, 2019 (09): 67-72.
[34] 霍清楠. 筑牢海外投资联合体[J]. 中国外汇, 2019 (01): 65-66.
[35] 曾睿. 中国企业在"一带一路"的对外直接投资模式分析及案例研究[D]. 长沙: 湖南大学, 2018.
[36] 许华江. 转型尝试[J]. 中国投资, 2018 (08): 58-59.
[37] 张静. "一带一路"背景下中国铁路"走出去"建设模式创新研究[D]. 北京: 北京交通大学, 2018.
[38] 丁丽飞. 跨国公司与东道国政府关系研究[D]. 上海: 上海外国语大学, 2017.
[39] 侍玉成, 袁万富. 海外投资项目法律咨询管理模式初探[J]. 国际工程与劳务, 2017 (04): 72-73.
[40] 周密. 加快转型升级 实现可持续发展[J]. 国际工程与劳务, 2017 (03): 20-23.
[41] 翟晓风. 适应工程咨询企业国际化发展的组织结构[J]. 中国工程咨询, 2016 (03): 27-30.
[42] 祁茜. 我国出口信用保险法研究[D]. 西安: 西北大学, 2012.
[43] 陶冶. 我国工程建设联合体经营管理问题的研究[D]. 合肥: 合肥工业大学, 2009.
[44] 汪辉辉. EPC总承包模式下高效团队开发研究[D]. 天津: 天津大学, 2007.
[45] 李彪. 工程承包联营体组建与管理研究[D]. 南京: 河海大学, 2006.
[46] 卢东升. 国际工程承包联营体管理研究[D]. 北京: 北京工业大学, 2006.
[47] 廖艳华. 中小企业供应链合作伙伴关系研究[D]. 武汉: 华中农业大学, 2005.
[48] 汪小政, 严广乐. 浅析策略联盟在现代企业竞争中的应用[J]. 咸宁师专学报, 2002 (01): 50-53.
[49] 张平占. 央企海外项目管控模式研究[J]. 国际石油经济, 2016, 24 (05): 9-16.
[50] 叶浩亮, 肖新华. 以小比例参股投资模式浅析[J]. 国际工程与劳务, 2016 (01): 50-52.
[51] 王永高. 基于企业项目投资的选择和决策[J]. 中国外资, 2012 (11): 82.
[52] 胡俊超, 王丹丹. "一带一路"沿线国家国别风险研究[J]. 经济问题, 2016 (05): 1-6, 43.
[53] 魏琪嘉, 肖宏伟. "一带一路"战略风险评估及应对建议[J]. 全球化, 2016 (02): 69-77, 133.
[54] 方旖旎. "一带一路"战略下中国企业对海外直接投资国的风险评估[J]. 现代经济探讨, 2016 (01): 79-83.
[55] 徐莉. 中国企业对外直接投资风险影响因素及控制策略研究[D]. 济南: 山东大学, 2012.
[56] 叶建木, 潘肖瑶. "一带一路"背景下中国企业海外投资风险传导及控制——以中国铁建沙特轻轨项目为例[J]. 财会月刊, 2017 (33): 96-102.

[57] 郭威. "一带一路"沿线基础设施建设项目投资风险识别及管理[D]. 北京：北京外国语大学，2019.

[58] 窦如婷，申敏，汪天凯. 动态视角下国际投资的宏观环境综合评价——基于改进的CRITIC赋权和TOPSIS法[J]. 工业技术经济，2018，37（08）：132-138.

[59] 胡英波. 复杂环境下我国国际工程承包企业发展态势及策略研究[D]. 北京：华北电力大学（北京），2016.

[60] 张宸为. 基于动态能力理论的国际工程承包企业竞争力研究[D]. 北京：北京交通大学，2017.

[61] 林彦沁. 基于咨询与承包产业关系演变的我国国际工程承包商发展策略研究[D]. 重庆：重庆大学，2018.

[62] 蒋华. 我国对外工程承包企业国际竞争力的宏观环境分析[J]. 科技资讯，2007（18）：238.

[63] 韩师光. 中国企业境外直接投资风险问题研究[D]. 长春：吉林大学，2014.

[64] 胡翔. PPP模式下工程总承包商的项目投融资能力研究[J]. 中国工程咨询，2016（09）：27-28.

[65] 周云祥. 中国建筑业国际工程承包发展战略研究[D]. 北京：中国地质大学（北京），2009.

[66] 陈梦，周明璐. "一带一路"沿线境外经贸合作区建设及发展研究[J]. 安徽广播电视大学学报，2019（04）：24-28.

[67] 马旭平，郝俊，孙晓蕾，等. 基于工作分解结构-风险分解结构（WBS-RBS）耦合矩阵的海外电力工程投资风险识别与分析[J]. 科技促进发展，2019，15（03）：225-233.

[68] 郭莹. 基于未确知测度模型的中国海外基建项目投资风险评价[J]. 土木工程与管理学报，2018，35（05）：104-109.

[69] 吴晗. 海外工程建设项目投资风险因素分析[J]. 管理观察，2017（22）：44-45.

[70] 万军杰. 海外港口建设项目风险预警管理系统研究[D]. 武汉：武汉理工大学，2008.

[71] 张文敏. 中国建筑企业海外市场开拓决策研究[D]. 西安：西安建筑科技大学，2013.

[72] 卢梅，张文敏，郑涛. 中国建筑企业海外目标市场选择研究[J]. 商业研究，2013（02）：100-103.

[73] 刘荣才. 工程项目融资结构分析与设计[J]. 项目管理技术，2009（S1）：421-423.

[74] 王依微. 中国承包工程企业海外融资模式分析与探讨[J]. 现代经济信息，2016（13）：283-284.

[75] 郑玉华，许可. 基于AHP-CIM的海外石油建设项目投资风险评价[J]. 项目管理技术，2014，12（06）：9-14.

[76] 张晓涛，刘亿，王鑫. 我国"一带一路"沿线大型项目投资风险——东南亚地区的证据[J]. 国际贸易，2019（08）：60-71.

[77] 王妮. 我国海外基础设施投资项目风险防范研究——基于中美贸易摩擦背景[J]. 价格月刊，2019（12）：76-80.

[78] 王卓甫，安晓伟，丁继勇. 海外重大基础设施投资项目风险识别与评估框架[J]. 土木工程与管理学报，2018，35（01）：7-12.

[79] 杨化宝. 海外投资项目面临的独特性风险及规避[J]. 中国高新技术企业，2009（15）：125-127.

[80] 王昱睿，张丽. 海外投资体制视角下的"一带一路"项目风险防范[J]. 黑龙江工业学院学报（综合版），2019，19（09）：65-72.

[81] 中华人民共和国商务部，中国对外承包工程商会. 中国对外承包工程发展报告2018-2019[R]. 2020年5月26日.

[82] 潘峰. "一带一路"建设中境外产业园区共建模式选择研究[D]. 上海：上海社会科学院，2019.

[83] 孙梦然. 国际工程承包项目风险管理分析[D]. 北京：北京交通大学，2019.

[84] 吴志君. "一带一路"倡议下中国企业海外投资基础设施所面临的法律风险及其防范[D]. 郑州：郑州大学，2019.

[85] 高凯. 中土公司亚吉铁路建设模式创新的研究[D]. 北京：北京交通大学，2019.

[86] 张磊. 从亚吉铁路经验看企业国际化经营模式创新[J]. 国际工程与劳务，2019（03）：47-50.

[87] 高悦. 我国海外工业园区规划与建设问题研究[J]. 中国高新区，2018（07）：7-8.

[88] 周家义，吴超. "投建营一体化"实施经验与建议[J]. 施工企业管理，2017（09）：35-37.

[89] 周家义，吴超. 实现可持续发展的战略选择——中国电建"投建营一体化"实施经验及建议[J]. 国际工程与劳务，2017（03）：24-29.

[90] 郝旭，刘健，陈宇倩，等. "一带一路"背景下海外产业园区开发运营模式[J]. 水运工程，2016（S1）：1-6.

[91] 工业园区经验开始"走出去"[J]. 功能材料信息，2016，13（01）：16-17.

[92] 孙南翔. 我国海外突发事件应急机制构建探析[J]. 学术探索，2015（08）：55-60.

[93] 安宇. 境外突发事件应急管理[J]. 国际工程与劳务，2015（04）：80-83.

[94] 胡俊超，王丹丹. "一带一路"沿线国家国别风险研究[J]. 经济问题，2016（05）：1-6，43.

[95] 李志远. 亚吉模式领跑全产业链"走出去"[J]. 建筑，2017（03）：16-17.

[96] 孔令东. 港铁物业赢利模式研究[J]. 住宅与房地产，2016（24）：26.

[97] 赵书博，胡江云. "一带一路"战略构想下完善我国企业境外投资所得税制的思考[J]. 管理世界，2016（11）：11-19.

[98] 冀政宇. "一带一路"下企业境外投资税务风险及应对研究[D]. 大连：东北财经大学，2017.

[99] 何威风. 国家分级控股、资本结构与代理问题研究[D]. 武汉：华中科技大学，2008.

[100] 王晓磊. 我国国际工程项目劳务属地化管理研究[D]. 天津：天津大学，2014.

[101] 王义桅. "一带一路"为何重视基础设施互联互通？[N]. 国际商报，2018-01-05（005）.

[102] 魏琪嘉，肖宏伟. "一带一路"战略风险评估及应对建议[J]. 全球化，2016（02）：69-77，133.

[103] 方旖旎. "一带一路"战略下中国企业对海外直接投资国的风险评估[J]. 现代经济探讨，2016（01）：79-83.

[104] 张静雯. "一带一路"设施联通研究综述[J]. 合作经济与科技，2017（23）：50-51.

[105] 胡伟. "一带一路"：打造中国与世界命运共同体[M]. 北京：人民出版社，2016.

[106] 范祚军，何欢. "一带一路"的基础设施互联互通"切入"[J]. 世界经济与政治论坛，2016.11.

[107] 刘卫东. "一带一路"建设进展第三方评估报告（2013-2018年）[M]. 北京：商务印书馆，2019.

[108] 冯婧. 基于全寿命周期的建设项目设计方案比选研究[D]. 长沙：中南大学，2008.

[109] 赵书华，李雪. 价值链分析：我国对外工程承包企业发展之路[J]. 建筑经济，2005（07）：80-83.

[110] 程鹏，余晓丹. PPP项目专项资金归属及使用问题解析[J]. 中国工程咨询，2019（08）：93-96.

[111] 龙淮. 浅析基础设施投建运一体化优化组合方案——基于醴潭高速BOT模式的案例分析[J]. 科技经济导刊，2019，27（18）：200，208.

[112] 罗雅文，马宗凯，谢光武，等. 设计优化助力国际项目顺利执行[J]. 水电站设计，2019，35（02）：81-85.

[113] 朱凤凤，胡昊，汤宁. 中国对外承包工程"投建营一体化"的瓶颈与对策[J]. 现代管理科学，2019（03）：97-99.

[114] 陈妙强. 建设项目实施中投资管理关键控制点及对策研究[D]. 福州：福建工程学院，2018.

[115] 韩军,朱坤. 国际工程总承包项目设计策略和设计优化[J]. 工程建设与设计,2018(21):227-230.

[116] 张双明,王敏涛. 简谈海外公路项目分包工程管理中的风险管控[J]. 云南科技管理,2018,31(03):22-25.

[117] 张静. "一带一路"背景下中国铁路"走出去"建设模式创新研究[D]. 北京:北京交通大学,2018.

[118] 王指明. 浅论建设单位如何做好项目建设资金的管理与控制[J]. 中国国际财经(中英文),2018(02):233-234.

[119] 康禹,顾德威. 中国海外承包公司财务管理风险及应对——基于海外PPP经营模式[J]. 中国总会计师,2017(10):122-124.

[120] 盛黎明,刘延宏,刘玉明,等. 基于合作共赢的中国铁路"走出去"建设模式创新研究[J]. 中国工程科学,2017,19(05):38-43.

[121] 何雪亮,荆佩. 国际工程项目资金管理的瓶颈及应对策略[J]. 西部财会,2017(04):35-37.

[122] 边新茹. 基于价值工程原理的限额设计方法应用研究[D]. 成都:西华大学,2017.

[123] 罗继明,孙春雷. 优化设计在国际施工总承包工程中的几点探索[J]. 科技创新导报,2016,13(27):26-27.

[124] 吴松. 新市场形势下施工企业的人才管理分析[J]. 中国经贸导刊,2016(23):40-42.

[125] 刘毅. 我国资本项目外汇管理改革刍议[J]. 福建金融,2016(03):46-48.

[126] 娄潇潇. 国际总承包工程项目的合同风险管理探讨[J]. 建材与装饰,2015(51):166-167.

[127] 王晓磊. 我国国际工程项目劳务属地化管理研究[D]. 天津:天津大学,2014.

[128] 王成立. 国际工程项目人力资源国际化研究[D]. 成都:西南财经大学,2014.

[129] 马铁山,那焱. 我国海外EPC项目设计管理的问题和对策[J]. 建筑技术,2013,44(03):258-260.